Thomas Schlag / Friedrich Schweitzer

Brauchen Jugendliche Theologie?

Jugendtheologie als Herausforderung
und didaktische Perspektive

Neukirchener Theologie

Mix
Produktgruppe aus vorbildlich bewirtschafteten
Wäldern und anderen kontrollierten Herkünften
www.fsc.org Zert.-Nr. SGS-COC-005773
© 1996 Forest Stewardship Council

Dieses Buch wurde auf FSC-zertifiziertem Papier gedruckt. FSC (Forest Stewardship Council) ist eine nichtstaatliche, gemeinnützige Organisation, die sich für eine ökologische und sozialverantwortliche Nutzung der Wälder unserer Erde einsetzt.

Bibliografische Information der Deutschen Nationalbibliothek

Die Deutsche Nationalbibliothek verzeichnet diese Publikation in der Deutschen Nationalbibliografie; detaillierte bibliografische Daten sind im Internet über http://dnb.d-nb.de abrufbar.

© 2011
Neukirchener Verlagsgesellschaft mbH, Neukirchen-Vluyn
Alle Rechte vorbehalten
Umschlaggestaltung: Andreas Sonnhüter, Düsseldorf
Umschlagabbildung: © zoomstudio/istockphoto.com
Lektorat: Ekkehard Starke
DTP: Andrea Siebert
Gesamtherstellung: Hubert & Co., Göttingen
Printed in Germany
ISBN 978–3–7887–2529–7
www.neukirchener-verlage.de

Inhalt

Einleitung 9

Kapitel 1
Jugend und Theologie – kein Thema? 13

1. Ausgangslage 13
2. Fragestellungen und Ziele 18
3. Hintergründe 19
4. Was heißt hier Theologie? – Vorüberlegungen zum Theologiebegriff 22

Kapitel 2
Jugendtheologie ist keine Kindertheologie –
aber was ist sie dann? 25

1. Die Frage nach einer Jugendtheologie 25
2. Was unterscheidet Jugendtheologie von der Kindertheologie? – Gemeinsamkeiten und Unterschiede 28
3. Profilierung – Abgrenzungen – Anknüpfungspunkte 32
4. Die Theologie der Jugendtheologie 42

Kapitel 3
Auch Jugendliche sind Theologen! –
Die Theologie der Jugendlichen entdecken 53

1. Warum nach Jugendtheologie fragen? 53
2. Formen von Jugendtheologie 59
3. Entdeckungszusammenhänge 62

Kapitel 4
Theologie mit Jugendlichen 79

1. Bildungstheoretische Voraussetzungen einer Theologie
   mit Jugendlichen 80
2. Implizite Theologie mit Jugendlichen 85
3. Persönliche Theologie mit Jugendlichen 94
4. Explizite Theologie mit Jugendlichen 98
5. Theologische Deutungen mit Jugendlichen 101

Kapitel 5
Theologie für Jugendliche 107

1. Zielsetzungen und Voraussetzungen einer Theologie
   für Jugendliche 107
2. Jugendliche zur Bewusstwerdung und Auseinandersetzung mit
   ihrer eigenen impliziten Theologie anregen 109
3. Persönliche Theologie für Jugendliche 114
4. Explizite Theologie für Jugendliche 122
5. Theologische Deutungen für Jugendliche 122

Kapitel 6
Theologische Kompetenzen Jugendlicher 135

1. Kompetenzmodelle und Bildungsstandards ohne Theologie? 135
2. Jugendtheologie als Kompetenz? 138
3. Jugendtheologische Anforderungen an Kompetenzen und
   Standards 144

Kapitel 7
Die Erwachsenen – als andere Seite der Jugendtheologie 149

1. Die Erwachsenen und ihre jugendtheologische Verantwortung   149
2. Erwachsene als theologisch erfahrene Persönlichkeiten
   sind gefragt 151
3. Was Erwachsene in jedem Fall vermeiden müssen 154
4. Bildungskompetenzen Erwachsener 156
5. Was Erwachsene von der Jugendtheologie lernen können 160
6. Zur Bildungsverantwortung einer »erwachsenen« und
   »wachsenden« Gemeinde 162

Inhalt 7

Kapitel 8
Theologie des Jugendalters 165

1. Was bedeutet Theologie des Jugendalters? 166
2. Ansätze einer Theologie des Jugendalters 168
3. Theologie des Jugendalters und Jugendtheologie 171

Kapitel 9
Rückblick – Zusammenfassung – Ausblick 177

1. Was also ist Jugendtheologie? 177
2. Brauchen Jugendliche Theologie? 181
3. Braucht Theologie Jugendliche? 186
4. Ausblick: Aufgaben und Möglichkeiten für
   Praxis und Wissenschaft 189

Literaturverzeichnis 193

Einleitung

Jugendtheologie ist ein neues religionspädagogisches Thema, dem unterschiedliche Erfahrungen in kirchlicher und schulischer Praxis zugrunde liegen und das sich auf aktuelle Herausforderungen bezieht. An erster Stelle steht die Erfahrung, dass die Kommunikation mit Jugendlichen gerade dann am schwierigsten zu werden scheint, wenn es um religiöse Fragen geht. Die christliche Überlieferung und vor allem die Kirche erscheinen heute den meisten Jugendlichen wenig attraktiv. Die von Erwachsenen beispielsweise beim Gottesdienst gepflegten Ausdrucks- und Kommunikationsformen empfinden sie meist als langweilig. Ihre eigenen Fragen und Themen finden sie bei der Kirche oft nicht wieder. Umgekehrt fällt es Pfarrerinnen und Pfarrern, Religionslehrern und -lehrerinnen sowie anderen religionspädagogischen Fachkräften häufig schwer, in den unterschiedlichen Artikulationsformen Jugendlicher einen religiösen oder gar theologischen Gehalt zu entdecken.

Demgegenüber sind wir davon überzeugt, dass nicht nur Kinder, sondern auch Jugendliche als Theologen bezeichnet werden können und auf ihre je eigene Weise theologisch auf der Suche sind. Es ist dringend an der Zeit, sich ihren Fragen zuzuwenden. Und mehr noch: Zuallererst muss es dabei darum gehen, auch die Antworten wahrzunehmen, die Jugendliche selbst entwickeln. Denn vielfach scheinen sich die Kommunikationsprobleme im Blick auf Jugendliche noch immer dann zu ergeben, wenn die Erwachsenen nicht ernsthaft dazu bereit sind, Jugendlichen zuzuhören oder sie bei ihrer Suche zu begleiten.

Fragt man Jugendliche selbst, so erwarten viele von ihnen von Kirche oder Theologie am wenigsten, gehört und wahrgenommen zu werden. Antworten auf diejenigen Fragen, die ihnen wirklich wichtig sind – so zeigt es die aktuelle Forschung zur Konfirmandenarbeit in Deutschland und Europa –, vermuten sie bei der Kirche nicht. Für Kirche und Theologie ist dies ein Zustand, mit dem sie sich nicht einfach abfinden können. Besonders die evangelische Kirche hat sich von Anfang an als eine Bildungsinstitution verstanden, für die die Sorge um die jüngere Generation und um einen mündigen Glauben wesentlich ist. Daher wird in dieser kirchlichen Tradition zu Recht großer Wert auf die so genannte Laientheologie gelegt.

Wie aber steht es mit den Laien, die sich noch im Jugendalter befinden? Nur selten waren die Erwachsenen in der Kirche bereit, in ihnen vollwertige Partner im Dialog zu sehen. Wie aber kann die Kirche »jugendsensibel« werden, wie es die jüngste Darstellung der Evangelischen Kirche in Deutschland (EKD) »Jugend und Kirche« so eindringlich fordert? Eine weitere Herausforderung erwächst aus einem aktuellen gesellschaftlichen Trend, den Jugendforscher als neue Vernachlässigung und als Tendenz zu einer »schleichenden De-Thematisierung« des Jugendalters beschreiben.[1] Diese Tendenz wird dabei mit der immer weiter zunehmenden Aufmerksamkeit für Kinder und »die Kindheit« in Zusammenhang gebracht. Die – sehr erfreuliche – Hinwendung zu den Kindern, insbesondere zu deren Lebenssituation und Rechten in der Gesellschaft, habe zu einem gleichzeitigen Nachlassen des Interesses an den Jugendlichen geführt. Ähnliche Befürchtungen lassen sich auch für die Religionspädagogik formulieren: Wie kommt es, dass auch hier in den letzten Jahren so ausdauernd über Kinder als Akteure sowie über Kinder als Theologen diskutiert wird, aber nicht gleichermaßen auch über Jugendliche?

Gilt das Wort Jesu über die Kinder, dass ihnen das Himmelreich gehört, nur bis zu einem bestimmten Lebensalter? Oder ist nicht auch festzuhalten, dass den Jugendlichen das Himmelreich gehört? Kann das an Erwachsene gerichtete Gebot, »wie die Kinder« zu werden (Mt 18,3), auch so übersetzt oder umformuliert werden, dass es heißt: zu werden »wie die Jugendlichen«?

Das mag überspitzt klingen und vielleicht sogar als Neigung dazu erscheinen, Jugend und Jugendlichkeit noch mehr zu verklären, als es in einer tendenziell auf Jugendlichkeit fixierten Gesellschaft ohnehin der Fall ist. Uns selbst liegen solche Einseitigkeiten allerdings fern. Aber gefragt werden muss doch, wie wir in Theologie und Kirche sowie bei der religiösen Erziehung und Bildung mit Jugendlichen umgehen und welchen Wert wir ihren Auffassungen dabei zugestehen wollen.

Anstöße gibt es also genug, sich gleichsam auf eine Entdeckungsreise zu begeben, die von der Frage geleitet ist: »*Brauchen Jugendliche Theologie?*« Damit setzen wir bewusst bei den Jugendlichen selbst ein. Gefragt wird nicht, wie ihnen Theologie vermittelt werden kann, sondern entschieden steht an erster Stelle die Frage danach, was sie selbst für bedeutsam und lebensdienlich halten, kurz: was sie aus ihrer eigenen Sicht brauchen.

Im Folgenden sprechen wir, dieser Überzeugung folgend, zuerst von einer Theologie *der* Jugendlichen. Wir wollen klären, in welchem Sinne Jugendliche tatsächlich als Theologen angesprochen werden können. Erst dann folgt die Rede von einer Theologie *mit* Jugendlichen. Diese muss notwendigerweise folgen, denn auch Jugendliche sind keine isolierten Individuen, die etwa nur mit sich selbst im Gespräch wären. Andere Jugendliche, aber auch Erwachsene sind ihnen als Gesprächspartner wichtig. Und schließlich gibt es auch eine Theologie *für* Jugendliche – eine Theologie, die gerade für Jugendliche anregend sein kann, wenn sie

---

1 *Wittmann/Rauschenbach/Leu,* Kinder in Deutschland, 11.

Einleitung 11

ihnen weiterführende Impulse für die eigene individuelle und gemeinsame Lebensführung bietet.
Wichtig ist es uns durchweg, auch die Unterschiede zwischen verschiedenen Jugendlichen mit im Blick zu halten. Der Gymnasiast aus einem wohlsituierten Elternhaus gehört ebenso zu »den Jugendlichen« wie die Tochter einer Familie, die von Hartz IV leben muss. Und dasselbe gilt natürlich auch für das Mädchen mit Migrationshintergrund und für den Jungen ohne Ausbildungsstelle. Wer heute nur von (Jugend-)Theologie »an sich« sprechen will, ohne Beachtung der unterschiedlichen Lebenswelten und Lebenslagen, wird weder auf Gehör hoffen dürfen noch darauf, dem christlichen Glauben und seiner möglichen Bedeutung für junge Menschen gerecht zu werden.
Damit ist auch deutlich, dass wir mit diesem Buch über die theoretische Reflexion hinaus auch ein praktisches Interesse verfolgen. Wir wollen dazu beitragen, die religiöse Kommunikation mit Jugendlichen zu stärken, indem wir gerade als Theologen und Religionspädagogen deren Perspektiven ernst nehmen. Der Versuch, Jugendliche als Theologen zu verstehen, bietet eine neue Chance, das Verständnis *der* Jugendlichen *für* sich selbst zu verbessern. Er eröffnet zugleich der wissenschaftlichen Theologie sowie der Religionspädagogik die Möglichkeit, die Sichtweisen Jugendlicher genauer nachzuvollziehen und in ihrer Tragweite neu wahrzunehmen. Insofern folgt unser Vorhaben dem inzwischen zum geflügelten Wort gewordenen »Perspektivenwechsel« – von den Erwachsenen hin zu den Kindern und Jugendlichen.
Wir haben das vorliegende Buch in einem intensiven Austausch gemeinsam geschrieben. Insofern handelt es sich durchweg um einen Text, den wir auch gemeinsam verantworten.
Danken möchten wir an dieser Stelle besonders den Mitarbeiterinnen und Mitarbeitern, die uns bei der Literaturbeschaffung unterstützt haben – in Tübingen besonders Annika Fiedler und Kristina Lamparter, in Zürich Salome Probst.
Im Hintergrund unserer Überlegungen stehen schließlich viele Begegnungen und Diskussionen mit Akteuren der schulischen und kirchlichen Praxis sowie unsere unmittelbaren Erfahrungen mit vielen Jugendlichen, die wir dabei erlebt haben, in sehr unterschiedlicher und zugleich immer eindrücklicher Weise nach tragfähigen Orientierungen und überzeugenden Antworten zu suchen. Ihren vielfältigen Anregungen und Herausforderungen verdankt sich unser Buch in wesentlichem Sinne.

Pfingsten 2011   Thomas Schlag/Friedrich Schweitzer

Kapitel 1
Jugend und Theologie – kein Thema?

Um die Ausgangslage mit ihren weitreichenden Herausforderungen möglichst ungeschminkt und unverkürzt wahrzunehmen, beginnen wir bewusst bei Schwierigkeiten und Defiziten in Praxis und Theorie. Erst nach einer solchen Analyse wenden wir uns in den nachfolgenden Kapiteln den möglichen Anknüpfungspunkten für eine Jugendtheologie zu.

1. Ausgangslage

Im Blick auf die aktuelle Bildungspraxis in Schule und Gemeinde hat es den Anschein, dass weder gegenwärtig noch zukünftig die Theologie die Jugendlichen braucht noch umgekehrt Jugendliche Theologie brauchen. Eine intensivere wechselseitige Wahrnehmung scheint hier nur schwer möglich. Denn selbst in der kirchlichen Praxis stellt es ein schwieriges und nicht selten gänzlich scheiterndes Unterfangen dar, eine gemeinsame Verständigungsebene von Theologie und Jugendlichen herzustellen oder produktive Dialoge über theologische Themen und Fragen zu initiieren.
Die christlichen Traditionen und deren theologische Interpretation verknüpfen sich nur im Ausnahmefall stimmig mit den lebensweltlichen Situationen und Sprachwelten heutiger Jugendlicher. Die Deutungspraxis der akademisch ausgebildeten professionellen Theologinnen und Theologen in Pfarramt oder Schule trifft auf Orientierungsbedürfnisse Jugendlicher, die sich – mindestens auf den ersten Blick – auf ganz anders geartete Wahrnehmungs- und Sinnhorizonte richten.
An Predigten und Gottesdiensten leiden sowohl die erwachsenen wie die jugendlichen Beteiligten gemeinsam, wie die jüngste bundesweite Studie zur Konfirmandenarbeit zeigt.[1] Diskussionen über den theologischen Kerngehalt bestimmter Themen im Religionsunterricht werden auf beiden Seiten oftmals als wenig faszinierend oder attraktiv erlebt. So notiert eine Konfirmandin: »Ich fände es besser, wenn man in der Konfi-Zeit mehr über menschliche und soziale Probleme reden würde und nicht nur über Gott und Jesus.«[2] Dies korrespondiert im Übrigen mit der generellen Einschätzung vieler Mitarbeitender, dass die Jugendlichen über die Themenwahl in der Konfirmandenarbeit nicht mitbestimmen, und ob die

---

1 Vgl. *Ilg/Schweitzer/Elsenbast*, Konfirmandenarbeit in Deutschland.
2 Ebd., 110.

Erwachsenen dies überhaupt für wünschenswert halten, geht daraus keineswegs eindeutig hervor.[3]
So wird die Konfirmandenarbeit von allen Beteiligten kaum im Blick auf gelungene theologische Vermittlungs- oder gar Aneignungsabsichten, sondern vielmehr in ihren erlebnisorientierten Dimensionen wahrgenommen und beurteilt. Als authentisch werden Pfarrerinnen und Pfarrer von Jugendlichen weniger aufgrund ihrer theologischen Sprachfähigkeit als vielmehr aufgrund gelingender Beziehungen und einer überzeugenden Persönlichkeit empfunden. Kein Wunder, dass Jugendliche dann geradezu allergisch reagieren, wenn sie den Eindruck gewinnen, dass diese sich dem ernsthaften Gespräch verweigern. So sagt eine Konfirmandin: »Mich stört es, wenn die Pfarrer im Konfi-Unterricht die Welt heil reden oder bei Fragen gegen Gott seltsam oder verständnislos reagieren.«[4]
Nachhaltiger wirken hier offenbar insbesondere die gelingenden Gemeinschaftserfahrungen in der Gruppe der Gleichaltrigen selbst, während die entscheidende inhaltliche Substanz deutlich in den Hintergrund des Bewusstseins und der aktiven Erinnerung tritt. In einer neuen Studie aus Österreich bescheinigen die Schülerinnen und Schüler dem Religionsunterricht eine gute Beziehungsqualität, aber im Blick auf die inhaltliche Qualität machen sie deutliche Abstriche.[5]
So stoßen die Vermittlung von theologischen Inhalten oder das Einspielen christlicher Bild- und Symbolwelten in der kirchlichen oder schulischen Praxis und bereits der explizite Bezug auf biblische Überlieferungen immer wieder auf grundlegende Verstehens- und Akzeptanzschwierigkeiten. Konsequenterweise kommen in der Konfirmandenarbeit die Glaubensfragen Jugendlicher nur selten vor.[6] Insofern ist Theologie für Jugendliche offenbar kein Thema – ganz abgesehen davon, dass zu fragen ist, ob überhaupt noch eine Kenntnis darüber vorhanden ist, was Theologie ist oder meint.
Die wechselseitigen Fremdheitserfahrungen haben möglicherweise einen ihrer wesentlichen Gründe im konzeptionellen Erscheinungsbild gegenwärtiger Theologie selbst. In der Wahrnehmung Jugendlicher sind deren Frage-, Such- und Deutungspotentiale für die gegenwärtige Theologie kein Thema, zu dem diese etwas zu sagen hätte. Theologische Reflexion und Rede, erfolgt sie im akademischen Kontext oder in der kirchlichen Praxis vor Ort, erscheint häufig weit entfernt von den lebensspezifischen Voraussetzungen jugendlicher Adressaten und schwebt nicht selten hoch über deren Köpfen und Sinnen.
Damit soll nun keineswegs die mancherorts gepflegte Skepsis kirchlicher Praxis und Praktischer Theologie gegenüber der Systematischen Theolo-

---

3 Vgl. ebd., 96.
4 Ebd., 68.
5 Vgl. *Ritzer*, Interesse, 136.
6 Vgl. *Ilg/Schweitzer/Elsenbast*, Konfirmandenarbeit in Deutschland, 69.

gie verstärkt werden.⁷ Es fällt aber doch auf, dass in aktuellen systematisch-theologischen Abhandlungen nur selten Überlegungen zu einer möglichen altersspezifischen Konkretisierung angestellt werden. Schon gar nicht ist hier eine dezidiert auf diese Altersgruppe ausgerichtete Jugendtheologie zu finden. Bezeichnend scheint uns auch, dass Versuche der theologischen Fachwissenschaft, ihre Erkenntnisse in spezifisch jugendgemäßer, gar literarisch leichter zugänglicher Weise zu vermitteln, bislang mindestens für den deutschsprachigen Raum nicht vorliegen.⁸ Und selbst die eher für ein breiteres Publikum gedachten Einführungen in das Christentum aus jüngerer Zeit zeigen keine wesentlich andere Gestalt.⁹
Die immer wieder betonte Aktualität und Zeitangemessenheit theologischer Rede erbringt für eine Jugendtheologie bisher wenig Konkretes – und dies noch ganz abgesehen davon, dass aktuelle systematisch-theologische Einsichten und Erkenntnisse keineswegs immer schon ganz selbstverständlich relevante Orientierungsgrößen für die kirchliche oder schulische Praxis darstellen. Selbst wenn die Theologie anspruchsvolle und komplexe Argumentationsfiguren der Traditionserinnerung und Lebensdeutung liefert¹⁰ – was auch im Blick auf eine Jugendtheologie zu begrüßen ist –, stellt sich die Frage, ob sie als akademische Disziplin zukünftig nicht sehr viel deutlicher als bisher auch in der Perspektive möglicher konkreter Zielgruppen sowie deren existentieller Bedürfnisse und eigener Deutungspotentiale zu profilieren ist.
Die Fremdheitserfahrungen hängen aber eben auch mit den Rahmenbedingungen der Lebenswirklichkeit junger Menschen zusammen. Deren Konsum- und Medienbestimmtheit scheint für das Nachdenken über theologische Fragen und das Einüben in weit entfernte Vorstellungswelten nur wenig Raum und Gelegenheit zu bieten. So ist Theologie für

---

7 Vgl. die kritischen Bemerkungen bei *Albrecht*, Zur Stellung der Praktischen Theologie, 7 und *Laube*, Zur Stellung der Praktischen Theologie, 61 f.
8 Nicht uninteressant sind zwei aktuelle Versuche, Jugendlichen praktisch direkt mit einer Art theologischer Anrede zu begegnen, vgl. *Käßmann*, Was ich dir mitgeben möchte, und *Thiel/Hahn*, Das kannst du glauben; problematisch aufgrund eines sehr direkten und dezidierten Orientierungsangebots im amerikanischen Kontext *Walsh*, Gespräche mit Gott, wo gleichsam Gott selbst auf die brennenden Fragen der Jugendlichen zu Sexualität, Erfolg, Liebe, Drogen etc. antwortet.
9 Vgl. etwa *Jäger-Werth*, Vertrauen statt Angst; *Berger*, Erlösender Glaube; *Claussen*, Zurück zur Religion; *Claussen*, Die 101 wichtigsten Fragen; *Dennerlein/Meyer-Blanck*, Evangelische Glaubensfibel; *Huber*, Der christliche Glaube; *Körtner*, Riskanter Glaube.
10 Dies zeigt sich im Blick auf eine ganze Reihe jüngerer Entwürfe, vgl. etwa *Dabrock*, Antwortender Glaube und Vernunft; *Schwöbel*, Gott in Beziehung; *Lauster*, Religion als Lebensdeutung; *Schneider-Flume/Hiller*, Dogmatik erzählen?; *Körtner*, Hermeneutische Theologie; *Schneider-Flume*, Grundkurs Dogmatik; *Körtner*, Reformatorische Theologie im 21. Jahrhundert; *Ritschl/Hailer*, Grundkurs Christliche Theologie; *Dalferth*, Radikale Theologie; *Herms*, Kirche – Geschöpf und Werkzeug des Glaubens.

Jugendliche – mindestens in der Form komplexer traditionsbezogener dogmatischer Lehre – in der Regel ein von ihrem Leben weit entferntes Feld. Jugendliche erwarten sich von theologischer Kommunikation nicht allzu viel. In ihrer Wahrnehmung stellen sich Formen dogmatisch-theologischer Rede eher als sperrig und kaum bedeutsam für die eigene Lebensführung dar. Tradierte Glaubensaussagen, so wird festgestellt, sind für Jugendliche in aller Regel kein Gegenstand besonderer Bedeutsamkeit oder des Nachdenkens, sondern allerhöchstens eine Art »mitlaufender Faktor«, um den man sich nicht weiter kümmert. Jugendliche repräsentieren so in der Regel »ein hohes Maß innerer Unabhängigkeit von kirchlich-traditionellen Inhalten«. Dies kann sich im Sinn einer eindeutigen Ablehnung von Kirche und Religion überhaupt manifestieren, »da es dem Menschen besser helfen sollte mit einem gesunden Menschenverstand durchs Leben zu gehen, anstatt an etwas zu hängen, das es wahrscheinlich sowieso nicht gibt«[11], so ein 16jähriger Jugendlicher. Aber selbst dort, wo entsprechende Inhalte vorhanden sind, werden sie von Jugendlichen kaum in einen Zusammenhang mit Kirche oder gar theologischer Dogmatik gestellt: So formuliert die 16-jährige Lena: »dass man für seinen Glauben nicht unbedingt ein Haus haben muss ... und dann, ich find eigentlich, so man dürfte, also ich weiß nicht, für mich zählt, dass man an was glaubt und mit seinem Herzen an was glaubt.«[12] Eine wesentliche jugendtheologische Herausforderung liegt jedenfalls grundsätzlich darin, »dass Jugendliche aus dem Angebot religiöser Sinndeutungen eine ›synkretistische‹ Auswahl treffen, und dass sie selbst darüber entscheiden, was ›Gott‹ für sie bedeutet«[13].

Die Deutungsangebote und Sprachwelten ihrer eigenen Lebenskulturen erweisen sich für sie als sehr viel leichter zugänglich und passgenauer, um sich daran zu orientieren oder von diesen wenigstens reiz- und genussvoll unterhalten zu werden. Die Herausforderungen, »up to date« zu sein, lassen die Beschäftigung mit vermeintlich längst veralteten kulturellen Überlieferungen und Denkgebäuden als wenig attraktiv erscheinen. Symbole und Rituale der eigenen Alltags-, Medien- und Konsumwelt werden als deutlich ansprechender und faszinierender erlebt als die professionellen Deutungsangebote im Kontext kirchlicher Gottesdienst- und Gemeindepraxis. Zudem nimmt unter Jugendlichen die Bereitschaft zur spirituellen Wanderschaft offenbar noch immer zu.[14] Zugleich wird dann eine ausdrückliche Bindung an Kirche und Gemeinde, gar in der Gestalt bekenntnishafter Selbstverpflichtung, als suspekte und wenig plausible Aufforderung erlebt, die Jugendliche – übrigens nicht nur sie! –

---

11 *Bund der Deutschen Katholischen Jugend & Misereor*, Wie ticken Jugendliche?, 307.
12 *Husmann*, Das Eigene finden, 99.
13 *Ziebertz/Kalbheim/Riegel*, Religiöse Signaturen heute, 374.
14 Vgl. *Gebhardt/Engelbrecht/Bochinger*, Die Selbstermächtigung des religiösen Subjekts.

tendenziell mit der Einschränkung individueller Freiheitsbedürfnisse verbinden. Und keinesfalls zu unterschätzen ist, dass Jugendliche im Bereich existentieller Lebens- und Gestaltungsfragen längst auf einen breiten Markt vielfältiger religiöser und säkularer Orientierungsangebote zurückgreifen können. Auch insofern müssen – und können! – die religiösen Deutungsangebote Erwachsener etwa im Bereich schulischer oder kirchlicher Bildung grundsätzlich mit einer gehörigen Portion kritischer Skepsis und erheblicher Widerständigkeit Jugendlicher rechnen, wenn diese sich von den entsprechenden Deutungen weder als Person noch mit ihren Lebensfragen wirklich ernst genommen fühlen.

Von dieser Gesamtsituation her ist die Theologie, einschließlich der Religionspädagogik und der Praktischen Theologie, zu einer intensiveren Bearbeitung der beschriebenen wechselseitigen Fremdheitserfahrungen herausgefordert. Dies betrifft zum einen ihre eigene akademisch ausgerichtete Darstellungs- und Reflexionsweise. Zum anderen schließt es die spezifisch an sie gerichteten Herausforderungen ein, die Erfahrungswelten und Sinnhorizonte Jugendlicher von Beginn an möglichst genau wahrzunehmen und konstitutiv mit zu berücksichtigen.

Praktische Theologie und Religionspädagogik müssen in ihrer eigenen Konzeptionsbildung wie ihrer praktischen Orientierungsfunktion darauf abzielen, einerseits die eigene Tiefenschärfe im Blick auf unterschiedliche Lebenswelten zu steigern und andererseits für die Akteure in der kirchlichen und schulischen Praxis Möglichkeiten der theologisch sachgemäßen Annäherung an die Lebenswelten Jugendlicher zu eröffnen. Nur und erst in diesem Sinn kann die Theologie insgesamt ihrer Orientierungsfunktion im Blick auf die Herausforderungen inhaltlicher Vermittlung und Aneignung entsprechen.

Dies gilt umso mehr, als die Frage nach Jugendtheologie an erster Stelle immer von den Jugendlichen selbst ausgehen muss. Anders gesagt kann der Ausgangspunkt hier nicht etwa in den Schwierigkeiten liegen, die von den Erwachsenen oder von der Kirche her als dringlich identifiziert werden. Jugendtheologie ist in diesem Sinne nicht vermittlungsorientiert – sie zielt nicht auf gleichsam raffiniertere Möglichkeiten ab, den Jugendlichen etwas zu vermitteln –, auch wenn sie dennoch und gerade deshalb, wie sich zeigen wird, in wesentlichen Hinsichten dazu beitragen kann, dass Jugendliche ein produktives Verhältnis zur christlichen Überlieferung und zum christlichen Glauben gewinnen können. Der Ansatz einer Jugendtheologie denkt konsequent von den Jugendlichen, ihren Fragen und Orientierungsbedürfnissen sowie ihren unterschiedlichen Lebenslagen her.

2. Fragestellungen und Ziele

Wenn wir – trotz oder wegen der beschriebenen Ausgangssituation – nach Möglichkeiten einer Jugendtheologie fragen, so ist für unser Vorhaben ein doppelter Ausgangspunkt entscheidend: Zum einen wollen wir deutlich machen, in welchem Sinne Jugendliche selbst als Theologinnen und Theologen wahrzunehmen und ihre Deutungsweisen als theologisch zu bezeichnen und anzuerkennen sind. Zum anderen geht es uns um ein Verständnis von Mündigkeit, das gerade die religiöse Sprach-, Kommunikations- und Reflexionsfähigkeit konstitutiv einschließt.

An dieser Stelle soll vor allem das Verständnis religiöser Mündigkeit etwas genauer beleuchtet werden – auf Jugendliche als Theologen gehen wir durchweg in den nachfolgenden Kapiteln ein. Zur religiösen Mündigkeit gehören nach evangelischer Auffassung ein eigenes Verständnis des Glaubens sowie eine aktive Verständigung über Glaubenswahrheiten und Bekenntnisinhalte.[15] In kirchlicher Hinsicht ist deshalb nicht mehr nur zu fragen, wie religionsfähig, sondern auch wie theologiefähig die Volkskirche ist.[16] Die Rede von einer »jugendsensiblen Kirche«[17] bedarf jedenfalls der inhaltlichen Ausweitung auf eine *theologiesensible Kirche,* die auch für das theologische Fragen und Antworten Jugendlicher offen ist. Weil sich eine selbstverständliche Prägung in Fragen des christlichen Glaubens längst nicht mehr von selbst versteht und familiär verankerte religiöse Überlieferungserfahrungen nur noch sehr teilweise gemacht werden, bedarf es neuer Wege und Prozesse theologischer Aufklärung und Einübung in die wesentlichen Gehalte und Symbolwelten der christlichen Tradition, ihrer Interpretation und Wirkungsgeschichte.

Zu Recht wird für eine zukunftsfähige Kirche die Notwendigkeit einer neuen Bildung und Verständigung über die Substanz und Kerngehalte der christlichen Botschaft angemahnt.[18] Das Problem schwieriger Verständlichkeit mancher theologischer Fragen darf nicht einfach zur Verabschiedung der Inhalte christlicher Überlieferung und Interpretation führen. Auch wir plädieren deshalb für ein neues Bewusstsein theologischer Elementarisierung im Blick auf die Altersgruppe der Jugendlichen, allerdings in einer auch pädagogisch konsequent verantworteten Art und Weise.

Wir gehen davon aus, dass eine gelingende Kommunikation des Evangeliums von der Berücksichtigung der individuellen Lesarten und Sprachmöglichkeiten Jugendlicher sowie von ihren eigenen Deutungsweisen auszugehen hat. Denn Theologie kann nur so überhaupt in ihrem lebensdienlichen und wahrheitsbezogenen Sinn erschlossen und zum Tragen gebracht werden. Wo dies erreicht wird oder, vorsichtiger und

---

15 Vgl. etwa *Nipkow*, Grundoptionen gelingender Glaubenskommunikation.
16 Vgl. *Drehsen*, Wie religionsfähig ist die Volkskirche?
17 Vgl. *EKD*, Kirche und Jugend.
18 Vgl. *Rat der EKD*, Kirche der Freiheit.

sachgemäßer formuliert, wo sich dies ereignet, kann gesagt werden, dass Jugendliche Theologie brauchen und brauchen können: nämlich als Angebot von Deutungen und Sichtweisen, die sich für ihr Leben als hilfreiche und weiterführende Bezugs- und Beziehungsgrößen erweisen. Zugleich kann dann gesagt werden, dass auch die theologische Kommunikation zu ihrer Profilierung Jugendliche als Gesprächspartner und kreative Deutungsakteure braucht. Die theologische Reflexion christlicher Tradition und die Lebenssituationen Jugendlicher sind so gesehen weit stärker miteinander verbunden und aufeinander angewiesen, als es auf den ersten Blick erscheint.
Eine jugendtheologische Perspektive legt sich nicht zuletzt aufgrund der konkreten Herausforderungen in unterschiedlichen Lebenssituationen und Lebenslagen sowie in den verschiedenen Feldern gemeindlicher und schulischer Bildungsarbeit nahe,[19] in denen sich Jugendliche heute wiederfinden. Davon soll später ausführlicher die Rede sein. Zunächst sollen die möglichen Gründe für die angedeuteten Entfremdungsphänomene noch in einem weiteren Sinne genauer in den Blick genommen werden.

3. Hintergründe

Auch die Jugendtheologie lässt sich nicht ohne ein Bewusstsein ihrer Vorgeschichte begreifen. Der *historische* Blick macht in diesem Falle vor allem die Notwendigkeit einer (selbst-)kritischen Bewusstwerdung deutlich. Denn die theologische und kirchliche Praxis zeigt durch die Geschichte hindurch eine klare Tendenz, Jugendliche vor allem als zu belehrende Objekte theologischer Unterweisung anzusehen. Vielfach wurde ihnen sowohl aus theologischen als auch aus kirchlichen und gesellschaftlich-politischen Gründen das Recht auf eigene theologische Sichtweisen schlichtweg nicht zugestanden. Von kirchlichen Mitspracherechten Jugendlicher war höchst selten auch nur die Rede. Wurde das Jugendalter vor allem als Durchgangsstufe zu einem erst noch zu erreichenden mündigen, erwachsenen Christsein verstanden, so wurden die spezifischen Fragehaltungen und Deutungsversuche dieser Altersgruppe von vornherein als defizitär, wenn nicht gar als belanglos, angesehen. Zudem galten Jugendliche mit ihren sprachlichen Eigenheiten und Haltungen den etablierten gesellschaftlichen und kirchlichen Eliten nicht selten als für alle Konventionen bedrohliche Elemente sowie als Repräsentanten problematischer, die gegebene Ordnung untergrabender Gegenbewegungen und Gegenwelten.
Im Blick auf ihre *Grundhaltungen und Verhaltensweisen,* ihre oftmals unkonventionellen Sprachwelten und Weltorientierungen sowie ihre Le-

---

19 Vgl. *EKD*, Kirche und Bildung sowie *Rupp/Scheilke*, Bildung und Gemeindeentwicklung.

bensvollzüge und Handlungsweisen erscheinen Jugendliche der Erwachsenenwelt bis in die Gegenwart hinein nicht selten als mindestens sperrig und oftmals als gänzlich fremd. Bestimmte Formen jugendlich-fundamentaler Institutionen- und Hierarchiekritik wirken hochgradig irritierend, was häufig dann bei den früher so genannten Jugendunruhen oder aktuell bei jugendlichen Verweigerungsaktionen offen zutage tritt. Dies verband und verbindet sich auf Seiten der Erwachsenen immer wieder mit purem Unverständnis oder mindestens mit einer erheblichen Verdachtshaltung gegenüber jugendlichen Lebensäußerungen und -vollzügen und führt dann zu einem primär defizitorientierten Blick auf dieses Lebensalter, dem es eben noch an Verstand und an Verständnis für die Realität des Lebens fehle.

Auch in *institutionell-kirchlicher Hinsicht* lassen sich bestimmte Gründe für die mangelnde Wahrnehmung des Jugendalters und seiner theologischen Deutungspotentiale identifizieren. Möglicherweise verhindert gerade die nach wie vor bestehende breite Selbstverständlichkeit kirchlicher Angebote etwa im Bereich der Konfirmandenarbeit, dass Fragen theologischer Kommunikation wirklich in den Blick geraten. Da ja die alltägliche pädagogische Arbeit oft – zumindest scheinbar – auch ohne die ausdrückliche Thematisierung theologischer Fragen ganz gut zu laufen scheint, ist eine Dringlichkeit ernsthaft veränderter Kommunikation und Reflexion vermeintlich nicht gegeben.

Auch im Bereich *kirchlicher Praxis* und insbesondere im Kontext des *schulischen Religionsunterrichts* sind die Herausforderungen gelingender theologischer Kommunikation mit Jugendlichen in den vergangenen Jahrzehnten nicht immer in aller Klarheit behandelt und bedacht worden. Beispielsweise ist die hier häufig anzutreffende Orientierung am Symbol- und Zeichencharakter biblischer Überlieferung keineswegs automatisch mit explizit theologischer Reflexion verbunden worden, und ebenso wenig ist dies für die neuerdings angestrebten performativen Zugänge zu den entsprechenden Traditionen schon selbstverständlich der Fall.

Dazu kommt, dass sich Religionslehrkräfte selbst nicht unbedingt in erster Linie als Expertinnen und Experten für explizite theologische Kommunikation oder gar als Repräsentanten kirchlicher Interessen verstehen,[20] sondern in ihrer Bildungspraxis theologische Inhalte oftmals vor allem in ihrem lebensweltlichen Sinn durchbuchstabieren. Möglicherweise resultiert in diesem Zusammenhang die Grundschwierigkeit gelingender theologischer Kommunikation auch daraus, dass diese aus Sicht der Lehrerinnen und Lehrer hochabstrakte und viel zu voraussetzungsreiche Argumentationsfiguren notwendig macht. Insofern sind den erwachsenen Bildungsakteuren im Fall der Zurückhaltung »in Sachen Theologie« keineswegs unlautere Absichten zu unterstellen, sondern möglicherweise fühlen sie sich durch die Komplexität und durch theologische Wahrheitsfragen selbst so stark heraus- oder gar überfordert,

---

20 Vgl. *Feige u.a.,* ›Religion‹ bei ReligionslehrerInnen.

Kapitel 1: Jugend und Theologie – kein Thema? 21

dass sie Jugendliche damit nur im Ausnahmefall ausdrücklich konfrontieren wollen. Auch von dieser Seite her ist dann im Übrigen wieder die wissenschaftliche Theologie dazu herausgefordert, ihre Einsichten so verständlich zu machen, dass sich die in der Praxis Tätigen daran tatsächlich orientieren und damit arbeiten können.

Nicht zu unterschätzen ist schließlich die Tatsache, dass Jugendliche gleichsam immer noch scheiternde Erfahrungen mit konkreter Theologie machen. Diese können aus einem wesentlich Stoff vermittelnden Religionsunterricht ohne ausreichende inhaltliche oder terminologische Klärungen resultieren. Solche Erfahrungen können sich aber auch im Kontext eines Konfirmandenunterrichts ereignen, nämlich gerade dann, wenn theologische Themen primär als katechetisches Wissen und auswendig zu lernendes Material – gleichsam als geronnene Theologie – präsentiert werden.

Damit soll nicht gesagt sein, dass die Konfirmandenarbeit heute noch wesentlich in katechetischer Unterweisung besteht. Problematisch erscheint es aber doch, wenn gerade theologische Fragen primär als zu lernender verfügbarer Stoff erscheinen und von Seiten der Pfarrerinnen und Pfarrer nicht als persönlich-bedeutsamer Kern menschlicher Lebensorientierungen thematisiert werden oder zur offenen Interpretation und Diskussion gestellt werden.

Schließlich sind als Gründe für die wechselseitige Distanz einige *wissenschaftlich-disziplinäre* Aspekte im Blick auf die Praktische Theologie und die Religionspädagogik zu benennen: Die Praktische Theologie setzt sich sowohl in entwicklungspsychologischer als auch in religionssoziologischer Perspektive seit Jahrzehnten intensiv mit Aspekten jugendlicher Religiosität auseinander. So hat sich die erhöhte Aufmerksamkeit auf Phänomene und Ausdrucksformen jugendlicher Spiritualität etwa im Bereich der Religionswissenschaft[21] zunehmend auch in der praktisch-theologischen Forschungspraxis niedergeschlagen. Dabei ist allerdings die spezifische Frage nach den Zusammenhängen und Unterschieden zwischen der Religion Jugendlicher einerseits und substantiell theologischen Bedeutungsgehalten andererseits durchaus nicht immer im Blick. Häufig wird das Verhältnis zwischen individueller Religiosität und theologischer Substanz nicht weiter thematisiert und wird auch nicht gefragt, welche inhaltlichen Auffassungen Jugendliche eigentlich vertreten. In diesem Fall sind die spezifischen Aspekte von Theologie oftmals nicht mehr als solche identifizierbar, sondern gehen in den weiten Kontext des Religiösen und religiöser Alltagsphänomene ein oder bleiben, zum Beispiel bei einer rein funktionalen Betrachtungsweise von Religion, gänzlich unterbelichtet.[22]

---

21 Vgl. zum Hintergrund *Knoblauch*, Populäre Religion.
22 Vgl. etwa *Dinter/Heimbrock/Söderblom*, Einführung in die Empirische Theologie.

Über die konstatierten Entfremdungserfahrungen und deren Hintergründe hinaus motivieren aber nun nicht nur diese negativen Aspekte dazu, von einer Jugendtheologie zu sprechen. Vielmehr legt sich eine solche Perspektive auch aufgrund der in jüngster Zeit verstärkten fachlichen Reflexion der so genannten Kindertheologie nahe.[23] Die Religionspädagogik hat sich allerdings unter dieser Überschrift »Kindertheologie« bis in die jüngste Zeit hinein primär auf Kinder im Grundschulalter konzentriert. Die intensive Diskussion zur Kindertheologie wirft damit, soll es nicht zu der in der Einleitung genannten »De-Thematisierung« des Jugendalters kommen, die Frage auf, wie es im Vergleich dazu bei den Jugendlichen steht. Bevor wir darauf im Folgenden näher eingehen, ist zuvor die Frage nach dem unsere Überlegungen bestimmenden Theologiebegriff zu stellen.

4. Was heißt hier Theologie? – Vorüberlegungen zum Theologiebegriff

Unsere bisherige Argumentation setzt bereits ein bestimmtes Verständnis von Theologie voraus, das es im Folgenden näher zu erläutern gilt. Dabei muss von Anfang an bewusst sein, dass eine Jugendtheologie nicht einfach aus einer theologischen Wissenschaftstheorie abgeleitet werden kann. Vielmehr ist ein mehrdimensionales Theologieverständnis erforderlich, das sich nur in mehreren Schritten gewinnen lässt. Insofern geht es an dieser Stelle vor allem um eine erste Orientierung.
Zunächst muss deutlich sein, dass es uns nicht um eine Gleichsetzung von Jugendtheologie mit wissenschaftlicher Theologie geht. Wenn wir von Theologie reden, so ist damit keine akademische Disziplin gemeint und keine Form gelehrter professioneller Theologie. Vielmehr rückt mit der Bezeichnung »Theologie« die Frage der Reflexion religiöser Vorstellungen sowie der Kommunikation über religiöse Fragen in den Vordergrund. Zentral ist dabei eine bildungstheoretische Betrachtungsweise. In dieser Hinsicht sollen Jugendliche als sich bildende und bildsame Theologen wahrgenommen und anerkannt werden. Aber auch im Blick auf die Kirche haben Jugendliche zumindest potentiell Anteil an der Kommunikation des Evangeliums, wenn ihnen die Kompetenz zugetraut und zugemutet wird, über ihren eigenen Glauben Rechenschaft ablegen und sich mit anderen darüber austauschen zu können. Eine solche über sich selbst aufgeklärte Glaubenshaltung kann historisch betrachtet als wesentliches Merkmal evangelischen Glaubens angesehen werden, auch wenn sich die Kirchen in dieser Hinsicht heute mindestens tendenziell einander annähern mögen.
In Unterscheidung zum Blick auf die vielfältige Religionspraxis und patchworkartige Religiosität Jugendlicher nehmen wir insbesondere Pro-

---

23 Hier ist auf die seit 2002 erscheinende, inzwischen vielbändige Reihe der »Jahrbücher für Kindertheologie« hinzuweisen.

Kapitel 1: Jugend und Theologie – kein Thema? 23

zesse der subjektiven Deutung des christlichen Glaubens und seiner vielfältigen Inhalte in den Blick. Es geht uns folglich darum, die bisherige Perspektive auf die gelebte Religion[24] Jugendlicher und die Frage, ob der Mensch Religion braucht,[25] nochmals auf ihren theologischen Tiefensinn hin zu öffnen und danach zu fragen, ob und in welchem Sinn Jugendliche Theologie brauchen (könnten). Hier ergeben sich dann auch wichtige Verbindungslinien zu einer Laientheologie, die im Folgenden immer wieder aufzunehmen sind. Jugendtheologie ist eine Form von Laientheologie, die bislang nur selten Beachtung gefunden hat.[26] Die unterschiedlichen klassisch-theologischen Themen, angefangen bei der Schöpfungs- und Gotteslehre bis hin zur Christologie, Ekklesiologie und Eschatologie samt ihren ethischen Konsequenzen, können den thematischen Umkreis einer Jugendtheologie nicht vorab definieren, so wie dies etwa bei einem Theologiestudium der Fall ist. Vielmehr sind alle diese Themen in einem für Jugendliche lebensbedeutsamen Sinne, eben auch mit den Jugendlichen selbst, neu durchzubuchstabieren. Mehr noch: Schon die Frage, welche Themen für eine Jugendtheologie bedeutsam sind, lässt sich unabhängig von den Orientierungsbedürfnissen Jugendlicher nicht beantworten. Die Beschäftigung mit biblischen Überlieferungszusammenhängen, dogmatischen Argumentationen, die Behandlung theologischer Klassiker ebenso wie die Kultur prägenden Wirkungen christlichen Glaubens müssen Jugendlichen in ihrem lebensdienlichen Eigensinn und nicht nur als zu lernende Unterrichtsstoffe plausibel gemacht werden.
Im wesentlichen Bezug auf die Jugendlichen selbst liegt so gesehen ein entscheidendes Auswahlkriterium für die Themen oder Inhalte einer Jugendtheologie: Nicht einfach die Bedeutung in der Tradition oder in der theologischen Wissenschaft ist für diese Auswahl maßgeblich, sondern an erster Stelle deren zumindest mögliche Lebensbedeutung für Jugendliche. Und erneut ist an dieser Stelle auch daran zu erinnern, dass die entsprechende Lebensbedeutsamkeit im Zusammenhang zu den je individuellen Lebenslagen und spezifischen Belastungen im Aufwachsen verschiedener junger Menschen geklärt werden muss.
Hilfreich erscheint uns dabei die Unterscheidung zwischen *impliziter* und *expliziter* Theologie.[27] Theologisch gehaltvolle Ausdrucksformen begegnen nicht nur dort, wo sie explizit oder gar in theologisch geprägter Sprache formuliert werden. Hier kann es vielmehr gerade Aufgabe einer Jugendtheologie sein, die implizite Theologie Jugendlicher – gemeinsam mit ihnen – wahrzunehmen und darüber ins Gespräch zu kommen.
Didaktisch legt sich zudem eine konstruktivistische Perspektive auf theologische Bildungs- und Kommunikationsprozesse nahe,[28] die zu-

---

24 Vgl. *Grözinger/Pfleiderer*, ›Gelebte Religion‹.
25 Vgl. *Joas*, Braucht der Mensch Religion?
26 Vgl. unten, S. 47f.
27 Genauere Ausführungen dazu unten, S. 59f.
28 Vgl. *Mendl*, Konstruktivistische Religionspädagogik; *Büttner*, Lernwege.

gleich in elementarisierender[29] Weise ausgestaltet sein müssen. Wir gehen somit für die folgenden Überlegungen im Horizont der Frage der Lebensdienlichkeit evangelischer Bildung[30] als theologisch elementarer Reflexion und Kommunikation davon aus, dass theologische Deutungen für die jugendliche Lebensführung eine hilfreiche Größe darstellen und umgekehrt die Deutungen Jugendlicher auch für eine theologische Interpretationspraxis[31] bedeutsam sind.

Ob Jugendliche in diesem weiten Sinn Theologinnen und Theologen sind, ist damit freilich erst hypothetisch beantwortet. Und ob Jugendliche Theologie für sich »brauchen« werden und ob sie diese in den entsprechenden Kommunikationsprozessen vielleicht als Motiv zur Identifikation mit der christlichen Tradition wahrnehmen, ist ihnen aus sachlichen und persönlichen Gründen selbst zu überlassen. Religionspädagogik und Praktische Theologie stehen hier aber auf jeden Fall vor der Aufgabe, ein genaueres Verständnis von Jugendtheologie zu gewinnen – nicht zuletzt als Voraussetzung für alle Formen des auf Religion und Glaube bezogenen Lehrens und Lernens mit Jugendlichen in Schule und Kirche und deren eigenen Kompetenzgewinn.

---

29 Vgl. *Schweitzer*, Elementarisierung im Religionsunterricht; *Schnitzler*, Elementarisierung.
30 Vgl. *Pohl-Patalong*, sed vitae.
31 *Dalferth*, Evangelische Theologie.

Kapitel 2
Jugendtheologie ist keine Kindertheologie – aber was ist sie dann?

Im ersten Kapitel haben wir dargestellt, warum es vielfach als schwierig gilt, Jugend und Theologie in ein produktives Verhältnis zueinander zu setzen. Schien es zunächst überhaupt so, dass »Jugend und Theologie« eher kein Thema ist, so kann doch gegenwärtig auch von einer aufmerksamen Offenheit für neue Überlegungen zu einer Jugendtheologie gesprochen werden. Dies gilt sowohl im Blick auf die Praxis in Schule und Gemeinde als auch bei Kirchenleitungen, die angesichts der gesellschaftlichen Situation und des religiösen Wandels die Notwendigkeit theologischer Bildung verstärkt wahrnehmen.

In vieler Hinsicht erwächst diese Aufmerksamkeit zunächst aber aus dem Erfolg der Kindertheologie, was danach fragen lässt, ob ein ähnliches Unternehmen nicht auch im Blick auf Jugendliche sinnvoll und möglich wäre. Zum Teil wird auch durchaus kritisch gefragt, ob die Konzentration allein auf Kinder nicht auch ein Ausweichen vor den Schwierigkeiten theologischer Gespräche mit Jugendlichen sein könnte.[1] Auf jeden Fall wäre es nicht zu rechtfertigen, sich auf eine *Kinder*theologie zu beschränken, wenn theologische Kompetenz als Bestandteil der religiösen Bildung oder religiösen Kompetenz überhaupt anzusehen ist.

Im Folgenden setzen wir mit ersten Überlegungen zum Verständnis von Jugendtheologie sowie dazu ein, was die Kindertheologie mit einer Jugendtheologie verbindet und was sie von dieser unterscheidet. Denn genauere Profilierungen und Abgrenzungen erweisen sich als hilfreich, um zu einer Präzisierung des Verständnisses von Jugendtheologie zu gelangen. In einem letzten Schritt soll dann nach dem Verständnis von Theologie im Zusammenhang unserer Entfaltungen des Begriffs einer Jugendtheologie gefragt werden.

1. Die Frage nach einer Jugendtheologie

Vor allem im 20. Jahrhundert ist es üblich geworden, eine besondere Form von *Religion im Jugendalter* zu identifizieren und sie von Religion in der Kindheit einerseits und im Erwachsenenalter andererseits abzugrenzen. Dies entspricht der historischen Entwicklung des Jugendalters,

---

[1] So konstatiert etwa die Handreichung der *EKD*, Kirche und Jugend, 79, kritisch, dass dem Bemühen um die Kindertheologie bislang kein entsprechendes Interesse an Jugendtheologie korrespondiere.

das als eine eigene Lebensphase allgemein erst seit dem 20. Jahrhundert ins Bewusstsein gerückt ist.² Insofern kann von der Religion der Jugendlichen oder eben der Jugendreligion gesprochen werden – als einer altersspezifischen Ausdrucksform, in der Religion gelebt wird.

Jugend*religion* ist aber noch nicht Jugend*theologie*. Ähnlich wie bei der Kindertheologie lässt sich auch der Begriff einer Jugendtheologie nur dadurch rechtfertigen, dass Jugendlichen über religiöse Vorstellungen hinaus auch eine gleichsam selbstreflexive Form des Nachdenkens über religiöse Vorstellungen zugetraut wird.³ Damit soll hervorgehoben werden, dass Jugendliche nicht nur religiöse Vorstellungen haben, sondern dass sie über diese auch selber und selbstständig reflektieren, darauf bezogene Fragen stellen und auch zu durchaus eigenen Antworten gelangen oder zumindest gelangen können. Darüber hinaus kommunizieren Jugendliche auch mit anderen über religiöse Fragen.

Religionspädagogisch ist die Bedeutung einer solchen Wahrnehmung Jugendlicher vor allem in zwei Hinsichten bewusst geworden. Zunächst kam und kommt es beispielsweise im Rahmen der Jugendarbeit immer wieder auch zur Ausformulierung theologischer Positionen oder sogar Forderungen, mit denen sich die Jugendlichen besonders identifizieren – Forderungen etwa nach einer Kirche, die Jugendlichen mehr Mitbestimmungsmöglichkeiten einräumt oder die sich stärker für Frieden und Gerechtigkeit engagiert. Zu bestimmten Zeiten erwuchsen daraus nachhaltige Konflikte mit Kirchenleitungen und Theologie, so dass hier von einem ausdrücklichen Spannungsverhältnis oder sogar Gegeneinander von Jugend- und Erwachsenentheologie gesprochen werden könnte.⁴ Sodann wurde besonders im letzten Drittel des 20. Jahrhunderts das theologische Denken gerade solcher Jugendlicher entdeckt, die sich häufig nicht an den Angeboten der Kirche beteiligen – von Berufsschuljugendlichen etwa oder auch von Konfirmandinnen und Konfirmanden, die sich nur wenig auf das im Unterricht Gebotene einzulassen bereit scheinen. Bahnbrechend wirkte hier die Studie von Karl Ernst Nipkow »Erwachsenwerden ohne Gott?«, in der Texte von Berufsschülerinnen und -schülern ausgewertet werden.⁵ In seiner theologisch zuspitzenden Interpretation identifiziert Nipkow in den Schüleräußerungen theologische Grundprobleme etwa der Theodizee, der Eschatologie, der Ekklesiologie sowie allgemein der Gotteslehre. Auch religionsphilosophische Grundfragen werden dabei erkennbar, etwa die im Sinne von Feuerbach gestellte Frage: »Gott – bloß ein Wort und Symbol?«⁶ Darüber hinaus treten hier Impulse aus der religionskritischen Religionspsychologie etwa

---

2 Zu den Hintergründen vgl. *Schweitzer*, Die Religion des Kindes; *ders.*, Die Suche.
3 So das Verständnis von Kindertheologie bei *Schweitzer*, Was ist und wozu Kindertheologie?
4 Vgl. dazu etwa *Affolderbach*, Stationen evangelischer Jugendarbeit.
5 *Nipkow*, Erwachsenwerden ohne Gott?
6 Ebd., 65.

Kapitel 2: Jugendtheologie ist keine Kindertheologie – aber was ist sie dann? 27

im Sinne Sigmund Freuds zutage, wenn Jugendliche beispielsweise davon sprechen, Gott sei für viele Menschen eine »Stütze« – »etwas, was man ›Gott nennt‹ und ›als Symbolfigur benützt‹«.[7] Schon dieses frühe Beispiel, das aus der Arbeit mit Jugendlichen im beruflichen Bildungswesen erwuchs, lässt erkennen, dass Jugendtheologie keineswegs ein etwa bloß gymnasiales Anliegen sein muss und kann. Zugleich erinnert es daran, dass die Jugendtheologie immer wieder auch differenzierend nach den Lebenslagen bestimmter Jugendlicher fragen muss sowie danach, was eine solche Theologie im Blick auf die Lebensbewältigung angesichts solcher Lebenslagen beizutragen vermag.

Nipkow spricht noch nicht von »Jugendtheologie«, aber andere wie Wolfgang Konukiewitz verweisen schon vor mehr als 20 Jahren ausdrücklich auf die »Theologie des Schülers«, die konsequent und kritisch von der herkömmlichen »Theologie für den Schüler« zu unterscheiden sei.[8] Später legten Gerhard Büttner und Tobias Ziegler ihre Untersuchungen zur Christologie Jugendlicher vor.[9] Erst vor wenigen Jahren aber wurde, angesichts der zunächst nur für die Kindheit verfolgten *Kindertheologie*, die als Forderung gemeinte Frage unausweichlich: *Auch Jugendliche als Theologen?*[10]

Das zentrale Motiv der Jugendtheologie ist an erster Stelle das Anliegen, Jugendliche als Subjekte ernst zu nehmen und ihnen einen gleichberechtigten Zugang zu Artikulationsmöglichkeiten ihrer Lebensfragen zu eröffnen. Dabei zeigt sich dann, dass solche Fragen theologisch höchst gehaltvoll sein können.

Darüber hinaus ist leicht erkennbar, dass sich die Fragen der Jugendlichen von denen unterscheiden, die von der Kindertheologie beschrieben werden. Von ihrer ganzen Lebenssituation her sind Jugendlichen andere Fragen wichtig als Kindern. Ähnliches gilt auch für die Formen, in denen sich Jugendtheologie zeigt oder in denen sie ausgestaltet werden soll. Nach allgemein geteilter Auffassung ist bei Jugendlichen, vor allem in ihrem Verhältnis zu Erwachsenen, nicht (mehr) mit der sprichwörtlichen Offenheit der Kinder zu rechnen, weder in inhaltlicher Hinsicht im Blick auf theologische Probleme noch hinsichtlich ihrer Bereitschaft, ihre Vorstellungen oder eigenen Antworten frei zu äußern.

Dennoch gilt, dass nicht nur Kinder, sondern auch Jugendliche über religiöse Vorstellungen nachdenken, sowohl über die eigenen Vorstellungen wie über Vorstellungen oder religiöse Riten und Praktiken, die sie bei anderen wahrnehmen oder denen sie von anderen her begegnen. In wel-

---

7 Ebd., 70.
8 Vgl. *Konukiewitz*, »Lernen, wie ich meinen eigenen Glauben finden kann«, 557.
9 Vgl. *Büttner*, »Jesus hilft!«; *Ziegler*, Jesus als »unnahbarer Übermensch« oder »bester Freund«?
10 Vgl. *Schweitzer*, Auch Jugendliche als Theologen?; vgl. inzwischen auch *Dieterich*, Theologisieren; *Freudenberger-Lötz/Reiss*, Theologische Gespräche.

chem Sinne dabei aber von einer *Theologie* der Jugendlichen gesprochen werden kann, muss nun weiter geprüft werden.

2. Was unterscheidet Jugendtheologie von der Kindertheologie? – Gemeinsamkeiten und Unterschiede

Von einer Jugendtheologie im Unterschied zur Kindertheologie zu sprechen, ist nur dann gerechtfertigt, wenn sich beide hinreichend voneinander unterscheiden lassen. Zugleich lassen sie sich aber auch nur dann aufeinander beziehen, wenn es Gemeinsamkeiten gibt, die eine Zuordnung erlauben. Mit solchen Gemeinsamkeiten setzten wir deshalb ein.[11] Nach dem bereits Gesagten ist mit mindestens drei übergreifenden Gemeinsamkeiten zu rechnen:

– *Formal* gilt für beide, Kinder- und Jugendtheologie, dass sie ein Reflexionsverhältnis bezeichnen, bei dem Kinder oder Jugendliche über religiöse Vorstellungen nachdenken, um auf diese Weise Klarheit über diese Vorstellungen zu gewinnen. In beiden Fällen wird Kindern oder Jugendlichen zugetraut, dass sie selbst zu einer solchen reflexiven Klärung fähig sind, dass sie eigene Fragen stellen und, noch wichtiger, auch eigene Antworten finden können.

– Weiterhin verbindet beide ein *gemeinsames Motiv*: Kinder und Jugendliche sollen nicht einfach als Objekte der Belehrung behandelt, sondern als Subjekte anerkannt und geachtet werden. Diese Anerkennung kann freilich erst dann als theologisch bezeichnet werden, wenn sie über eine allgemeine Beziehungsebene hinausgeht.[12] Geachtet werden müssen nicht nur Personen, die beispielsweise partnerschaftlich, nach dem Prinzip symmetrischer Beziehungen, behandelt werden sollen, sondern auch ihre mit Gründen vertretenen Überzeugungen. Die ausdrückliche Hervorhebung von »Gründen« soll dabei deutlich machen, dass Kinder- und Jugendtheologie prinzipiell auf eine argumentative Struktur verweisen. Es wäre etwas anderes, wenn lediglich verlangt würde, »Meinungen« von Jugendlichen zu respektieren. Eine solche Forderung zielt letztlich, indem sie von inhaltlichen Aspekten absieht, eben allein auf die Beziehungsebene und kann schwerlich schon als kinder- oder jugendtheologisch qualifiziert werden.

– Gemeinsam ist beiden auch das übergreifende *Ziel*: Kinder oder Jugendliche sollen ermutigt werden, selbst theologisch nachzudenken, und sie sollen in der Ausbildung von Fähigkeiten und Kompetenzen, die dafür erforderlich sind, unterstützt werden. Auf diese Weise soll

---

11 Eine systematische Zusammenfassung zur Kindertheologie bietet vor allem *Zimmermann*, Kindertheologie; als Überblick vgl. auch *Schweitzer*, Kindertheologie und Elementarisierung.
12 Vgl. die kritischen Überlegungen von *Schluß*, Ein Vorschlag, bes. 25.

ihre theologische Urteilsfähigkeit gefördert werden, damit sie auch in religiöser Hinsicht mündig werden können.

Weitere Gemeinsamkeiten könnten sich natürlich auch bereits daraus ergeben, dass auf die Relativität aller Abgrenzungen zwischen verschiedenen Lebensaltern hingewiesen wird. Bekanntlich fällt es heute besonders schwer, überhaupt noch einen Zeitpunkt anzugeben, zu dem die Kindheit endet und das Jugendalter beginnt. Insofern ist sicher mit fließenden Übergängen zu rechnen.

Dennoch liegt es auf der Hand, dass es einen wesentlichen Unterschied macht, ob wir mit 6-jährigen Kindern oder mit 18-jährigen Jugendlichen theologische Fragen besprechen. Kinder und Jugendliche unterscheiden sich nicht nur im Lebensalter voneinander, sondern auch in Wissen, Erfahrung und Fähigkeiten.

Ähnlich wie für die Kindertheologie die These, dass Kinder *Philosophen* seien, zumindest in gewisser Hinsicht Pate gestanden hat,[13] kann für die Jugendtheologie auf die Auffassung verwiesen werden, dass auch Jugendliche Philosophen seien. Die gleichsam klassische Darstellung dazu findet sich bei Lawrence Kohlberg und Carol Gilligan, die im Anschluss an Jean Piaget die mit der adoleszenten Entwicklung verbundenen neuen Möglichkeiten des Denkens eindrücklich beschreiben.[14] Die mit dem Übergang zum so genannten formal-operationalen Denken eröffneten – abstrahierenden und hypothetischen – Weltzugänge stehen dabei im Vordergrund. Ist das Nachdenken von Kindern vor allem auf Anschauung und Anschaulichkeit bezogen, so können Jugendliche sich in ihrem Denken davon vollkommen lösen und der Wirklichkeit mit einer rein hypothetisch-deduktiven Haltung begegnen. Den Denkraum bestimmt nun nicht mehr, was tatsächlich der Fall *ist*, sondern der volle Umkreis aller denkbaren Möglichkeiten, die der Fall sein *könnten*. Dadurch kann das Wirkliche mit dem Möglichen konfrontiert werden. Die Wirklichkeit verliert ihre das Denken begrenzende Macht. Nach Kohlberg/Gilligan erklärt dies die neue Haltung, mit der Jugendliche gesellschaftlichen oder auch kirchlichen Vorgaben begegnen können – frei von jedem Vorbehalt und bis hin zu einer Respektlosigkeit für Bestehendes, die den Erwachsenen dann, wie erwähnt, entsprechende Schwierigkeiten bereiten oder bei ihnen Irritationen auslösen kann.

Im Blick auf das damit eröffnete Widerspiel zwischen der Macht der Wirklichkeit bzw. der wirklichen Macht etwa von Autoritäten und dem herausfordernden Potential adoleszenten Denkens hat Carol Gilligan *Jugendliche als Narren* und als »Wahrsager« dargestellt:

---

13 Vgl. dazu u.a. *Schweitzer*, Was ist und wozu Kindertheologie?
14 Vgl. *Kohlberg/Gilligan*, The Adolescent as a Philosopher. Im Folgenden übernehmen wir einige Passagen aus *Schweitzer*, Auch Jugendliche als Theologen?

30 *Kapitel 2: Jugendtheologie ist keine Kindertheologie – aber was ist sie dann?*

»Im Lebenszyklus ist der Jugendliche der ›Wahrsager‹ (truth-teller), der wie der Narr im Schauspiel der Renaissance Heucheleien aufdeckt und Wahrheiten über menschliche Beziehungen enthüllt. Diese Wahrheiten betreffen Gerechtigkeit und Fürsorge, die moralischen Koordinaten menschlicher Bindung, die für den Jugendlichen, der zwischen der Unschuld der Kindheit und der Verantwortung der Erwachsenen steht, besonders hervorgehoben sind.«

Auf diese Weise produziert der Jugendliche ideale oder utopische Visionen und entwirft »eine Welt, in der auf jeden eingegangen wird und jeder dazugehört, in der keiner alleingelassen oder verletzt wird«. Solche Visionen enthalten für Gilligan auch wichtige Potentiale der gesellschaftlichen Erneuerung:

»In der Fähigkeit, diese Vision zu konstruieren, liegt ebenso das Potential für Nihilismus und Verzweiflung wie die Möglichkeit der gesellschaftlichen Erneuerung, die der Jugendliche symbolisch darstellt. Weil sich die adoleszente Leidenschaft für Moral und Wahrheit auf die Frage nach der sozialen Gerechtigkeit und der Fürsorge richtet, stellen Jugendliche die Gruppe dar, in deren Entwicklungsproblem sich Regenerationsprobleme der Gesellschaft widerspiegeln.«[15]

Die visionäre Kritik Jugendlicher lässt sich dann auch theologisch verstehen, wenden und deuten, so wie dies etwa Ottmar Fuchs vorgeschlagen hat.[16] In diesem Sinne kann dann von der »prophetischen Kraft der Jugend« gesprochen werden – oder eben von *Jugendlichen als Propheten*, die der gesellschaftlichen Wirklichkeit kritisch und herausfordernd gegenübertreten. Der zeitgeschichtliche Kontext solcher Formulierungen aus den 1970er und 1980er Jahren lässt dabei an Beispiele wie die Friedens-, die Ökologie- und die Alternativbewegungen denken sowie allgemein an die historisch wiederkehrenden Beispiele jugendkultureller Distanzierung. Jugendliche waren und sind oft die ersten, die Zukunftsprobleme erkennen und mit einer geradezu seismographischen Sensibilität für Gerechtigkeitsprobleme wahrnehmen.

Allerdings wird es bei einer entwicklungspsychologisch auf das Jugendalter ausgerichteten Sichtweise schwer, auch die Unterschiede zur anderen Seite hin, zur Theologie Erwachsener deutlich zu machen. Denn für Piaget, auf den sich Kohlberg und Gilligan berufen, ist mit dem formal-operationalen Denken eine Reflexionsform erreicht, die ebenso für Erwachsene kennzeichnend ist wie für Jugendliche. Verwiesen werden kann jedoch auf die tendenziell auf die gesamte Lebensspanne bezogenen Theorien zur moralischen und religiösen Entwicklung (J.W. Fowler, F. Oser u.a.), in deren Sicht sich deutlichere Unterschiede zwischen Jugendlichen und Erwachsenen beschreiben lassen.[17] Mit Fowler kann beispielsweise auf den konventionellen Glauben Jugendlicher und damit auf

---

15 *Gilligan*, Themen, 96f.
16 Vgl. *Fuchs*, Prophetische Kraft der Jugend?
17 So auch der Vorschlag von *Dieterich*, Theologisieren, 123; zum weiteren Hintergrund dieser Theorien vgl. *Schweitzer*, Lebensgeschichte und Religion.

Kapitel 2: Jugendtheologie ist keine Kindertheologie – aber was ist sie dann? 31

die für viele Jugendliche sehr hohe Bedeutung der Peergroup verwiesen werden.[18] Vergewisserung finden Jugendliche in der Übereinstimmung mit der Gruppe der Gleichaltrigen, was gerade auch zu einer Zurückhaltung in religiösen Fragen führen kann, etwa weil man sich nicht bloßstellen möchte.
Sehr eindrücklich beschreibt dies beispielsweise die 13-jährige Eva in der Studie von Heike Bee-Schroedter über das Verstehen neutestamentlicher Wundergeschichten. Eva wird gefragt, ob sie eine solche Wundergeschichte – es geht um die Heilung eines Blinden (Lk 18,35–43) – wohl auch anderen weitererzählen würde. Ihre Antwort ist klar:

»Ja, ich meine, also kommt drauf an welche. Wenn ich jetzt zu Freunden, zu denen ich ganz viel Vertrauen habe, das erzählen würde, dann würden die auch nicht so lachen und würden mir da auch zuhören. Aber jetzt so überhaupt vor der ganzen Klasse? Also denen dann die Geschichte erzählen, dann würden die auch alle denken: ›Ach, die spinnt!‹ und das würde dann glaub' ich, jedem so gehen.«[19]

Denn ihre Umwelt nimmt sie insgesamt als eher wunder-kritisch wahr: »Heute glauben ja auch nicht mehr so viele Jugendliche oder so an Gott«. Dabei trifft sie noch eine weitere Unterscheidung, nämlich die zwischen der Gruppe und der Einzelperson: »Aber wenn man jetzt das [als] Einzelne so liest, dann ist das gar nicht so lustig, als wenn man das jetzt bei uns in der Klasse vorlesen würde. […] Aber wenn man das alleine liest, dann ist das doch ganz anders.«[20]
Hier begegnen wir einem Hinweis auf ein weiteres Merkmal Jugendlicher im Unterschied zu Kindern: Die Subjektivität, verstanden als Wahrnehmung des eigenen Selbst und der eigenen Innenwelt, aber auch der Bewertung subjektiver Erfahrungen, nimmt mit dem Jugendalter erheblich zu.[21] Dies führt einerseits zu einer neuen Offenheit für religiöse Fragen, die sich auf eine solche Subjektivität beziehen lassen – der Glaube ist gerade für Jugendliche in erster Linie eine subjektive Angelegenheit –, es lässt religiöse Fragen andererseits aber auch leichter schambesetzt werden. Kinder schämen sich bei religiösen Äußerungen eher selten, Jugendliche hingegen ziemlich häufig. Religion wird dadurch in einem ambivalenten Sinne zu einer intimen Angelegenheit, positiv als Möglichkeit zur Verinnerlichung, negativ als Vorbehalt im Blick auf die religiöse Kommunikation besonders mit Erwachsenen, aber auch, wie das Beispiel von Eva zeigt, in der Gruppe der Gleichaltrigen.
Nicht zuletzt ist hier aber auch auf die weitreichenden Unterschiede der lebensweltlichen Zusammenhänge hinzuweisen, in denen sich Kinder und Jugendliche bewegen, sowie auf Unterschiede hinsichtlich der Interessen, die sich damit jeweils verbinden. Kinder sind oft sehr stark in die

---

18 Vgl. *Fowler*, Stufen des Glaubens.
19 *Bee-Schroedter*, Neutestamentliche Wundergeschichten, 323.
20 Ebd., 321.
21 Vgl. *Schweitzer*, Die Suche.

Familie eingebunden, was für Jugendliche nicht mehr gleichermaßen gelten muss. Entsprechend stehen sie auch vor unterschiedlichen Herausforderungen. Arbeitslosigkeit etwa kann Jugendlichen ganz unmittelbar als ihnen selbst drohendes Schicksal vor Augen stehen, während sie für Kinder, soweit sie nicht in einer entsprechenden Familie aufwachsen, in aller Regel höchstens ein ferner Gedanke ist. Und andere krisenhafte Ereignisse innerhalb der eigenen Familie – Tod der Großeltern, Scheidung, Krankheiten, Trennungen bei ersten Partnerschaften, schulischer Druck usw. – nehmen im Jugendalter ebenfalls vermehrt zu.

Wenn Jugendtheologie kein abstraktes oder aufgesetztes Unternehmen sein soll, bei dem sich Jugendliche mit Fragen beschäftigen sollen, die für ihr Leben, zumindest nach ihrem eigenen Urteil, ohne Relevanz, weil ohne praktische Folgen sind, ginge sie ohne einen klaren, für die Jugendlichen selbst einsichtigen Bezug auf diese Lebenswelt von vornherein an den Jugendlichen vorbei.

Die für Jugendliche zentrale Bedeutung der Frage nach der Relevanz für das eigene Leben, einschließlich des eigenen Glaubens, hat beispielsweise die vor kurzem durchgeführte Bundesweite Untersuchung zur Konfirmandenarbeit eindrücklich aufgezeigt. An dieser Studie waren in Deutschland rund 10 000 Jugendliche beteiligt. Mehrheitlich zeigten sich die befragten Jugendlichen hier enttäuscht darüber, dass die Fragen, die sie wirklich bewegen, im Unterricht nicht vorkommen.

»Die größten Spannungen ergeben sich für die Jugendlichen aus der von ihnen wahrgenommenen Lebensferne der behandelten Themen. Trotz einer allgemeinen Zufriedenheit mit der Konfirmandenzeit bemerkt fast jeder zweite Konfirmand: ›Was ich in der Konfi-Zeit gelernt habe, hat mit meinem Alltag wenig zu tun‹«.[22]

Bezeichnend ist auch der dabei geäußerte Wunsch der Jugendlichen, die Themen selbst mitbestimmen zu können. Daran zeigt sich noch einmal die selbstbewusste Haltung der Jugendlichen, auch gegenüber den Erwachsenen und deren Orientierungen und Vorgaben.

3. Profilierung – Abgrenzungen – Anknüpfungspunkte

Auch wenn die Jugendtheologie bislang noch keine etablierte Perspektive oder einen breit eingeführten Ansatz darstellt, gibt es doch eine ganze Reihe von verwandten Ansätzen und religionspädagogischen Versuchen, die sich auf Jugendliche beziehen. Eine genauere Auseinandersetzung mit ihnen soll im Folgenden dazu dienen, die Perspektive der Jugendtheologie dadurch weiter zu profilieren, dass nach Abgrenzungsmöglichkeiten sowie zugleich nach möglichen Anknüpfungspunkten für unser eigenes Vorhaben gefragt wird.

---

22 *Ilg u.a.*, Konfirmandenarbeit in Deutschland, 105.

Jugendtheologie als verlängerte Kindertheologie?

Vor allem zu Beginn der Diskussion über Kindertheologie waren die Grenzen zum Jugendalter hin bei verschiedenen Studien durchaus fließend. In seiner Untersuchung zur Christologie von Schülerinnen und Schülern bezieht etwa Gerhard Büttner auch Jugendliche aus den Klassen 8 und 9 mit ein, d.h. 14- bis 16-jährige Jugendliche. Dabei wird noch nicht weiter auf die Unterschiede zwischen einer Kindertheologie und einer Jugendtheologie reflektiert. Ähnliches gilt auch etwa für den eher als Praxisimpuls gestalteten Beitrag von Corinna Hößle »Theologisieren mit Kindern und Jugendlichen«, in dem besonders Möglichkeiten des Arbeitens mit Dilemmageschichten aufgezeigt, aber nicht speziell der Frage nach Jugend- im Unterschied zur Kindertheologie nachgegangen wird.[23]

Einen weiterreichenden Versuch, im Ausgang von der Kindertheologie ein Verständnis von Jugendtheologie zu gewinnen, bietet der Bericht von Katharina Burhardt über einen Unterrichtsversuch zu Wundererzählungen in Klasse 8. Aufschlüsse über die Jugendtheologie werden hier davon erwartet, dass der Ansatz der *Kinder*theologie gezielt und probeweise mit Jugendlichen eingesetzt wird, eben um auf diese Weise zu erfahren, ob dies funktionieren kann oder nicht. Wie die Autorin berichtet, ist dieser Versuch tatsächlich an deutliche Grenzen gestoßen.[24] Die Jugendlichen seien weit weniger offen gewesen als die Kinder, mit denen bislang kindertheologisch gearbeitet worden sei. In den Gesprächen hätten sie sich lange zurückgehalten. Darüber hinaus habe es ihnen an entsprechenden Vorkenntnissen gefehlt. Und schließlich seien die Jugendlichen auch nicht wirklich bereit gewesen, sich in ihren Meinungen durch das Gespräch mit ihren Mitschülerinnen und Mitschülern zu veränderten Sichtweisen anregen zu lassen. Kindertheologie ist eben noch keine Jugendtheologie, auch nicht im Blick auf die methodische Gestaltung.

Aus solchen Erfahrungen lässt sich schließen, dass ein kontrastierendes Vorgehen, das von der Kindertheologie aus nach Unterschieden zur Jugendtheologie fragt, durchaus sinnvoll sein kann. Allerdings ist auch deutlich zu erkennen, dass bei einer solchen Herangehensweise die spezifische Würdigung und das Eingehen auf Jugendliche als Jugendliche leicht zu kurz kommen. Die von Burhardt berichteten Erfahrungen sagen so am Ende wohl mehr über die Grenzen der Kindertheologie als über das Eigenprofil von Jugendtheologie. Anders ausgedrückt, unterstreichen sie die Notwendigkeit, eigens und ausdrücklich – wie wir es hier versuchen – nach einer *Jugend*theologie zu fragen und diese nicht als bloße Verlängerung von Kindertheologie anzusehen.

---

23 *Hößle*, Theologisieren.
24 Vgl. *Burhardt*, AchtklässlerInnen, 102.

Vom Philosophieren mit Jugendlichen lernen – Jugendtheologie als Kulturtechnik

Auch wenn der Begriff der »Jugendphilosophie« im Unterschied zu dem der »Kinderphilosophie« nicht verbreitet ist, gibt es neben dem Philosophieren mit Kindern doch auch deutlich davon unterschiedene Programme für das Philosophieren mit Jugendlichen. Im Hintergrund steht dabei nicht zuletzt der schulische Philosophieunterricht in der Sekundarstufe.

Ein besonders interessantes literarisches Beispiel stellt die »Ethik für die Erwachsenen von morgen« dar, die Fernando Savater unter dem Titel »Tu, was du willst« veröffentlicht hat. Dieses Buch bietet eine Einführung in die Ethik für Jugendliche. Nicht zufällig beginnt es mit einem »antipädagogischen Hinweis«: Hier solle weder ein »Handbuch über Ethik« geboten werden noch ein »Rezeptbuch mit moralisierenden Antworten auf die Streitfragen, auf die man tagtäglich in den Zeitungen und auf der Straße stoßen kann – von der Abtreibung über das Kondom bis hin zur Kriegsdienstverweigerung aus Gewissensgründen«.[25] Das Buch ist als Dialog mit einem Jugendlichen oder jungen Mann namens Amador gestaltet. Genauer gesagt spricht hier der Vater mit seinem Sohn. Seinen Anknüpfungspunkt für ein Gespräch über Ethik mit Amador als einem »Erwachsenen von morgen« findet Savater – wiederum nicht zufällig, weil Jugendlichen oft ganz besonders wichtig – im Begriff der *Freiheit*[26]. Savater geht offenbar davon aus, dass Jugendlichen Ethik nur so erschlossen werden kann, dass sie ihnen als Voraussetzung ihrer eigenen Freiheit einleuchtet – eben wie es der Buchtitel festhält: »Tu, was du willst«. Dem entspricht es auch, dass eines der weiteren Kapitel mit »Mach dir ein schönes Leben« überschrieben ist. Dieses Kapitel ist im vorliegenden Zusammenhang auch deshalb interessant, weil Savater hier die Bibel ins Spiel bringt. Wir geben den entsprechenden Abschnitt hier in seiner ganzen Länge wieder, weil er auch beispielsweise im Religionsunterricht eingesetzt werden kann:[27]

»Ich weiß nicht, ob du viel in der Bibel gelesen hast. Sie ist voller interessanter Dinge, und man muss nicht sehr religiös sein – du weißt ja, ich bin es nicht besonders – um sie zu schätzen. Im ersten Buch, der Genesis wird die Geschichte von Esau und Jakob, den Söhnen Isaaks erzählt. Sie waren Zwillinge, aber Esau wurde zuerst geboren, wodurch er das Erstgeburtsrecht erhielt. Erstgeborener zu sein war in diesen Zeiten nicht ohne Bedeutung, weil damit verbunden war, dass man eines Tages den gesamten Besitz und alle Privilegien des Vaters erbte. Esau ging gerne auf die Jagd und wollte was erleben, während Jakob lieber zu Hause blieb und ab und zu etwas Köstliches kochte. Einmal kehrte Esau müde und hungrig vom Feld zurück. Jakob hatte einen leckeren Linseneintopf gekocht, und seinem Bruder, kaum hatte er das

---

25 *Savater*, Tu, was du willst, 11.
26 Ebd., 24.
27 Vgl. dazu, auch mit weiteren Hinweisen und Beispielen, *Baumann/Schweitzer*, Religionsbuch Oberstufe, 304ff.

Kapitel 2: Jugendtheologie ist keine Kindertheologie – aber was ist sie dann? 35

Essen gerochen, lief das Wasser im Mund zusammen. Er verspürte große Lust mitzuessen und bat Jakob darum, ihn einzuladen. Der Bruder meinte: ›Sehr gerne, aber nicht umsonst, sondern im Austausch für das Erstgeburtsrecht.‹ Esau dachte: ›Worauf ich jetzt Lust habe sind die Linsen. Das Erbe meines Vaters werde ich irgendwann in der Zukunft antreten. Wer weiß, womöglich sterbe ich noch vor ihm!‹ Und er stimmte zu, seine zukünftigen Rechte als Erstgeborener gegen die schmackhaften Linsen der Gegenwart zu tauschen. Sie müssen fürchterlich gut gerochen haben, diese Linsen! Selbstverständlich bereute er das schlechte Geschäft, sobald er sich den Bauch vollgeschlagen hatte, was zu ziemlichen Problemen unter den Brüdern führte (mit dem nötigen Respekt sei gesagt, ich hatte immer den Eindruck, dass Jakob eine linke Type war). Aber wenn du wissen willst, wie die Geschichte ausgeht, dann lies die Genesis. Für das, was ich mit diesem Beispiel sagen will, genügt das, was ich dir erzählt habe.
Da ich dich für etwas bockig halte, würde es mich nicht wundern, wenn du versuchen würdest, diese Geschichte gegen meine früheren Aussagen zu kehren: ›Hast du mir nicht diesen schönen Rat geben, ›Tu, was du willst‹? Hier hast du das Ergebnis: Esau wollte Eintopf und setzte alles daran, ihn zu bekommen, und am Ende stand er ohne Erbe da. Ein toller Erfolg!‹ Ja, natürlich, aber ... Waren die Linsen das, was Esau *wirklich* wollte, oder waren sie das, was ihn nur in dem Augenblick reizte? Immerhin war das Erstgeburtsrecht damals eine einträgliche Sache, mit den Linsen dagegen ist das natürlich so: Wenn du sie magst, isst du sie, wenn nicht, lässt du sie stehen ... Es ist logisch, zu denken, dass das, was Esau im Grunde wollte, das Erstgeburtsrecht war, das ihm in einem mehr oder weniger nahen Zeitraum das Leben beträchtlich verbessern sollte. Zufällig hatte er auch Lust Eintopf zu essen, aber wenn er sich die Mühe gemacht hätte, nur ein bisschen nachzudenken, dann hätte er erkannt, dass dieser zweite Wunsch eine Weile hätte warten können, um nicht die Chance zu verspielen, das Wesentliche zu erreichen. Manchmal wollen wir Menschen einander widersprechende Sachen, die miteinander in Konflikt geraten. Es ist wichtig, Prioritäten setzen und eine gewisse Hierarchie bilden zu können zwischen dem, was einem sofort gefällt, und dem, was man eigentlich langfristig will. Und wenn man das nicht kann, sollte man Esau fragen.«[28]

Es ist deutlich: Der Philosoph Savater nutzt die biblische Geschichte hier dazu, eine moralische Einsicht zu vermitteln oder zu gewinnen. Amador soll einsehen, dass die Ethik »nicht mehr« ist »als der rationale Versuch, herauszubekommen, wie man besser lebt«. Zugespitzt: »Wenn es sich lohnt, sich für die Ethik zu interessieren, dann, weil uns das schöne Leben gefällt.«[29] Die Frage, ob dieses Verständnis von Ethik im Sinne des Eudämonismus, also der Orientierung am eigenen Glück, tragfähig ist, muss hier auf sich beruhen bleiben. Interessant unter dem Aspekt der Jugendtheologie ist aber das – offenbar erfolgreiche – Bemühen des Philosophen, Jugendliche *als Jugendliche* anzusprechen – nämlich als eigenständige Subjekte, die an einer eigenverantwortlichen Lebensführung und Lebensplanung »in Freiheit« interessiert sind und die dabei auch den Lebensgenuss zu schätzen wissen. Darauf stellt sich der Philosoph mit seinen Argumenten ein. Dies dürfte auch für eine Jugendtheologie einleuchten. Verallgemeinernd ließe sich sagen, dass für Jugendli-

28 Ebd., 59–61.
29 Ebd., 63.

che andere Themen eine »generative«, lebensbedeutsame Bedeutung haben als für Kinder. Diese Formulierung schließt an die befreiungspädagogische Perspektive von Paulo Freire an[30] und verweist damit auf Hintergründe, die wir unter dem Aspekt einer Theologie des Jugendalters noch weiter vertiefen werden.[31]

In eine zumindest teilweise andere Richtung weist das Verständnis von »Philosophieren als elementare Kulturtechnik«. Im Sinne einer solchen *Kulturtechnik* versteht der Philosoph und Didaktiker Ekkehard Martens den Auftrag des Philosophieunterrichts. Er will Kindern und Jugendlichen nicht Philosophie beibringen, sondern das Philosophieren.[32] Diese Fähigkeit gehöre zu einem »sinnvollen, selbstbestimmten Leben«.[33] Sein Ziel will Martens durch die Vermittlung von philosophischen Arbeitsmethoden erreichen, die er in fünf Richtungen entfaltet:

- Etwas wahrnehmen können
- Jemanden verstehen können
- Argumente und Begriffe klären können
- Auseinandersetzungen führen können
- Einfälle haben können.[34]

Heute würde man hier wohl von einer »philosophischen Kompetenz« sprechen. Im Bereich der Kindertheologie hat besonders Mirjam Zimmermann vorgeschlagen, »Kindertheologie als theologische Kompetenz von Kindern« aufzufassen.[35] Der Vergleich ihres Verständnisses von theologischer Kompetenz mit den sehr präzisen Vorstellungen, die Martens für das Philosophieren entwickelt, macht allerdings rasch deutlich, dass noch wenig geklärt ist, in welchem Sinne von »theologischen Kompetenzen« gesprochen werden kann, welche sich die Kinder erschließen oder erwerben können.[36]

Für die Jugendtheologie ergibt sich hier die Frage, welche Kompetenzen oder Fähigkeiten Jugendliche erwerben können und erwerben sollen. Dazu muss genauer geprüft werden, welche Anforderungen Jugendlichen in dieser Hinsicht begegnen. Eine Antwort darauf ist beispielsweise von einem bloßen Rückgriff auf Bildungspläne nicht zu erwarten. Stattdessen muss umgekehrt gefragt werden, ob Bildungspläne den aus der Perspektive einer Jugendtheologie erwachsenden Ansprüchen gerecht werden. Angesichts der großen Aufmerksamkeit, die heute der Diskussion über Kompetenzen und (Bildungs-)Standards zukommt, werden wir

---

30 Vgl. *Freire,* Pädagogik der Unterdrückten.
31 Vgl. unten, S. 165ff.
32 Vgl. *Martens,* Methodik, 15.
33 Ebd., 31. Die Formulierungen finden sich bei Martens als Kapitelüberschriften.
34 Ebd., 96ff.
35 *Zimmermann,* Kindertheologie als theologische Kompetenz von Kindern; vgl., auch im Blick auf Bildungsstandards, *Rupp,* Bildungsstandards.
36 Vgl. *Zimmermann,* Kindertheologie als theologische Kompetenz von Kindern, 159ff.

auf den Zusammenhang zwischen Jugendtheologie und Kompetenz im Folgenden noch genauer eingehen.[37] Zunächst nehmen wir jedoch noch weitere aktuelle Diskussionsfragen auf.

Jugendtheologie als »empirische Dogmatik des Jugendalters«?

Unter dem Titel »Empirische Dogmatik des Jugendalters« hat Carsten Gennerich einen interessanten Entwurf vorgelegt, in dem dargestellt werden soll, »aus welchen Interpretationsmustern die Weltsicht von Jugendlichen zusammengesetzt ist und wie der religiöse Kern ihrer Weltsicht mit Hilfe der systematisch-theologischen Deutungstradition des Christentums zur Sprache gebracht werden kann«[38]. Ähnlich wie Gilligan und Kohlberg sieht auch er ein charakteristisches Merkmal der Entwicklung im Jugendalter in der sich neu herausbildenden »Fähigkeit zum abstrakten Denken«. Über diese Autoren hinaus gehen für ihn damit aber auch »spezifische theologische Problemstellungen einher«. Das Jugendalter habe »daher einen immanenten theologischen Bezug«. Dies lasse sich so noch nicht für die Kindheit, sondern erst für das Jugendalter behaupten, denn »Glaubenslehren« systematisieren »die christliche Tradition auf einer abstrakten Ebene, so dass erst mit dem Jugendalter theologische Reflexionsleistungen im direkten Zugang für Schülerinnen und Schüler attraktiv werden können«.[39] Insofern begegnen wir bei Gennerich einem Anspruch, der ohne Weiteres die Erwartungen an eine Jugendtheologie erfüllt.

Gennerich legt großen Wert darauf, dass die Orientierungen Jugendlicher empirisch erschlossen werden müssen. Er definiert die von ihm so bezeichnete »Dogmatik des Jugendalters« so, dass sie »die expliziten und vor allem impliziten theologischen Orientierungen Jugendlicher empirisch aufzudecken und in ein Gespräch mit Interpretationsperspektiven der Theologie zu bringen« habe.[40] Für die empirische Erschließung der Orientierungen Jugendlicher greift er dann auf die Perspektive der Werte zurück, die er wiederum mit Hilfe eines wertetheoretischen Modells, dem Modell von Shalom Schwartz, erfasst.

Dieses Modell erlaubt eine Zuordnung von Orientierungen bzw. Äußerungen Jugendlicher zu vier Polen, denen sie jeweils näher oder ferner stehen können. Daraus ergibt sich eine doppelte Polarität: Selbst-Transzendenz oder Selbst-Steigerung; Bewahrung oder Offenheit für Wandel.[41] Als Material für seine Deutung werden von Gennerich zahlreiche Jugendstudien herangezogen, die er jeweils einer Neuinterpretation mit Hilfe des Wertemodells mit seinen zwei Polaritäten unterzieht. Schließlich

---

37 Vgl. unten, S. 135ff.
38 *Gennerich*, Empirische Dogmatik, 11.
39 Ebd., 13.
40 Ebd., 24, im Original teilweise kursiv.
41 Ebd., 32.

werden die entsprechenden Befunde auf Grundthemen der christlichen Theologie bezogen: Sünde, Glaube, Rechtfertigung, Gerechtigkeit, Exodus, Schöpfung, Nächstenliebe.

Der von Gennerich vorgelegte Entwurf ist einerseits imponierend, weil er zahlreiche Möglichkeiten aufzeigt, wie die christliche Lehre auf Erfahrungen heutiger Jugendlicher bezogen werden kann. Aus jugendtheologischer Perspektive sind andererseits auch Rückfragen zu stellen. Denn in den allermeisten Fällen kann sich Gennerich bei seiner Rekonstruktion nicht auf Äußerungen Jugendlicher beispielsweise zur Frage ihres eigenen Sündenverständnisses stützen, sondern er bleibt auf Zuordnungen angewiesen, die sich allein aus der Perspektive des interpretierenden Wissenschaftlers ergeben. Insofern trifft zu, dass sich dieser Ansatz – wie Gennerich selbst schreibt – »vor allem« auf die »*impliziten* theologischen Orientierungen Jugendlicher« richtet.[42] Dies lässt sich dann auch so formulieren, dass sich die Äußerungen und Orientierungen *aus theologischer Sicht* als *theologisch gehaltvoll* verstehen lassen, und dies auch dann, wenn die Jugendlichen selbst keineswegs von »Theologie« sprechen und keinesfalls den (theologischen) Begriff etwa der Sünde verwenden oder auf sich selbst beziehen würden.

Eine solche Hervorhebung der impliziten Theologie Jugendlicher leuchtet zunächst ein, und auch wir werden uns später auf diese Möglichkeit beziehen. Unserem eigenen Verständnis zufolge sollte aber konsequent zwischen *impliziter* und *expliziter* Jugendtheologie unterschieden werden. Darüber hinaus muss deutlich bleiben, dass die von (theologischen) Interpreten herausgearbeitete implizite Theologie die explizite, von den Jugendlichen ausdrücklich vertretene Theologie nicht ersetzen kann. Allein auf eine implizite, erst von den Erwachsenen herausgearbeitete Interpretation wird sich eine Jugendtheologie deshalb nicht stützen können. Als weitere Unterscheidung kommt an dieser Stelle auch die zwischen einer *Jugendtheologie* und einer *Theologie des Jugendalters* in den Blick. Eine Theologie des Jugendalters beschreibt, wie Erwachsene über Jugendliche oder über das Jugendalter denken und wie sie, einem solchen Denken folgend, Jugendliche behandeln.[43] Bei der Jugendtheologie hingegen geht es um – explizit oder auch implizit – von den Jugendlichen selbst vertretene Sichtweisen. Beides sind sinnvolle und sich wechselseitig ergänzende Perspektiven, die aber nicht miteinander vermischt werden dürfen.

Im Blick auf die bei Gennerich als Grundlage des Religionsunterrichts angestrebte »empirische Dogmatik des Jugendalters«, bedeutet dies, dass sie durch den Bezug auf eine explizite Jugendtheologie ausgeweitet werden muss. Denn faktisch bietet seine »empirische Dogmatik des Jugendalters« nichts anderes als eine theologische Deutung Erwachsener von

---

42 Vgl. ebd., 24, Kursivierung TS/FS.
43 Vgl. dazu ausführlicher unten, S. 165ff.

Kapitel 2: Jugendtheologie ist keine Kindertheologie – aber was ist sie dann?

Orientierungen, die bei Jugendlichen bestenfalls implizite Anhaltspunkte findet. Als Ausgangspunkt für einen Unterricht, der den Dialog mit Jugendlichen sucht, reicht dies aber noch nicht aus.

Jugendtheologie als persönliches Glaubensbekenntnis?

Dass Jugendliche eigene Glaubensbekenntnisse formulieren und formulieren sollen, wird heute vielfach im Rahmen der Konfirmandenarbeit vorgeschlagen und gefordert. Manchmal werden solche Bekenntnisse auch bei der Konfirmation vorgetragen, mitunter in einer »amtlich bereinigten« Form.

Vor einigen Jahren hat die Zeitschrift *publik-forum* Leserinnen und Leser gebeten, »ihr ganz persönliches Glaubensbekenntnis zu bedenken, aufzuschreiben und einzusenden«.[44] Daraus sind drei Bände entstanden, die unter dem gemeinsamen Titel »Mein Credo« veröffentlicht worden sind. Diese Bände enthalten auch zahlreiche Beispiele, die von Jugendlichen stammen.

So schreibt etwa die 13jährige Claudia:

»Ich glaube nicht mehr richtig an Gott, denn er hat mir den liebsten Menschen weggenommen, und wenn ich ihn brauche, ist er auch nie da, wenn ich Probleme habe oder so. Deshalb glaube ich nicht richtig an Gott.«[45]

Ganz anders beschreibt es der ebenfalls 13-jährige Lukas:

»Ich glaube, dass Gott auch bei kritischen Situationen in der Schule, beim Spielen oder irgendwo bei mir steht und mich beschützt vor Unfällen mit dem Fahrrad oder im Auto. Ich glaube, dass Gott mich auch vor Krankheiten, Lähmungen oder Hungersnöten beschützen wird.«[46]

Es ist leicht zu erkennen, dass beide, Claudia und Lukas, sich auf die Theodizeefrage (*Wie kann Gott das zulassen? Warum hilft Gott nicht?*) beziehen – Claudia negativ und enttäuscht, Lukas positiv und bestätigend. In gewisser Hinsicht könnte man sich fragen, ob Claudia noch *theologisch* argumentiert oder ob sie sich nicht doch zumindest von einer Theologie verabschiedet, die den Glauben für sich selbst voraussetzt (»Ich glaube nicht mehr richtig an Gott«). Ohne Zweifel aber ringt sie mit einer theologischen Grundfrage. Auf jeden Fall zeigt sich hier, dass die Frage nach persönlichen Bekenntnissen Jugendliche dazu anregen kann, eine eigene Theologie – zumindest in der Form des Bekenntnisses, die nicht notwendig als Theologie bezeichnet werden muss – zu formulieren.

---

44 *Rosien*, Mein Credo, 12. Die beiden anderen Bände wurden herausgegeben von *Pawlowski* sowie von *Pawlowski/Rosien*.
45 *Rosien*, Mein Credo, 24.
46 Ebd., 25.

Kapitel 2: Jugendtheologie ist keine Kindertheologie – aber was ist sie dann?

Soll man auch das nachfolgende Bekenntnis von Daniela (Jahrgangsstufe 12 Gymnasium) als Theologie bezeichnen?

»Ich weiß nicht, was ich glaube.
Ich habe schon viel von dir gehört,
aber ich habe dich noch nie gesehen.
Alle sagen, du bist da,
im Herzen, im Himmel, überall.
Aber warum gibt es dann so viel Elend und Gewalt?
Wenn du doch da wärst,
würdest du doch helfen.
Ich brauche deine Hilfe nicht.
Also glaube ich an mich und nicht an dich,
denn auf mich kann ich mich verlassen.
Ich brauche keinen Gott.«[47]

Ein Bekenntnis *zu* Gott ist das jedenfalls nicht, wenn Daniela sagt: »Ich brauche keinen Gott.« Zugleich spricht sie Gott aber als ein Du an. Auch hier kann deshalb von einem Ringen mit Fragen des Glaubens und der Theologie gesprochen werden.
Oder wie steht es mit folgendem »realistischen« Glaubensbekenntnis, das Christiane (Religionskurs 11. Klasse) niederschreibt?

»Ich glaube an das Leben.
Ich glaube an die Liebe.
Ich glaube an das Gute im Menschen.
Ich glaube an das Glück.
Ich glaube an die Zukunft.
Ich glaube an die Freundschaft.
Ich glaube, dass man sein Leben nur selbst in die Hand nehmen kann.
Ich glaube an meinen Glauben.
Ich glaube nicht an das Übersinnliche, denn das kann ich nicht sehen.
Ich glaube realistisch.«[48]

Religionspädagoginnen und -pädagogen mögen sich durch ein solches Bekenntnis zu theologischen Gesprächen herausgefordert sehen. Was ist das für ein »Realismus«, der den Glauben nur auf den »eigenen Glauben« bauen will (»Ich glaube an meinen Glauben«), die eigene Liebe und das eigene Leben. Wie tragfähig ist all dies?
Im Ausgang von solchen Fragen könnte Jugendtheologie eine kritische Spitze entwickeln, die sich mit Weltanschauungen, Regeln der Lebenskunst und ausdrücklichen Weltanschauungen auseinandersetzt. Das Gespräch mit Christiane könnte sich zu einer dialogisch-kritischen Auseinandersetzung mit unterschiedlichen Antworten auf die Frage nach den Grundlagen des Lebens und Glaubens entwickeln.

---

47 *Pawlowski/Rosien*, Mein Credo, 19.
48 Ebd., 45.

Kapitel 2: Jugendtheologie ist keine Kindertheologie – aber was ist sie dann? 41

Von Jugendlichen selbst formulierte Bekenntnisse enthalten also zahlreiche Anknüpfungspunkte für eine Jugendtheologie, auch wenn sie nicht einfach mit dieser gleichgesetzt werden können. Gilt dies auch für die katechetische Arbeit mit Jugendlichen?

Jugendtheologie als Jugendkatechese?

Zumindest in gewisser Weise, sofern sie auf theologische Urteilsfähigkeit zielen, lassen sich die Katechismen schon der Reformationszeit so verstehen, dass sie eine Jugendtheologie unterstützen sollen. Diese Katechismen wenden sich, jedenfalls bei Luther, gezielt an die »Einfältigen«, also die (noch) nicht Gebildeten, zu denen auch in der damaligen Praxis nicht zuletzt junge Menschen zählten. Nimmt man hinzu, dass nach reformatorischer Lehre die Gemeinde das Recht und die Aufgabe hat, »alle Lehre zu beurteilen«[49], ist es zumindest berechtigt, hier von einer beabsichtigten Ausbildung theologischer Kompetenz zu sprechen.
In unserer Gegenwart gibt es darüber hinaus ausdrückliche Jugendkatechismen. Zuletzt wurde dazu auf katholischer Seite im Jahr 2010 eine große Initiative gestartet, ausgehend von einem englischsprachigen Jugendkatechismus »YouCat«, der auf dem »Weltkatechismus« basiert und zugleich auf eine jugendgemäße Darstellung des christlichen Glaubens zielt: »Ihr müsst wissen, was Ihr glaubt. Ihr müsst Euren Glauben so präzise kennen wie ein IT-Spezialist das Betriebssystem eines Computers. Ihr müsst ihn verstehen wie ein guter Musiker sein Stück«, schreibt Papst Benedikt XVI. in seiner Einleitung.[50]
Auf evangelischer Seite war dem von Friedhardt Gutsche und Hans Bernhard Kaufmann erstmals 1988 vorgelegten Buch »Durchblicken. Nicht nur ein Jugendkatechismus« zumindest einiger Erfolg beschieden. Dieser Jugendkatechismus weist freilich von Anfang an eine bestimmte theologische Ausrichtung auf. Die Ausgangsfrage lautet: »Wie können Jugendliche und Erwachsene, Männer und Frauen den Glauben heute entdecken und im Alltag leben?«[51] Es ist ein deutlich missionarischer Impuls, der hier, in gezielt einladender Form, von Erwachsenen *für Jugendliche* formuliert wird. Dabei spielen auch klassische Katechismusthemen eine Rolle, etwa mit Erläuterungen zur Taufe: »Was heißt: ›Ich bin getauft‹?« Und es werden Antworten geboten, die zumindest jugend- und zeitgemäß gemeint sind: »In der Taufe ... adoptiert uns Gott als seine Kinder; wir dürfen zu ihm ›VATER‹ sagen.«[52] Insgesamt ist jedoch kaum zu sehen, wie hier auch die theologische Urteilsfähigkeit unterstützt oder ausgebildet werden soll. Ziel ist vielmehr die Einladung

---

49 Vgl. *Luther*, Dass eine christliche Versammlung oder Gemeinde.
50 Vgl. http://www.kath.net/detail.php?id=29817, gelesen am 16.3.2011.
51 *Gutsche/Kaufmann*, Durchblicken, 5.
52 Ebd., 125.

zum Glauben und die Ermutigung im Glauben, ähnlich wie dies auch für manche anderen neueren Glaubenskurse für Jugendliche gilt.[53]

Zusammenfassung

Zusammenfassend ergibt sich aus diesem ersten Durchgang durch verwandte Ansätze, dass die Jugendtheologie ein eigenes Gepräge aufweist und dass sie nicht als eine bloße Fortschreibung oder Verlängerung von Kindertheologie verstanden werden darf. Jugendtheologie kann und sollte sich durch die Kindertheologie anregen lassen, sie muss aber eigene Wege gehen. Das gilt auch im Verhältnis zur Philosophie: Jugendtheologie kann von der Identifikation jugendspezifischer (»generativer«) Themen profitieren und lässt sich wie das Philosophieren als Kompetenz begreifen, fällt aber nicht mit einem Philosophieren mit Jugendlichen zusammen. Zur Jugendtheologie kann auch die bei Jugendlichen beobachtbare implizite Theologie (im Sinne der »Empirischen Dogmatik«) gerechnet werden, aber die explizite Theologie von Jugendlichen darf dabei nicht aus dem Blick geraten. Jugendtheologie kann auch in Bekenntnissen zum Ausdruck kommen, die von Jugendlichen formuliert werden, und sie kann sich mit katechetischer Arbeit verbinden, allerdings nur dann, wenn dabei auch das Interesse an Bildung zum Zuge kommt. In allen diesen Hinsichten lassen sich Anknüpfungspunkte für die Jugendtheologie ausmachen, während zugleich sichtbar wird, wie der Ansatz der Jugendtheologie zu einer veränderten Ausrichtung und zu neuen Zuspitzungen führt. Bei alldem bleibt aber noch offen, in welchem Sinne von einer Jugend*theologie* gesprochen werden kann.

4. Die Theologie der Jugendtheologie

Neu oder zumindest ungewohnt ist beim Thema Jugendtheologie der ausdrückliche Bezug auf die Theologie. Deshalb muss an dieser Stelle erneut die Frage nach dem Verständnis von Jugendtheologie aufgenommen werden. Von welchem Theologieverständnis soll eine Jugendtheologie ausgehen? Damit geht es zugleich um die Frage, mit welchem Recht überhaupt von einer Jugend*theologie* gesprochen werden kann.
Als erste Arbeitshypothese haben wir im ersten Kapitel die Erwartung beschrieben, dass ein sinnvolles Verständnis von Jugendtheologie nicht einfach aus einer naiven Gleichsetzung der theologischen Auffassungen und Deutungsweisen Jugendlicher mit der wissenschaftlichen Theologie gewonnen werden kann. Vielmehr muss das Verständnis entschieden bei den Jugendlichen selbst einsetzen. Die in diesem Kapitel angesprochenen Aspekte machen dabei deutlich, dass es bei der Jugendtheologie um

---

53 S. dazu noch unten, S. 123ff.

unterschiedliche Perspektiven und Hinsichten geht, in denen die Jugendtheologie mehrdimensional entfaltet werden muss. In späteren Kapiteln werden wir uns dafür die in der Kindertheologie gebräuchliche Unterscheidung zwischen einer Theologie der Jugendlichen, einer Theologie mit Jugendlichen sowie einer Theologie für Jugendliche zunutze machen, die eine differenzierende Entfaltung auch im Blick auf die religionspädagogische Praxis erlaubt. An dieser Stelle soll es demgegenüber noch einmal um grundlegende Klärungen gehen. Deshalb setzen wir ein bei dem Verhältnis zwischen Jugendreligion und Jugendtheologie, beziehen uns dann auf die Rolle Jugendlicher in theologischen und kirchlichen Debatten etwa im Umkreis der Jugendarbeit, um schließlich weitere Horizonte der Kompetenzdiskussion, der wissenschaftlichen Theologie sowie der Kommunikation des Evangeliums unter dem Aspekt der Jugendtheologie aufzunehmen.

Jugendreligion, Jugendreligiosität und Jugendtheologie

Der ausdrückliche Bezug auf eine besondere Religion oder Religiosität Jugendlicher ist, wie gesagt, vor allem im 20. Jahrhundert üblich geworden.[54] Die besondere Hervorhebung von *Jugendreligion* war seit dieser Zeit auch deshalb plausibel geworden, weil das Jugendalter selbst als eine geschichtlich entstandene Lebensphase, die etwa von der Realisierung einer Schulpflicht für alle und damit von einem Aufschub des Eintritts ins Erwerbs- und das so verstandene Erwachsenenalter abhängig ist, sich erst im 20. Jahrhundert allgemein – nämlich für alle Jugendliche, unabhängig von ihrer Herkunft oder Schichtzugehörigkeit – durchsetzen konnte.

Die Rede von einer *Jugendreligiosität*, die vor allem in der neueren Diskussion vermehrt zu finden ist (früher wurde der Begriff eher abwertend gebraucht), knüpft dabei an ein Verständnis von Religiosität an, wonach diese sich auf das richtet, was »uns unbedingt angeht« bzw. einen »ultimate concern« (P. Tillich) darstellt. Demzufolge bedeutet dies, dass Jugendreligiosität auf unterschiedliche Aspekte der eigenen Lebensführung bezogen werden kann: einerseits auf alltägliche Erfahrungen, die dann erst im Nachhinein »mit letzten Begründungen versehen und zu ultimativen Verpflichtungen für den Einzelnen« werden können, andererseits im Blick auf »alle Anliegen des Menschen, die das Potential haben, zum ›ultimate concern‹ zu werden, inklusive rein weltlich-immanenter Anliegen wie humane oder ökologische Unversehrtheit«[55]. In diesem Zusammenhang ist die Rede Jugendlicher etwa vom »letzten Horizont«, vom »Geheimnis des Lebens«, vom »Unbegreiflichen« oder »Staunenswerten«, auch wenn sie keine ausdrücklich traditionell-religiöse Semantik

---

54 Vgl. zusammenfassend *Schweitzer*, Die Suche.
55 *Streib/Gennerich*, Jugend und Religion, 11.

Kapitel 2: Jugendtheologie ist keine Kindertheologie – aber was ist sie dann?

aufweist, durchaus als religiös zu bezeichnen und damit für die weitere Interpretation höchst aufschlussreich und anschlussfähig. Zudem gilt, dass eine solche jugendreligiöse Praxis konstruktive Deutungsprozesse im Sinn der »Urteilskompetenz im Hinblick auf Umwelt und eigene Persönlichkeit«[56] beinhalten kann – und dies oftmals auch in bewusster Absetzung von institutionell vorgegebenen Traditionen.

Bei der Rede von Jugendreligion ist zwischen einem allgemeinen und einem verengenden Verständnis zu unterscheiden. Allgemein bezieht sich der Begriff Jugendreligion auf die besonderen religiösen Interessen, Erfahrungen, Praxisformen usw., die speziell im Jugendalter – im Unterschied zur Kindheit und zum Erwachsenenalter – zu beobachten sind. Als verengend bezeichnen wir hingegen ein Verständnis, das mit dem Auftreten bestimmter religiöser Gruppierungen vor allem im letzten Drittel des 20. Jahrhunderts zusammenhängt.[57] Solche Gruppierungen werden manchmal auch als »Jugendsekten« bezeichnet, obwohl sie keineswegs nur Jugendliche ansprechen. Beispiele dafür sind die »Jesus-Freaks« der 1960er und 1970er Jahre, die »Moonies«, die ihre Hochzeit ebenfalls in dieser Zeit hatten, oder auch Teile von Scientology, deren Zielgruppe aber eher bei Erwachsenen zu sehen ist.

Beziehen sich also Jugend*religion* oder auch Jugend*religiosität* auf diejenigen Glaubensweisen und Orientierungen, Gesellungsformen und Handlungsweisen, Gefühle und Erfahrungen, die von Jugendlichen als besonders bedeutsam erlebt werden, so zielt der Begriff der Jugend*theologie* von vornherein auf die Reflexion von Religion und religiösen Vorstellungen. Jugendtheologie kommt dann ins Spiel, wenn Jugendliche über ihren eigenen Glauben und ihre eigenen religiösen Vorstellungen nachdenken oder auch über solche Vorstellungen, die sie bei anderen wahrnehmen. Insofern ist Jugendtheologie eng mit der Ausbildung religiöser Urteilsfähigkeit verbunden, im Verhältnis zu sich selbst, aber auch zur Gesellschaft. Damit kann sie auch als ein Moment der Selbstbildung aufgefasst werden, wie es bei der Jugendreligiosität und Jugendreligion noch keineswegs automatisch im Blick ist.

Zu den klassischen Themen religiöser Reflexion im Jugendalter gehört die (kritische) Auseinandersetzung mit dem Kinderglauben. Vielfach bestimmen Jugendliche ihre eigene religiöse Identität dadurch, dass sie sich von dem abgrenzen, was oder wie »halt Kinder glauben«. Sie selber wollen demgegenüber autonom und kritisch-reflektiert sein. Sie sind »nicht mehr so naiv«.

Dabei treten zwei weitere kennzeichnende Merkmale von Jugendtheologie hervor. Anders als die Kindertheologie durchzieht das jugendtheolo-

---

56 *Prokopf*, Religiosität Jugendlicher, 28.
57 Aus der breiten Literatur zu diesem Thema vgl. beispielsweise *Hauth,* Die nach der Seele greifen; kritisch zu solchen Darstellungen etwa *Helsper*, Okkultismus.

gische Reflektieren weithin ein autobiographischer Bezug.[58] Nach ihrer eigenen religiösen Position befragt, antworten Jugendliche vielfach mit dem Hinweis auf ihre lebensgeschichtliche Erfahrung und eben darauf, dass sie keine Kinder mehr sind. Dies impliziert zugleich einen spezifischen Bezug auf die adoleszente Identität, nämlich in der Gestalt eines ausgeprägten Strebens nach Autonomie oder der Abgrenzung im Verhältnis zu Erwachsenen als religiösen Autoritäten. Jugendliche wollen nicht so glauben, wie man »in der Kirche glaubt« oder wie die Erwachsenen es erwarten.

Weitere Merkmale, die uns bereits begegnet sind, ergeben sich aus der spezifischen gesellschaftlichen Position Jugendlicher, nämlich daraus, dass sie noch nicht in das Erwerbsleben eingebunden sind.[59] Daraus erwächst zumindest die Möglichkeit einer gewissen kritischen Distanz gegenüber der Erwachsenengesellschaft mit ihren Festlegungen. Eben deshalb können Jugendliche eine gleichsam »prophetische« Position einnehmen, indem sie vielfach besonders früh auf problematische Tendenzen reagieren, so wie dies etwa bei ökologischen Fragen der Fall war oder noch immer der Fall ist.

Weiter unterstützt werden solche (gesellschafts-)kritischen Wahrnehmungen durch das neue kognitive Potential, das sich im adoleszenten Denken äußert. Kennzeichnend dafür ist die Überschreitung des Gegebenen zugunsten des Denkbaren und Möglichen sowie eines prinzipiell unendlichen Zukunftsbezugs, durch den die jeweilige Gegenwart überschritten werden kann.

Jugendliche schalten sich ein – auch in theologische Debatten und kirchliche Praxis

Zumindest für einen Teil der Jugendlichen gilt, dass sich mit ihrem theologischen Denken auch ein entsprechendes Handeln verbindet. Damit ist hier nicht eine christliche Ethik gemeint, an der sich Jugendliche orientieren, sondern der Versuch, sich aktiv und argumentativ in theologische Debatten oder in kirchliche Entscheidungsprozesse einzuschalten. Auch dies ist im Wesentlichen eine moderne Erscheinung, die eng mit der Entstehung von christlichen Jugendvereinen und Vereinigungen besonders zu Beginn des 20. Jahrhunderts zusammenhängt.

Vereinigungen wie der CVJM oder die Christlichen Pfadfinder haben ihre Aufgabe immer auch darin gesehen, eigene theologische Positionsbestimmungen zu finden und diese, wo es erforderlich schien, als kritische Stimme in kirchlich-theologische Debatten einzubringen. Dies gilt,

---

58 Das zeigen beispielsweise eindrücklich die bei *Schuster*, Was sie glauben, gesammelten Texte Jugendlicher. Immer wieder finden sich dort auf den (Kinder-)Glauben gerichtete Rückbezüge (»*Früher, als Kind ...*«).
59 Vgl. oben, S. 28ff.

zumindest zum Teil, bereits für die Gründungsdokumente solcher Vereinigungen wie etwa die Pariser Basis des CVJM aus dem Jahre 1855. Besonders ausgeprägt war die Artikulation jugendtheologischer Positionsbestimmungen aber in der Zeit der 1970er Jahre, als es zum Teil zu kritisch-kontroversen Auseinandersetzungen zwischen Jugendverbänden und Kirchenleitungen kam.[60] Heute ist demgegenüber eher an die Vertretung der Position Jugendlicher beispielsweise in Kirchengemeinderäten, aber auch anderen kirchlichen Gremien bis hin zu Synoden auf landeskirchlicher Ebene zu denken. Dies kann heute bis zu Gründungen spezieller Interessenvertretungen führen, die sich dezidiert für Jugendliche und deren Interessen einsetzen oder zumindest für eine junge und jugendliche Kirche eintreten wollen. Interessanterweise gehen solche Initiativen häufig von evangelikal ausgerichteten Gruppen aus.

Ein weiteres Beispiel ist schließlich die aktive Gestaltung und Mitgestaltung von Gottesdiensten durch Jugendliche, nicht nur bei ausdrücklichen Jugendgottesdiensten oder im Zusammenhang mit Jugendkirchen, sondern auch im Rahmen des herkömmlichen Sonntagsgottesdienstes. Auf die Chancen einer solchen Beteiligung verweisen etwa die Befunde der aktuellen Konfirmandenstudie: Positive Wahrnehmungen von Gottesdiensten bei Jugendlichen hängen in vieler Hinsicht davon ab, ob diese sich an der Gestaltung beteiligen können – was allerdings vielfach nicht der Fall zu sein scheint.[61]

Bei allen diesen Beispielen sind faktisch nicht nur Jugendliche, sondern immer auch (junge) Erwachsene mitbeteiligt, etwa als Leiterinnen und Leiter in der Jugendarbeit. Deshalb sollte nicht naiv davon ausgegangen werden, dass entsprechende kirchen- oder gesellschaftskritische Positionen von den Jugendlichen allein formuliert werden. Dennoch liegt in der Dimension eines selbstständigen oder partizipatorischen Handelns gegenüber Kirche und Theologie, die sich mit der Jugendtheologie verbinden kann, ein prinzipieller Unterschied zur Kindertheologie. Kinder haben nur sehr selten die Möglichkeit, etwa in Entscheidungsgremien auch nur mitzudiskutieren.

Damit Jugendliche sich an kirchlichen und theologischen Debatten beteiligen können, muss ihre entsprechende Kompetenz anerkannt werden.[62] Das schließt zugleich weitere Aspekte ein, die nun eigens bedacht werden sollen.

Jugendtheologie als Kompetenz

Wenn Jugendtheologie auf reflexive Fähigkeiten, insbesondere auf religiöse Urteilsfähigkeit zielt, dann kann sie auch als eine spezifische

---

60 Vgl. *Affolderbach/Kirchhoff*, Stationen evangelischer Jugendarbeit.
61 Vgl. *Ilg u.a.*, Konfirmandenarbeit, 139ff.
62 Zu den weiteren Hintergründen vgl. *Schlag*, Horizonte demokratischer Bildung.

Kapitel 2: Jugendtheologie ist keine Kindertheologie – aber was ist sie dann? 47

Kompetenz begriffen werden. Im Unterschied zu einer allgemeinen religiösen Kompetenz ist jugendtheologische Kompetenz durch ihren theologischen Charakter ausgezeichnet.[63] In einem späteren Kapitel soll diese Auffassung im Einzelnen entfaltet werden.[64] An dieser Stelle soll es um eine einführende Betrachtung gehen.

Näher bestimmt werden muss, was eine jugendtheologische Kompetenz ausmacht und was sie einschließen soll. Dazu gehört dann auch die Frage, ob es unterschiedliche Kompetenzniveaus oder Grade gibt, in denen diese Kompetenz erworben oder ausgebildet werden kann. Besonders der Vergleich zum Philosophieren mit Kindern oder Jugendlichen, wo von einem in diesem Sinne graduellen Erwerb von Fähigkeiten gesprochen wird, unterstreicht die Bedeutung dieser Frage.[65] Sie berührt sich zugleich mit dem Thema religiöse Bildung, da beispielsweise eine auf die biblische Überlieferung bezogene theologische Kompetenz nicht ohne eine gewisse Vertrautheit mit dieser Überlieferung denkbar ist.

Theologische Kompetenz, wie sie heute etwa als Ziel der theologischen Ausbildung angesehen wird,[66] baut sich durch ein Studium in den theologischen Disziplinen auf. Ob dies auch für die jugendtheologische Kompetenz gesagt werden kann, nehmen wir deshalb im Verhältnis zur wissenschaftlichen Theologie auf.

Jugendtheologie und wissenschaftliche Theologie

Hier muss zunächst noch einmal festgehalten werden – ähnlich wie dies im Blick auf die Kindertheologie in analoger Weise geschehen ist[67] –, dass mit dem Begriff der Jugendtheologie keineswegs der Anspruch erhoben werden soll, dass Jugendliche im selben Sinne Theologen sind wie theologisch ausgebildete Erwachsene. Jugendtheologie soll nicht mit wissenschaftlicher Theologie verwechselt werden. Jugendliche als wissenschaftliche Theologen anzusprechen wäre in der Tat ein bloßer Romantizismus.[68]

Gleichwohl wurde auch in der Theologiegeschichte immer wieder betont, dass die wissenschaftliche Theologie nicht die einzige und auch nicht die einzig legitime Form von Theologie sein kann oder sein soll. Gerade in der protestantischen Theologie wurde die Bedeutung einer Laientheologie hervorgehoben, und auch die katholische Tradition kennt bis heute den Sensus Fidelium, der als Sichtweise der Gläubigen – also

---

63 Für diese Unterscheidung und Verhältnisbestimmung sei noch einmal verwiesen auf *Zimmermann*, Kindertheologie; zum weiteren Hintergrund s. auch *Schweitzer*, Elementarisierung und Kompetenz.
64 S. unten, S. 135ff.
65 Vgl. dazu *Martens*, Kinderphilosophie und Kindertheologie, bes. 22.
66 Vgl. *Hassiepien/Herms*, Grundlagen der theologischen Ausbildung.
67 Vgl. *Schweitzer*, Was ist und wozu Kindertheologie?
68 Vgl. zu der Frage des Romantizismus vgl. *Bucher*, Kindertheologie.

einschließlich der Laien – auch für die kirchliche Lehrbildung bedeutsam sein soll. Unter Laientheologie wird nicht nur der Versuch verstanden, bestimmte, in der Regel vereinfachte Erkenntnisse der Theologie Laien zugänglich zu machen, sondern weitergehend auch die auf religiöse Mündigkeit der Laien zielende Fähigkeit, sich ein eigenes Urteil in theologischen Fragen zu bilden – bis hin zu dem bereits erwähnten, von Luther hervorgehobenen Recht der Laien, »alle Lehre zu beurteilen«.[69] Zu den Laien zählen theologisch gesehen aber keineswegs nur Erwachsene. Insofern muss es auch in der Kirche höchst erwünscht sein, wenn Jugendliche sich in theologische und kirchliche Debatten einmischen.

Verwiesen werden kann hier beispielsweise auf Wilfried Härle, der in seiner Dogmatik die Bedeutung der seines Erachtens »nicht zu unterschätzende[n] Gemeinde- oder Laientheologie« eigens hervorhebt: »Da an der Bildung und Erhaltung des kirchlichen Lehrkonsensus nach evangelischem Verständnis grundsätzlich alle Christen verantwortlich beteiligt sind, partizipieren sie auch grundsätzlich *alle* an der (produktiven und rezeptiven) Pflege theologischer Lehre.«[70] Härle geht dabei von einer lediglich graduellen Unterscheidung zwischen wissenschaftlicher Theologie und Laientheologie aus. Zugleich betont er die Notwendigkeit theologischer Reflexion auch für Laien:

> »Ferner gehört auch die *gedankliche Durchdringung* des christlichen Glaubens zu den Elementen, in denen die Lebensbewegung des Glaubens zum Ausdruck kommt. Damit der Glaube das ganze Dasein eines Menschen erfassen und durchdringen kann, ist es notwendig, dass auch das menschliche Denken (samt allen Fragen, Zweifeln und Einwänden) nicht ausgeklammert, sondern einbezogen wird. Das geschieht normalerweise in Gestalt einer sog. *Laientheologie*, die auch schon bei Kindern in bemerkenswerten Ansätzen ausgebildet sein kann. Im besonderen Fall des akademischen Studiums nimmt die gedankliche Durchdringung die Gestalt einer *wissenschaftlichen Theologie* an, die den Glauben in tiefe Krisen führen kann und jedenfalls immer eine *existenzielle* Dimension hat.«[71]

Der von Härle hervorgehobene »existenzielle« Bezug von Theologie unterscheidet theologisches Reflektieren von anderen Formen des Nachdenkens. Präziser kann hier gesagt werden, dass Theologie im wissenschaftlichen Sinne nicht voraussetzungslos ist und also, wie es in der Sprache der Wissenschaft ausgedrückt wird, eine Axiomatik besitzt, die sie als Reflexion *unter Voraussetzung des Glaubens* konstituiert. Damit ist nicht gemeint, dass die Theologie den christlichen Glauben nicht auch kritisch als Gegenstand behandeln kann, aber als Form der Reflexion ist für sie der Bezug auf den Glauben in einem normativen Sinne konstitutiv.

Kurz und einfacher formuliert: Ohne *Glaubensüberzeugung* lässt sich demnach theologisch kaum sachgemäß reden und reflektieren.

69 Vgl. *Luther*, Dass eine christliche Versammlung oder Gemeinde.
70 *Härle*, Dogmatik,13
71 Ebd., 65

Kapitel 2: Jugendtheologie ist keine Kindertheologie – aber was ist sie dann?

Daraus ergeben sich allerdings nicht leicht zu beantwortende Fragen im Blick auf die Jugendtheologie.[72] Sind wirklich *alle* Jugendlichen schon dann als Theologen anzusprechen, wenn sie über religiöse Vorstellungen nachdenken? Muss nicht neben der Jugendtheologie eine von dieser zu unterscheidende Jugendphilosophie angenommen werden, die beispielsweise auch eine bewusst atheistische oder religionskritische Reflexionsrichtung einschließt, die ausdrücklich keinen Glauben voraussetzt? Bei dieser Frage ist freilich auch zu bedenken, dass gerade im Jugendalter häufig die Infragestellung von in der Kindheit als selbstverständlich aufgenommenen Glaubensüberzeugungen im Zentrum steht. Insofern wäre eine prinzipielle Abgrenzung der Jugendtheologie gegenüber »ungläubigen« Formen der Reflexion sicher religionspädagogisch nicht hilfreich. Wenn beispielsweise Härle eine Kindertheologie nur bei »getauften Kindern« wahrnehmen oder anerkennen will,[73] ist dies zwar theologisch konsequent (Theologie ist nicht voraussetzungslos), führt aber pädagogisch nicht sehr weit. Wie soll innerhalb einer Gruppe von Kindern oder Jugendlichen beim Gespräch über religiöse Fragen sinnvoll zwischen Getauften und Nicht-Getauften unterschieden werden? Ließe sich wirklich auch praktisch durchhalten, dass in einer solchen Gruppe eben nur die einen Theologie, die anderen aber Religionswissenschaft treiben?

Hier wird deutlich, dass der Bezug auf Kinder oder Jugendliche als Theologen immer auch in einem metaphorischen Sinne verstanden werden muss. Es geht darum, Jugendliche auch in theologischer Hinsicht als Subjekte anzuerkennen –, weshalb eine allzu wörtliche Übertragung von Merkmalen der wissenschaftlichen Theologie auf die Jugendtheologie kaum zu sinnvollen Klärungen führen kann.

Eine weitere Frage betrifft den Bezug auf eine *christliche Gemeinschaft* oder *Kirche*, der ebenfalls konstitutiv zur wissenschaftlichen Theologie gehört. In Ausnahmefällen kann Theologie auch ganz individuell und gleichsam in Einsamkeit betrieben werden, aber sie konstituiert sich als Disziplin erst durch die Erfordernisse einer Religionsgemeinschaft.[74] Auch in dieser Hinsicht werden die Bestimmungen bei der Jugendtheologie zumindest immer wieder fließend. Die theologische Reflexion Jugendlicher kann ebenso von einer Identifikation mit Kirche wie von einem klaren Distanzierungsbedürfnis geprägt sein. Trotzdem ist es sinnvoll, auch hier von Jugendtheologie zu sprechen und den Umkreis des Begriffs nicht zu eng zu ziehen. Allerdings bleibt es auch im Blick auf Jugendliche wichtig, ihre religiöse oder theologische Sprachfähigkeit zu unterstützen und damit auch ihre darauf bezogene Gemeinschafts-

---

72 Zu diesen Fragen s. noch unten, S. 136, 180. Ähnlich auch im Blick auf die Kindertheologie vgl. *Zimmermann*, Kindertheologie, 80ff.
73 Vgl. *Härle*, Was haben Kinder, bes. 24; ähnlich auch *Zimmermann*, Kindertheologie, 86.
74 Vgl. zu diesem Verständnis bes. *Schleiermacher*, Kurze Darstellung.

fähigkeit. Jugendtheologie meint auch auf Gemeinschaft bezogene theologische Ausdrucks- und Kommunikationsfähigkeit.[75]
Schließlich sei an dieser Stelle noch eine Frage erwähnt, auf die wir im Folgenden erneut stoßen werden. Geschichtlich gesehen ist Theologie ein Resultat und eine erkenntnisbezogene Folge des *Christentums*. Keineswegs alle Religionen bilden eine solche Theologie aus. Im Falle des Christentums hat sich die Theologie aus der Begegnung mit der antiken Philosophie herausgebildet, deren Herausforderungen auf einem wissenschaftlichen Niveau aufgenommen werden sollten.[76] Bis heute zögern zumindest manche Vertreter des *Islam*, den Theologiebegriff zu benutzen, und auch für das *Judentum* versteht sich keineswegs von selbst, dass von einer jüdischen Theologie gesprochen werden sollte.[77] In der Öffentlichkeit verwischen sich solche Unterschiede, aber im wissenschaftlich-theologischen Diskurs sind sie durchaus präsent. Aus diesem Grund ist es nicht überraschend, dass zumindest manche islamische Religionspädagogen den Begriff einer Kinder*theologie* für sich ablehnen. Dieser Begriff eigne sich wohl für das Christentum und für eine christliche Religionspädagogik, nicht aber für die islamische Religionspädagogik.[78] Insofern gibt es gerade auch pädagogisch zu beachtende Abgrenzungen zwischen einem theologischen und einem religionswissenschaftlichen Nachdenken über religiöse Vorstellungen. Nicht zustimmungsfähig ist hingegen die Auffassung, von Theologie könne schon dann nicht mehr gesprochen werden, wenn über nicht-christliche Religionen nachgedacht wird.[79] Auch die wissenschaftliche Theologie kennt das Thema »andere Religionen« als einen ihrer – zunehmend bedeutsamen – Gegenstände.

Jugendtheologie und Kommunikation des Evangeliums

Im Anschluss an Schleiermacher und besonders an eine Formulierung von Ernst Lange wird Theologie heute häufig an die Aufgabe der »Kommunikation des Evangeliums« gebunden.[80] Ingolf Dalferth formuliert:

»Wie evangelische Theologie ihren inhaltlichen Maßstab im Evangelium hat, das sie zu reflektieren sucht, so verdankt sie dem praktischen Zweck christlicher Evangeliumskommunikation die Kriterien zur Bestimmung der Aufgaben, zu deren Bearbeitung ihr Studium geschickt machen soll, und zur Auswahl und Beurteilung der

---

75 Im Einzelnen zu entfalten sein wird diese These im Zusammenhang einer Theologie *mit* Jugendlichen; s.u., S. 79ff.
76 Als hilfreichen Überblick vgl. *Schwöbel*, Art. Theologie.
77 Im Zusammenhang der Kindertheologie vgl. dazu aus islamischer Sicht *Yavuzcan*, Kindertheologie.
78 Ebd.
79 So *Zimmermann*, Kindertheologie, 86.
80 Vgl. *Dalferth*, Evangelische Theologie; *ders.*, Eine Wissenschaft.

Wissenschaften, mit deren Hilfe dieser Zweck am ehesten zu erreichen und ihre Aufgaben am besten zu erfüllen sein dürften.«[81]

Theologie hat demnach eine eher theoretische (*Reflexion*) und eine praktische Aufgabe (*Gestaltung von Kommunikationsprozessen*). Beides lässt sich auch auf die Jugendtheologie anwenden. Im Blick auf Jugendliche kann dann von einer doppelten Zielsetzung gesprochen werden: Zum einen geht es um das Durchdenken religiöser Vorstellungen und des eigenen Glaubens im Verhältnis zur christlichen Überlieferung im Sinne der Reflexion des Evangeliums. Zum anderen kommt es auf die Gestaltung lebensdienlicher Beziehungen an und damit auf diejenigen Praxis- und Kommunikationsformen, die dem Evangelium entsprechen. Hingegen wird die auch professionell wahrzunehmende Aufgabe einer Gestaltung entsprechender Kommunikationsverhältnisse, die etwa nach Friedrich Schleiermacher im Zentrum der Praktischen Theologie zu stehen hat,[82] höchstens in Ausnahmefällen vor allem Jugendliche betreffen.

Ausblick

Kam es in diesem Abschnitt durchaus auf grundlegende Klärungen des bei der Jugendtheologie vorausgesetzten Theologieverständnisses an, so ist nun an dieser Stelle hervorzuheben, dass es dabei zugleich noch immer um eine einführende Annäherung gehen sollte. Weitere Klärungen sind von den nächsten drei Kapiteln zu erwarten, in denen Jugendtheologie als Theologie *der* Jugendlichen, *mit* Jugendlichen und *für* Jugendliche entfaltet wird. Erst bei einer solchen mehrdimensionalen Entfaltung kann deutlich werden, in welchem Sinne wir von Jugend*theologie* sprechen.

---

81 *Dalferth*, Evangelische Theologie, 51.
82 Vgl. *Schleiermacher*, Praktische Theologie.

Kapitel 3
Auch Jugendliche sind Theologen! –
Die Theologie der Jugendlichen entdecken

Die Überschrift zu diesem Kapitel formuliert emphatisch: Jugendliche *sind* Theologen! Doch kann zu Recht eingewandt werden, dass eine solche Emphase sowie das Ausrufezeichen, mit dem die Überschrift versehen ist, ernsthafte Erklärungen kaum ersetzen kann. Und ohne Zweifel gilt: Nicht nur liegt der Zusammenhang zwischen Jugend und Theologie bislang alles andere als nahe – so schon der eindeutige Befund in Kapitel 1 –, noch operiert die wissenschaftliche Forschung zu Religion und Religiosität im Jugendalter bislang mit dem Theologiebegriff. Vor allen weiteren Bestimmungen muss deshalb nun geklärt werden, was wir uns – über die noch eher assoziativen Annäherungen von Kapitel 2 hinaus – davon versprechen, wenn wir nach *Jugendtheologie* fragen, und was es dabei zu entdecken geben soll.

1. Warum nach Jugendtheologie fragen?

Seit einigen Jahren gehört es zu den weithin als selbstverständlich angesehenen Voraussetzungen religionspädagogischer Arbeit mit Jugendlichen, diese als *Subjekte* anzusehen. Diese Forderung schließt mehrere Dimensionen ein.[1] Ursprünglich stammt die Rede von Jugendlichen als Subjekten wohl aus der kirchlichen Jugendarbeit und verweist unmittelbar auf Mit- und Selbstbestimmungsrechte für Jugendliche. Die Jugendlichen sollen und wollen nicht verwaltet und belehrt, aber auch nicht einfach versorgt und bedient werden. Dafür steht die Forderung, sie als Subjekte anzuerkennen, an erster Stelle.
Eine zweite Dimension ergibt sich aus dem so genannten Perspektivenwechsel, wie ihn die EKD-Synode 1994 in Halle zunächst im Blick auf das Verhältnis zu Kindern eingefordert hat. Der Wechsel der Perspektive von den Erwachsenen hin zu den Kindern – und inzwischen eben auch zu den Jugendlichen – bedeutet hier, dass deren Perspektive ernst genommen und geachtet werden soll. Nicht länger sollen die Erwachsenen einfach annehmen oder gar offen beanspruchen, immer schon besser zu wissen, was Kinder und Jugendliche brauchen. Schon in diesem Zusammenhang wird übrigens, wohl zum ersten Mal in einem offiziellen kirch-

---

1 Vgl. *Schweitzer*, Die Suche nach eigenem Glauben, 13ff.

lichen Dokument, davon gesprochen, dass Kinder »kleine Theologen« seien,² was hier, jedenfalls implizit, auch die Jugendlichen mit meint. Drittens ist in pädagogischer Hinsicht festzuhalten, dass die Wahrnehmung von Jugendlichen als Subjekten dem sogenannten pädagogischen Grundparadoxon folgt: Jugendliche werden *schon jetzt* als Subjekte behandelt und müssen so behandelt werden, damit sie *in Zukunft* Subjekte *werden* können.³

Und viertens spiegelt sich in der veränderten religionspädagogischen Wahrnehmung von Jugendlichen ein faktisch weithin längst vollzogener Wandel im Verhältnis Jugendlicher zu Kirche und Religion: Heutige Jugendliche warten nicht mehr darauf, was ihnen etwa von der Kirche im Blick auf ihren Glauben zugestanden oder erlaubt wird. Sie nehmen vielmehr von vornherein für sich in Anspruch, dass hier – beim Glauben – nur jede und jeder selbst für sich entscheiden könne. Dies verbieten zu wollen halten sie für ganz ausgeschlossen oder einfach für absurd.⁴

Auch für die Diskussion über den Subjektstatus Jugendlicher spielt der Bezug auf die *Theologie der Jugendlichen* bislang aber kaum eine Rolle. Theologie kommt dabei allerdings insofern ins Spiel, als nach theologisch verantworteten Sichtweisen des Jugendalters gefragt werden kann, etwa auf der Grundlage der Rechtfertigungslehre (im Sinne einer *Theologie des Jugendalters*⁵). Darüber hinaus wird darauf hingewiesen, dass die von Jugendlichen bzw. von verschiedenen Jugendlichen in unterschiedlicher Weise als attraktiv wahrgenommenen Lebens- und Glaubensorientierungen theologisch durchaus gehaltvoll sind oder wenigstens eine aus theologischer Perspektive wahrnehmbare Affinität zu bestimmten theologischen Überzeugen aufweisen (*implizite Theologie*).⁶ So wichtig eine solche theologische Interpretierbarkeit auch für unseren eigenen Ansatz sein wird, lässt sich der Begriff Jugendtheologie am Ende aber doch nur dann vertreten, wenn auch die von den Jugendlichen selbst *explizit formulierte Theologie* in den Blick genommen wird oder wenn es sich zumindest als sinnvoll erweist, dies wenigstens in Zukunft zu tun. Deshalb muss nun die Bedeutung des bei Jugendlichen zu findenden Nachdenkens über religiöse Vorstellungen, über ihre eigenen Fragen und ebenso über ihre eigenen Antworten, in den Blick genommen werden.

Als Ausgangspunkt kann dabei die Selbstverständlichkeit dienen, an die im vorangehenden Kapitel unter verschiedenen Aspekten bereits erinnert wurde: Die allermeisten Jugendlichen haben, wie andere Menschen auch, Vorstellungen von Gott – jedenfalls im weitesten Sinne und also

---

2 *Synode der EKD*, Aufwachsen in schwieriger Zeit, 70, vgl. auch 55.
3 Vgl. dazu *Benner*, Allgemeine Pädagogik, 63ff.
4 Vgl. zu entsprechenden Äußerungen Jugendlicher etwa *Schweitzer/Conrad*, Globalisierung, Jugend und religiöse Sozialisation.
5 S. dazu unten, S. 165ff.
6 Vgl. dazu zuletzt bes. *Gennerich*, Empirische Dogmatik.

Kapitel 3: Auch Jugendliche sind Theologen!

bis hin zu der Auffassung, dass Gott jedenfalls bildlich nicht vorstellbar ist oder dass sie für sich selber den Gottesglauben ablehnen. Ebenso naheliegend ist es dann auch, dass Jugendliche solche Vorstellungen nicht nur haben, sondern dass sie sich ihrer bewusst sind und dass sie über diese Vorstellungen nachdenken. Dies kann ganz individuell und insofern im Privaten geschehen – in früherer Zeit waren Tagebücher ein beliebtes Medium religiöser (Selbst-)Reflexion –, aber es kann auch gemeinsam mit anderen geschehen. Zu denken ist dabei sowohl an informelle Gespräche zwischen Freundinnen oder Freunden als auch an den Religionsunterricht oder an die Konfirmanden- oder Jugendarbeit, wo entsprechende Reflexions- und Kommunikationsprozesse gezielt angestoßen werden und der Austausch mit anderen bewusst gefördert wird. Im Blick auf eine Theologie *der* Jugendlichen ist aber vor allem das persönliche oder informelle Nachdenken über religiöse Fragen bedeutsam. Denn hier tritt die Jugendtheologie *explizit* hervor, und dies in einer von den Jugendlichen selbst gesteuerten Art und Weise.

Nehmen wir noch einmal genauer die Tatsache in den Blick, dass die Theologie der Jugendlichen in Untersuchungen zur Religion oder Religiosität Jugendlicher bislang keine Rolle spielt. Selbst dort, wo der Begriff der Religiosität im Bezug auf religionspädagogische Zusammenhänge ausdrücklich thematisiert, untersucht und wissenschaftlich erschlossen werden soll, gilt Theologie nicht als Dimension oder Aspekt dieser Religiosität.[7] Dies erklärt sich zumindest teilweise aus der heute bestimmenden Verwendung des Religionsbegriffs, der vielfach als direkter Gegenbegriff zu Theologie ausgelegt wird. Diese Verwendung lässt sich auf Entwicklungen im 18. Jahrhundert zurückverfolgen, als sich die (christliche) Religion in – wie man gerne sagte – aufgeklärten Kreisen von ihren kirchlichen und dogmatischen Bindungen zu lösen begann, um ein freies Christentum in Anspruch zu nehmen.[8] Dieses freie Christentum wurde als persönliche und individuell angeeignete und verantwortete Religion verstanden, jenseits aller kirchlich-dogmatischen Kontrolle und kirchlicher Grenzen. Heute wird die Unterscheidung von der Theologie, freilich mit weniger Freiheitspathos und mehr im Sinne der Empirie, mit der Hervorhebung der *gelebten Religion* aufgenommen.[9] Theologie ist so gesehen Lehre oder Theorie – Religion hingegen das, was Menschen in ihrem alltäglichen Leben tatsächlich schätzen und gegebenenfalls ausdrücklich pflegen.

Bei dieser Betrachtungsweise bleibt jedoch meistens außer Acht, dass auch der Alltag kein reflexionsfreier Raum ist. Nicht nur wissenschaftliche Theologen oder kirchliche Amtsträger denken über eigene oder von

---

7 Vgl. *Angel u.a.*, Religiosität.
8 Vgl. dazu etwa *Rendtorff*, Christentum.
9 Vgl. dazu *Failing/Heimbrock*, Gelebte Religion; *Grözinger/Pfleiderer*, »Gelebte Religion«.

anderen formulierte religiöse Vorstellungen und religiöse Praxisformen nach. Religiöse Reflexion ist auch ein Bestandteil gelebter Religion. Sinnvollerweise ist allerdings anzunehmen, dass dabei unterschiedliche Ausprägungen von Reflexivität zu erwarten sind. Die alltägliche Lebensführung vollzieht sich auch in anderen Hinsichten stets *mehr* oder *weniger* reflektiert. Zumindest teilweise besteht die Aufgabe von Bildung darin, diesen Reflexionsgrad zugunsten von Mündigkeit und Selbstbestimmung zu erhöhen, auch wenn mit der Warnung vor der Gefahr einer »Dauerreflexion« zu Recht darauf hingewiesen wird, dass sich keineswegs alle alltäglichen Handlungsvollzüge mit einem gesteigerten Reflexionsaufwand verbinden müssen oder verbinden sollten. Wer seinen gesamten Alltag nur noch so, aufgrund möglichst umfassender Reflexion, gestalten wollte – vom morgendlichen Erwachen bis zum abendlichen Ins-Bett-Gehen –, würde jede Handlungsfähigkeit verlieren.

Mit dem Begriff der Jugendtheologie, einschließlich der von Jugendlichen explizit formulierten oder vertretenen theologischen Auffassungen, verbindet sich so gesehen für die Forschung über Jugend und Religion ein zusätzlicher Blickwinkel. Untersucht werden muss dann nicht nur, welche *religiösen* Interessen, Bedürfnisse, Einstellungen usw. Jugendliche heute aufweisen oder nicht aufweisen, sondern darüber hinaus auch, wie sie diese selbst wahrnehmen, deuten und beurteilen. Eben darin besteht dann die Jugend*theologie*.

Machen wir uns dies an einem Beispiel aus der Literatur über Jugend und Religion deutlich. Es handelt sich um die Aussagen von Janine, einer etwa 17jährigen Jugendlichen, die zum Zeitpunkt der Befragung ein Gymnasium in Unterfranken besuchte.[10] Thema ist der Glaube an Gott:

Frage: Glaubst du an Gott?
Janine: Also ich denk' schon, dass jeder Mensch von einer höheren Macht begleitet wird, die ihn beschützt und in gewissen Dingen auch leitet.
Frage: Ist das der Gott der Bibel?
Janine: Ich würde nicht sagen, dass es einen Gott für alle Menschen gibt. Ich glaub', dass jeder seinen Gott für sich selbst definieren muss, und wenn man das getan hat, würde ich das auch nicht mehr unbedingt ›Gott‹ nennen, weil, je nachdem, wie man die Vorstellung hat, und wie die Gedanken danach sind, kann es so unterschiedlich ausfallen, dass ich nicht mehr denke, dass ein Name, und sei es jetzt Gott, Jahwe oder irgendetwas, dem noch gerecht wird! Meine Gottesvorstellung ist nicht, dass es einen »Allgemeinheitsgott« gibt. Ich glaube nicht, dass es »einen« Gott gibt, der die Welt und die Menschen erschaffen hat, der allgegenwärtig ist und über uns »alle« wacht, und für den »alle« gleich sind. Das kann ich mir nicht vorstellen. Was ich an dem göttlichen Gedanken nicht gut finde ist, dass es jemand ist, der mich leitet, der mich quasi wie eine Marionette in der Hand hält, dass ich ein Schicksal habe, das mir absolut vorbestimmt ist, und ich daran nichts ändern kann. Also, das ist für mich ein

---

10 Vgl. *Ziebertz u.a.*, Religiöse Signaturen, 57f. Der im Folgenden wiedergegebene Text findet sich auf S. 344f.

Kapitel 3: Auch Jugendliche sind Theologen!

Gedanke, mit dem fühle ich mich einfach nicht wohl. Dass ich sag': Ich kann nichts verändern, mein Weg ist bestimmt und wird geleitet.
Frage: Welche Vorstellung passt besser zu dir?
Janine: Ich finde, jeder wird begleitet von einem individuellen Partner, der vielleicht wiederum Teil einer großen Gesamtmacht ist. Also ich glaub' nicht, dass es jetzt einen Gott gibt, der über alle Menschen wacht und alle Menschen begleitet. Das kann ich mit mir nicht vereinbaren, schon allein weil ich mir denk', der wär' ja dann andauernd beschäftigt, das ist dann wahrscheinlich das Problem mit dem Allmächtigen, wo ich mir nicht vorstellen kann, dass irgendetwas, irgendein Wesen, eine Macht, eine Energie allmächtig ist.
Frage: Wie bringst du das zusammen mit deinem Glauben, ist diese »Macht« eher nah' oder fern?
Janine: Je nachdem, also ich denk' in Momenten so vom Allgemeinen, ich glaub' jetzt nicht, dass meine Macht neben mir steht, immer, egal wo ich bin, sondern mehr in der Form, dass die irgendwann da war und mir geholfen hat zu entstehen, sei es jetzt oder eventuell in einem früheren Leben, wobei ich auch sagen muss, der Karma-Gedanke ist mir sehr angenehm und dass in schweren Momenten, in denen ich Hilfe brauch' und es nicht alleine schaffe, wieder den richtigen Weg zu finden, oder gerne finden möchte, dann glaub' ich, steht einem die Macht zur Seite und hilft einem, den Weg zu finden und, wenn man z.B. irgendwie in Gefahr ist, denk' ich, hält die Macht eine Art schützende Hand über jemanden.

An diesen Aussagen Janines wird zunächst deutlich, dass sie sich Gedanken über Gott oder jedenfalls darüber macht, was sie lieber als »höhere Macht« bezeichnen möchte. Weiterhin könnte man durchaus sagen, dass diese Jugendliche eine eigene Theologie hat, nämlich eine *Theologie der religiösen Individualität*. Gottesvorstellungen können demnach individuell »so unterschiedlich« ausfallen, dass sie sich nicht mehr unter ein und denselben Begriff »Gott« fassen lassen. Janine ist davon überzeugt, dass dies der Normalfall ist und auch sein soll.
Dabei spielt aber sogleich noch eine weitere Überlegung eine Rolle: Einen Gott, der sie »leitet« und der sie »quasi wie eine Marionette in der Hand hält«, lehnt sie ab. Dieses Motiv kann als *Autonomiestreben* beschrieben werden. Der von ihr abgelehnte Gott ginge auf Kosten der menschlichen, genauer: der individuellen Autonomie und kann daher von Janine nicht akzeptiert werden.
Zudem werden zwei weitere Einwände formuliert: Ein Gott, »der über alle wacht«, der »wär' ja dann andauernd beschäftigt« – was sich Janine einfach nicht denken kann –, und ein Wesen, das »allmächtig« ist, kann sie sich auch nicht vorstellen. Positiv spricht sie hingegen von einer »Macht«, die ihr »hilft« und die sie beschützt. Dabei sei ihr auch der »Karma-Gedanke« »sehr angenehm«.
Nun kann man solche Äußerungen sicher, wie weithin üblich, einfach unter dem Aspekt interpretieren, welche religiösen Vorlieben, Einstellungen, Wünsche usw. heutige Jugendliche – oder jedenfalls diese eine Jugendliche – artikulieren. In diesem Sinne könnten diese Äußerungen als ein weiterer Beleg für die religiöse Individualisierung dienen, für religionsvermischende – oder, wie es in der Wissenschaft heißt: synkretistische bzw. zum religiösen Patchwork neigende – Tendenzen in der

Jugendkultur[11] oder auch für die damit verbundene religiöse Pluralisierung. Fast wörtlich beschreibt Janine für sich, was in der Religionssoziologie seit Jahren diagnostiziert wird: »*Jede/r ein Sonderfall*«![12]

Im vorliegenden Zusammenhang machen Janines Äußerungen aber auch deutlich, dass nicht nur andere – etwa in der religionspädagogischen Forschung Tätige – über die Religion oder den Gottesglauben Jugendlicher nachdenken können, sondern auch Jugendliche selbst. Und sie fragen dabei auch nach der Plausibilität und Konsistenz solcher Vorstellungen, nach ihrer Tragfähigkeit angesichts konkurrierender Deutungen sowie, nicht zuletzt, nach ihrer Anschlussfähigkeit im Blick auf die eigene Lebensführung und Lebenswelt. Dabei ist nicht nur von einer fundamentalen Unterscheidung zwischen individueller religiöser Orientierung und institutioneller Religion auszugehen[13], sondern im Blick auf die religiöse Tradition gilt grundsätzlich: »Negativ wird sie da konnotiert, wo sie formal und unpersönlich diametral entgegen den eigenen Glaubens- und Lebenserfahrungen steht, positiv dort, wo sie sich persönlich glaubhaft in den eigenen Erfahrungsbereich integrieren lässt.«[14]

Eine Betrachtungsweise, die sich auf solche Reflexionsformen bei Jugendlichen als deren Theologie konzentriert, erweist sich insofern als sinnvoll, als sie zum einen ein Gespräch mit Jugendlichen ermöglicht und zum anderen auch eine an den von dieser Jugendlichen angesprochenen theologischen Inhalten orientierte Interpretation zulässt, die nicht zuletzt für die Religionspädagogik anschlussfähig ist. Diese These muss nun allerdings weiter erläutert werden:

– Dialogisch-*religionspädagogisch* aufgenommen werden kann schon die Auffassung, dass der Gottesglaube etwas sehr Individuelles sei und sein müsse. Man könnte mit Janine darüber diskutieren, was das denn genau bedeutet, sowie darüber, ob dann noch Gemeinschaft möglich sei. Ist das manchmal als sehr spannungsvoll erlebte Verhältnis zwischen Individualität und sozialer Bindung oder Zugehörigkeit nur auf Religion begrenzt, oder gehört es auch zu anderen Bereichen des menschlichen Daseins?

Weitere Diskussionsfragen könnten sich auf die Freiheits- und Autonomiethematik beziehen, die dieser Jugendlichen so am Herzen liegt: Wie frei ist denn der Mensch am Ende wirklich?

Und wie verhält sich eigentlich das Karma-Denken als Vorherbestimmung oder Prädestination des individuellen Daseins zur menschlichen Autonomie? Warum ist es für Janine – trotzdem – so attraktiv?

---

11 Vgl. *Drehsen/Sparn*, Im Schmelztiegel.
12 Vgl. *Dubach/Campiche*, Jede(r) ein Sonderfall?
13 Vgl. *Campiche*, Die zwei Gesichter der Religion sowie *Dubach/Fuchs*, Ein neues Modell von Religion.
14 *Prokopf*, Religiosität Jugendlicher, 239.

Kapitel 3: Auch Jugendliche sind Theologen!

Schließlich, aber nicht zuletzt: Warum wäre die Vorstellung einer unpersönlichen Macht der christlichen Auffassung vom persönlichen Gott vorzuziehen? Warum leuchtet sie Jugendlichen eher ein? Welche Implikationen hat eine solche Vorstellung?
Spannend werden alle diese Fragen vor allem dann, wenn sie nicht nur in der Interpretation aus der Distanz (wie im vorliegenden Falle unserer eigenen Darstellung in einem Buch), sondern im persönlichen Gespräch – vielleicht sogar in Gestalt eines kontroversen und produktiv streitenden Dialogs – mit Jugendlichen ausgetragen werden.
– Eine *religionssoziologische* Interpretation der Äußerungen Janines könnte sich auf Begriffe wie religiöse Individualisierung und Pluralisierung oder Synkretismus und Patchwork-Religion stützen, die sich natürlich noch weiter verfeinern lassen. Eine solche Interpretation ist theologisch bedeutsam, ist aber noch nicht selbst als theologisch zu bezeichnen. In *theologischer* Deutung geht es in diesem Interview vielmehr um Aspekte wie Freiheit und Prädestination, göttliche Allmacht und ihre Grenzen, Erfahrungen in existentiellen, aussichtslosen Notlagen: Diese werden klassischerweise in theologischen Themenstellungen der Gottes- und Schöpfungslehre, Anthropologie, Ekklesiologie und Pneumatologie abgebildet. Alle diese Themen sind hier – und dies unterscheidet unsere Interpretation von der beispielsweise bei C. Gennerich[15] – nicht bloß für die theologische Interpretation aus einer Außenperspektive gegeben, sondern sie werden von Janine selbst explizit angesprochen. Dies geschieht freilich in den eigenen Worten dieser Jugendlichen und in ihrer Sprache, aber alle diese Bezüge werden von ihr selbst als religiöse Fragen identifiziert. Deshalb kann hier von einer expliziten Jugendtheologie gesprochen werden.
Solche Überlegungen und Beobachtungen führen weiter zu der Frage nach unterschiedlichen Formen von Jugendtheologie. Im nächsten Abschnitt versuchen wir eine erste Systematisierung.

2. Formen von Jugendtheologie

Nachdem die Gründe für die Frage nach Jugendtheologie benannt und auch ein Stück weit geklärt sind, bezieht sich die nächste Frage darauf, in welchen Formen Jugendtheologie wahrgenommen werden kann. Dafür betrachten wir zunächst verschiedene *Dimensionen* und danach unterschiedliche *Perspektiven* der Jugendtheologie.
Nach dem im letzten Abschnitt Gesagten lassen sich mindestens vier unterschiedliche *Dimensionen* von Jugendtheologie beschreiben:
(1) *implizite Theologie*, die nur von außen, aus der Perspektive der theologischen Dogmatik, als theologisch identifiziert wird; in diesem Falle sprechen die Jugendlichen unter Umständen selbst keine, ihrem

---

15 Vgl. *Gennerich*, Empirische Dogmatik.

eigenen Verständnis zufolge religiösen Fragen an, sondern nur beispielsweise – wiederum in ihrer eigenen Sicht – Probleme der Lebensführung, die für sie weder mit Religion noch mit Theologie zu tun haben;
(2) eine *persönliche Theologie* im Sinne einer bestimmten Auffassung etwa von Glaube oder Gott; in diesem Falle steht eine bestimmte religiöse Position im Vordergrund, wie dies bei Janine mit der Hervorhebung von Individualität und Autonomie der Fall ist; natürlich können solche Positionen auch von ganzen Gruppen geteilt werden oder in einem bestimmten Lebensalter besonders hervortreten;
(3) *explizite Theologie*, die sich als Nachdenken über religiöse Vorstellungen nicht zwingend theologischer Termini bedienen muss, aber auf einen auch im Verständnis der Jugendlichen religiösen Gegenstand bezogen ist und der Sache nach theologisch bestimmt ist;
(4) die *theologische Deutung* expliziter Jugendtheologie mit Hilfe der *theologischen Dogmatik*; diese Ebene ist gesondert zu berücksichtigen, weil die theologische Dogmatik von den Jugendlichen hier zwar nicht selbst ins Spiel gebracht wird, die dogmatische Interpretation aber, anders als bei der impliziten Theologie, einen direkten Anhalt in den auf religiöse Themen bezogenen Äußerungen der Jugendlichen besitzt und an diese anschließen kann.

Im Anschluss an die Ausführungen von Kapitel 2 könnte noch eine fünfte Form oder Dimension von Jugendtheologie unterschieden werden, die aber auf einer anderen Ebene bzw. gewissermaßen quer zu den ersten vier Dimensionen liegt:
(5) *Jugendliche argumentieren ausdrücklich theologisch*, etwa im Diskurs mit Gemeinde- und Kirchenleitungen, beispielsweise im Zusammenhang jugendverbandlicher Tätigkeiten oder auch im Konfirmanden- und Religionsunterricht.

In der Diskussion zur Kindertheologie hat sich darüber hinaus die Unterscheidung von drei Perspektiven bewährt, in denen die Kindertheologie betrachtet werden kann:[16]
– Theologie *der* Kinder, mit dem Akzent auf dem Hervorbringen von Theologie durch Kinder;
– Theologie *mit* Kindern, als prozessbezogene Betrachtung des gemeinsamen theologischen Gesprächs von Erwachsenen und Kindern;
– Theologie *für* Kinder, als Frage nach geeigneten inhaltlichen Impulsen, aber auch Informationen, von denen Kinder sich anregen lassen und von denen sie profitieren können.

Unserer Auffassung zufolge können diese Perspektiven auch auf die Jugendtheologie übertragen werden.[17] Verbindet man diese drei Perspekti-

---

16 Vgl. *Schweitzer*, Was ist und wozu Kindertheologie? Die dort vorgeschlagene dreifache Unterscheidung (Theologie *der* Kinder, *mit* Kindern und *für* Kinder) ist weithin rezipiert worden.

Kapitel 3: Auch Jugendliche sind Theologen!

ven mit den fünf genannten Dimensionen, ergibt sich folgendes Überblicksschema zu den möglichen Formen von Jugendtheologie:

Formen von Jugendtheologie im Überblick

	Theologie *der* Jugendlichen	Theologie *mit* Jugendlichen	Theologie *für* Jugendliche
implizite Theologie			
persönliche Theologie			
explizite Theologie			
theologische Deutung mit Hilfe der theologischen Dogmatik			
Jugendliche argumentieren ausdrücklich theologisch			

Im Folgenden nutzen wir diesen Überblick zu verschiedenen Formen der Jugendtheologie als Ausgangspunkt für die Identifikation von Jugendtheologie in verschiedenen Entdeckungszusammenhängen. Am Ende des Buches werden die jetzt noch leeren Felder im Sinne einer Zusammenfassung ausgefüllt sein.[18]

Hinzuweisen ist noch darauf, dass dieses Verständnis von Jugendtheologie sowohl als Beschreibung (*deskriptiv*) als auch als Zielsetzung (*normativ*) eingesetzt werden kann. Als Beschreibung dient es einer differenzierten Erfassung der vielfältigen Ausdrucksformen von Jugendtheologie. Eine Norm ergibt sich daraus, dass Jugendliche durchweg als Theologen anerkannt und gewürdigt werden sollen.

Eine eigene Frage, die hier nur markiert werden soll, wäre es, das Verhältnis zwischen dem Ansatz einer Jugendtheologie und verschiedenen weiteren Ansätzen aus der Praktischen Theologie genauer zu klären. Neben dem dort vermehrt verfolgten Interesse an gelebter Religion, die dann der Theologie gegenüberstehen soll,[19] kann an die so genannte »*Alltagsdogmatik*« gedacht werden, als eine Form von Theologie, deren Sitz im Leben der gewöhnliche Alltag ist.[20] Sie steht der impliziten Theologie Jugendlicher besonders nahe. Dichter bei der expliziten Theologie Jugendlicher liegt die allerdings stärker religionsphilosophisch ausgerichtet Idee von »*ordinary theology*«, die in Großbritannien

---

17 So auch *Dieterich*, Theologisieren.
18 Vgl. unten, S. 177f.
19 Vgl. zu oben, auch mit Hinweisen zur Literatur, S. 55.
20 Vgl. Steck, Alltagsdogmatik; *Weyel*, Den Sinn ausdrücklich machen; zum weiteren Zusammenhang vgl. auch *Luther*, Religion und Alltag.

entwickelt worden ist.[21] Einem anderen Anliegen, nämlich der Übersetzung von Theologie in alltägliche Formen der religiösen bzw. Frömmigkeits-Praxis, folgt der zur Zeit in den USA stark beachtete »*practices approach*«.[22] Während die Jugendtheologie mit allen diesen Ansätzen zumindest verschiedene Fragen und Zielsetzungen teilt, geht sie doch nicht in diesen auf, allein schon aufgrund des für sie, im Unterschied zu den anderen Ansätzen, bestimmenden Bezugs auf Jugendliche.

3. Entdeckungszusammenhänge

Wir setzen mit zwei bewusst weit auseinanderliegenden Entdeckungszusammenhängen ein – der Jugendkultur und dem Religionsunterricht.

Jugendkultur

In den letzten beiden Jahrzehnten gehörte die Entdeckung von Religion in der Jugendkultur zu den zentralen Diskussionsthemen der Religionspädagogik.[23] Zunächst war es die Jugendmusik – genauer gesagt die von Jugendlichen bevorzugte Form von Popularmusik, die dabei in den Blick kam. Diese Musik wird nicht notwendigerweise von Jugendlichen selbst hervorgebracht, auch wenn sie häufig von Jugendbands aufgegriffen und insofern neu angeeignet wird. Auf jeden Fall aber spielt sie im Alltag von Jugendlichen eine wichtige Rolle.
Inzwischen liegt eine eindrückliche Reihe von Studien zu Religion in der Rock- oder Pop-Musik und auch im Hip-Hop vor.[24] Teils wurde vor deren Einflüssen gewarnt, etwa wenn befürchtet wurde, sie könne Tendenzen eines Okkultismus oder Satanismus Vorschub leisten. Teils wurden in dieser Musik aber auch genuin christliche oder biblische Motive entdeckt, und dies bei weitem nicht nur im Bereich des so genannten Sacro-Pop.
Ähnliches gilt auch für populäre Filme, die beispielsweise einem Erlöser-Mythos folgen wie die Terminator-Serie oder gar einen Opfer-Mythos reinszenieren wie »Der König der Löwen«.[25] »Matrix« wird religionspädagogisch heiß diskutiert, und die Harry Potter-Bücher waren sowohl als gedrucktes Medium als auch als Film-Skript von Anfang an im Blick auf ihren religiösen Gehalt stark umstritten – bis hin zu dem

---

21 Vgl. *Astley*, Ordinary Theology.
22 Vgl. u.a. *Volf/Bass*, Practicing Theology; religionspädagogisch *Dykstra*, Growing in the Life of Faith.
23 Überblick und Literaturhinweise u.a. bei *Biehl/Wegenast*, Religionspädagogik und Kultur.
24 Aus der verzweigten Literatur sei exemplarisch verwiesen auf die grundlegende Untersuchung von *Schwarze*, Die Religion der Rock- und Popmusik.
25 Vgl. die bes. eindrückliche Darstellung bei *Gutmann*, Der Herr der Heerscharen.

Kapitel 3: Auch Jugendliche sind Theologen! 63

mitunter geäußerten Verlangen, man möge sie wenigstens aus kirchlichen Leihbibliotheken verbannen, da sie dem christlichen Glauben widersprächen.
Theologische Argumente sind bei all dem vor allem Ausgangspunkt einer – sei es kritischen oder zustimmenden – Beurteilung. Dabei steht im Hintergrund die Annahme, dass solche Werke der Musik oder des Films eine bestimmte Theologie, in der oben als persönliche Theologie beschriebenen Bedeutung, transportieren. Offen ist hingegen die Frage, wie es in diesem Falle um eine explizite Theologie Jugendlicher steht. Betrachten wir ein Beispiel, auf das Studierende der Religionspädagogik gerne hinweisen.[26] Es handelt sich um den Künstler und Sänger Xavier Naidoo. Sein Album, dem der nachfolgende Text entnommen ist, trägt den anspielungsreichen Titel »Zwischenspiel – Alles für den Herrn«. Das Lied selbst beginnt mit dem dann mehrfach wiederholten Refrain:

> Der Geist ist willig – aber das Fleisch ist schwach
> Ich werde alles tun damit ich es gefügig mach
> Ich halt mich tagelang wach um in der Bibel zu lesen
> Wenn ich mein Heil gefunden hab dann hab ich Zeit zum genesen.

Auf diesen Refrain folgt ein Text, der sich eng an die biblischen Psalmen anlehnt. Er beginnt so:

> Verwesen will ich nicht nicht sterben hab Gnade mit mir Gott
> Erhalt mich meinen Erben denn die Toten können nicht für dich werben [...]

Dieser Text ist nicht nur vielfach im Internet zu finden.[27] Er kann auch aufs Handy oder den I-Pod geladen werden. Seine Verbreitung geschieht also auf diversen Ebenen und Kanälen.
Schon das hier herausgegriffene Textstück gibt klar zu erkennen, dass hier eine Lebensphilosophie beschrieben wird, die traditionell zumindest mit bestimmten Jugendlichen verbunden war: Askese im Dienste höherer Erkenntnis im Durchgang zum wahren Selbst. Gegossen ist diese Lebensauffassung hier allerdings in eine deutlich biblische Sprache. Nicht etwa fernöstliche Meditation oder ähnliche Praktiken werden beschrieben, sondern es ist die Bibel, in der dieser Sänger, mit selbstverneinender Anstrengung schlafloser Tage und Nächte, das »Heil« sucht.
Und mehr noch: Mit dem Verlangen, nicht zu sterben, nicht zu »verwesen«, wendet er sich ausdrücklich an Gott. Er bittet Gott um »Gnade« – eher im biblischen als im heutigen reduzierten Sinne des Wortes, der nur auf eine verdiente, aber trotzdem gnädig erlassene Strafe zielt.

---

26 Entsprechende Hinweise verdanken wir insbesondere der Tübinger Zulassungsarbeit von *Verena Dollinger*.
27 Hier heruntergeladen von http://www.lyrics007.com/Xavier%20Naidoo%20Lyrics/Der%20Geist%20Ist%20Willig%20Lyrics.html am 24.3.2011.

Eine persönliche Theologie? Wohl schon, als Botschaft: »So will ich leben!« Auch von impliziter Theologie kann gesprochen werden, weil die beschriebene Lebenshaltung sich ohne weiteres theologisch interpretieren lässt. Ob daraus aber eine explizite Theologie werden kann, bleibt der Rezeption des Textes und dem weiteren Umgang beispielsweise im Gespräch zwischen Jugendlichen überlassen.

Über die Art und Weise, wie Jugendliche solche Texte rezipieren, ist leider weit weniger bekannt als über den religiösen Gehalt, der solchen Texten zu entnehmen ist. Gewiss ist es möglich, dass sich Jugendliche von einem solchen Liedtext religiös ansprechen lassen, weil er, zusammen mit der Musik, ihre Gefühle und vielleicht sogar ihr Lebensgefühl insgesamt anspricht. Ebenso denkbar ist, dass sie über einen solchen Text ins Nachdenken geraten und vielleicht einmal mit anderen in der Gruppe der Gleichaltrigen darüber sprechen. Soweit sie sich dabei auf den theologischen Gehalt beziehen, kann von expliziter Theologie gesprochen werden.

Gerade der Text von Xavier Naidoo, den wir als Beispiel gewählt haben, macht zugleich deutlich, dass eine reflektierte und in diesem Sinne theologische Auseinandersetzung Jugendlicher mit solchen Texten wünschenswert ist. Diese Einschätzung ergibt sich nicht nur aus einer religionspädagogischen Perspektive, sondern aus der Situation der Jugendlichen selbst. Denn diese Texte – und ähnlich auch andere Texte nicht nur dieses Autors – können weiterreichende Probleme aufwerfen. Hört oder liest man diesen auf Askese zielenden Text etwa zusammen mit einem weiteren Lied auf diesem Album, in dem Naidoo kritisch die Situation eines Vaters bedenkt, ergibt sich ein fast bedrohliches Weltbild. Naidoo klagt an:

> Wenn ich schon Kinder hätt',
> dann müsste ich euch bedrohen
> [...]
> Ihr wollt doch unsere Kinder
> Nur für euren Zweck [...].[28]

Das lässt sich gewiss als eine Verteidigung der Freiheit für Kinder und für ein nicht immer schon verzwecktes Aufwachsen lesen. Es kann sich aber auch zu einem bedrohlichen Weltbild verdüstern. Auf jeden Fall wäre es sinnvoll, über solche Texte auch mit Jugendlichen zu sprechen. In was für einer Welt leben wir eigentlich? In welchem Sinne kann die Bibel einen Ausweg bieten? Wie viele Nächte lang darf ich nicht schlafen, wenn ich das Heil erlangen will?

Diese Grundfragen ließen sich fraglos auch beim Blick auf andere jugendkulturelle Ausdrucks- und Lebensformen, wie etwa im Bereich des

---

28 Heruntergeladen von http://www.marco-schueler.de/musik/songtexte/xavier_naidoo_feat__curse_-_wenn_ich_schon_kinder_haette.htm am 24.3.2011.

Kapitel 3: Auch Jugendliche sind Theologen!

Sports und Spiels[29] oder auch der Verwendung digitaler Medien, identifizieren und als eigene, durchaus religiös konnotierte Kommunikationsformen, interpretieren.

Der Blick auf die Jugendkultur ruft auch in Erinnerung, dass sich die Theologie der Jugendlichen auf sehr unterschiedliche Art und Weise ausdrücken kann. Unserem Verständnis zufolge ist Jugendtheologie zwar insofern kognitiv ausgerichtet, als sie die Reflexion religiöser Vorstellungen meint, einschließlich deren sprachlicher Kommunikation. (Jugend-)Theologie kann aber nicht nur sprachlich oder begrifflich kommuniziert werden. Vielmehr kommt dafür auch die gesamte Bandbreite ästhetischer Ausdrucksformen sowie körperbezogener Praktiken in Frage. Insofern ist auch die Kommunikation von Jugendtheologie ein ausgesprochen vielfältiges Phänomen.

Plastische Beispiele für diese Vielfalt des Ausdrucks finden sich etwa in der Zürcher Studie »Auf meine Art. Jugend und Religion«[30]. Diese Studie arbeitet mit Porträts zu einzelnen Jugendlichen. Neben den Gesprächen, die mit den Jugendlichen geführt wurden, spielen bei dieser Studie Fotos eine zentrale Rolle. Die Bilder fangen zumindest ein Stück weit die bewusste, in den meisten Fällen deutlich sinnbezogene und in dieser Hinsicht reflektierte Stilisierung von Kleidung und körperlicher Erscheinung ein: Schmuck, Schminke, Tattoos, Verhüllung und Enthüllung.

Natürlich sind gerade bei solchen Beispielen die Grenzen zwischen Religion, die einfach gelebt wird, und Jugendtheologie als Nachdenken über Religion besonders fließend und entsprechend schwer zu identifizieren. Immerhin geben aber die bei der Zürcher Studie zusammen mit den Bildern dokumentierten Gespräche zu erkennen, dass auch in diesen Fällen die eigenen religiösen Vorstellungen sowie die Vorstellungen anderer reflektiert werden, gerade auch als Voraussetzung ästhetischen Ausdrucks und in Verbindung mit diesem.

Religionsunterricht

Dass im Religionsunterricht nicht die wissenschaftliche Theologie im Zentrum stehen soll, ist eine Auffassung, die sich heute aus den Maximen der Allgemeinen Didaktik ergibt. Der Schulunterricht soll seine Gestalt nicht als Abbild der Einzelwissenschaften gewinnen – das wäre die ganz allgemein abgelehnte »Abbilddidaktik« –, sondern von den Bildungsbedürfnissen und Bildungsmöglichkeiten der Kinder und Jugendlichen her. Das ist inzwischen eine allgemein geteilte Überzeugung der Didaktik, soweit sie pädagogisch verantwortet sein soll.

In der Geschichte der Religionspädagogik hat besonders Friedrich Schleiermacher den Unterschied zwischen wissenschaftlicher Theologie

---

29 Vgl. *Pezzoli-Olgiati/Schlag*, Vom Avatar.
30 *Anselm u.a.*, Auf meine Art.

und Religionsunterricht hervorgehoben. Er konnte sogar so argumentieren, dass der Religionsunterricht nur dann und nur solange sinnvoll sei, als er *nicht* Theologie vermittelt. Denn die Theologie sei nur für diejenigen von Interesse, die später den Pfarrberuf ergreifen wollen. Nach der Konfirmation werde die »Katechese« nicht mehr, wie sie doch soll, das »religiöse Prinzip« beleben, und man lehre »dann eigentlich schon Theologie«. Damit aber »gewinnt der Religionsunterricht ganz das Ansehen einer Vorübung für den künftigen Beruf«.[31] Für einen Religionsunterricht »in dem Namen theologische Klassen« hatte Schleiermacher wenig übrig, denn »gelehrt, philosophisch und kritisch« sollte der das religiöse Prinzip belebende Unterricht nicht sein.[32] Wie Schleiermacher im Weiteren dann zu erkennen gibt, muss dies allerdings im Blick auf ältere Jugendliche eingeschränkt werden. Denn deren »Skeptizismus«, wie Schleiermacher die zweifelnden Fragen dieser Jugendlichen nennt, müsse sich der Unterricht hier doch stellen.[33]

Schleiermachers Ablehnung der Theologie als Inhalt für den Unterricht erwächst demnach aus zwei Voraussetzungen: Zum einen soll der Unterricht dem religiösen Leben nahe bleiben, was theologische Reflexion zumindest dann ausschließt, wenn diese im Leben nicht auftritt; ob dies heute noch gilt, wird in diesem Kapitel auf die Probe gestellt. Zum anderen wird deutlich, dass Schleiermacher Theologie hier nur als Ausdruck und Folge einer kirchlichen Notwendigkeit, der sie ihr Entstehen verdankt, ansehen will. Theologie ist für ihn ganz auf die kirchliche Amtstätigkeit bezogen.[34] An eine Laientheologie als Teil allgemeiner (religiöser) Bildung denkt er hier nicht. Seine Hinweise zum »Skeptizismus« Jugendlicher könnten allerdings zumindest aus heutiger Sicht durchaus für theologische Inhalte im Religionsunterricht anschlussfähig sein.

In unserer Gegenwart ist ein Bemühen um einen lebensnahen statt theologisch bestimmten Religionsunterricht vor allem dort zu beobachten, wo der Religionsunterricht möglichst eng an die lebensweltlichen und subjektiv-erfahrungsbezogenen Zusammenhänge des jugendlichen Lebens anzuschließen sucht. Wie etwa die Untersuchungen von Gerhard Büttner und Tobias Ziegler gezeigt haben, wird deshalb in den Lehr- oder Bildungsplänen beispielsweise stärker auf den Menschen Jesus abgehoben, während der theologisch bestimmte Christus des Glaubens abgeblendet wird.[35] Demgegenüber belegen die Untersuchungen von Büttner und Ziegler zum Jesus- oder Christus-Verständnis Jugendlicher

---

31 *Schleiermacher*, Pädagogische Schriften. Bd. 1, 339f.
32 *Schleiermacher*, Pädagogische Schriften. Bd. 2, 142.
33 Vgl. ebd.
34 Vgl. *Schleiermacher*, Kurze Darstellung.
35 Vgl. *Büttner*, »Jesus hilft!«; *Ziegler*, Jesus als »unnahbarer Übermensch« oder »bester Freund«?

Kapitel 3: Auch Jugendliche sind Theologen! 67

sowie parallele Studien etwa zum Gottesverständnis,³⁶ dass Jugendliche durchaus auch substantiell theologische Fragen aufwerfen und mit Interesse diskutieren, wenn auch nur selten in der traditionellen Sprache der Theologie.
Solche theologischen Fragen können auch direkt im Unterricht auftreten. Am Ende einer Stunde über »Jesus und die Ehebrecherin« beispielsweise, in der über die Angemessenheit von Strafen diskutiert wurde, formuliert eine Schülerin der Gymnasialen Oberstufe zum Thema Vergebung:

»Ja ich find also des schwierig, weil ( ) ähm Gott kann des schon tun, also würd ich jetzt mal sagen, Gott kann des leicht sagen, ich vergeb immer, weil er sozusagen ja damit, also er, es klingt jetzt total blöd, aber er ist jetzt im Himmel und kriegt ja eigentlich (Lachen) Er ist ja nur ( ) Zuschauer, und er kann man, wie wir vorhin gesagt haben, in der Rolle kann man leicht sagen: Jaja Vergeben und so. Aber wenn man dann damit leben muss, dann ist es schwierig, weil man dann eben diesen Mörder, Vergewaltiger sonst was unter sich hat und fürchten muss, dass er's wieder tut, dann dann ist es schon schwieriger, also weil man dann eben selber betroffen ist oder die Angehörigen oder wer immer, also ganz schön schwierig.«³⁷

Damit ist die Stunde zuende. Der Lehrerein bleibt nur noch Zeit zu konstatieren, dass dies doch ein »sehr schönes Schlusswort« gewesen sei.
Ohne Zweifel wollte aber die Schülerin selbst an dieser Stelle keineswegs ein Schlusswort gesprochen haben. Sie argumentiert und fragt vielmehr theologisch, in einer christlich-theologisch allerdings höchst provozierenden Art und Weise: Gott habe es leicht, weil er im Himmel nie die Konsequenzen der von ihm selbst geübten und den Menschen anempfohlenen Vergebung zu tragen hat. Darüber will sie gerne diskutieren – wohl nicht zuletzt mit der Religionslehrerin, deren Theologie sie offenbar nicht so überzeugend findet.
Dieses Beispiel kann sicher nicht verallgemeinert werden. Als Anstoß für die Frage, wie viel Raum theologischen Fragen im Religionsunterricht gegeben werden sollte, kann es aber doch dienen. Vielleicht stimmt es ja, dass in theologischen Streitgesprächen eine noch nicht ausreichend wahrgenommene Möglichkeit für einen attraktiven Unterricht liegen könnte.

Abschied vom Kinderglauben – auch eine theologische Frage?

Früher gehörte die kritische Auseinandersetzung mit dem Glauben der Kindheit zu den Standardthemen in religiösen Biographien. Heute, so

---

36 Eine Pionierfunktion hatte in dieser Hinsicht *Nipkow*, Erwachsenwerden ohne Gott?; zu weitere Studien zur Gottesfrage s.u., S. 90ff.
37 Entnommen aus *Grill*, Unerwartet bei der Sache, 210.

manche Beobachter, sei diese Auseinandersetzung zumindest stark rückläufig, wenn nicht überhaupt obsolet.[38] Dies liege aber nicht an einer größeren gesellschaftlichen Offenheit für kindliche Gottes- und Weltbilder, sondern einfach daran, dass viele Kinder in ihrer Kindheit keine religiöse Erziehung mehr erfahren. Andere weisen allerdings darauf hin, dass der Abschied vom Kinderglauben nicht einfach eine Frage der Erziehung sei. Auch schon der am Ende der Kindheit stattfindende Umbruch im Weltbild und in der Wahrnehmung der Erwachsenen, einschließlich der eigenen Eltern, reiche ja hin, um einen solchen Abschied zumindest von einem kindlichen Glauben im Allgemeinen erforderlich zu machen.

Wie weit der Abschied vom Kinderglauben heute tatsächlich (noch) verbreitet ist, soll uns hier aber nicht an erster Stelle beschäftigen. Auch schon in früheren Zeiten wurde dieser Abschied nicht als theologische Frage angesehen. Demgegenüber wollen wir darauf aufmerksam machen, dass von Jugendlichen gerade in dieser Hinsicht zahlreiche Fragen aufgeworfen und reflektiert werden, die als theologisch bezeichnet werden können. Dies ergibt sich daraus, dass jede Auseinandersetzung mit dem Kinderglauben – trete sie nun bei der Mehrheit der Jugendlichen auf oder nicht – ein Nachdenken über diesen Glauben in sich schließt. Folgt man dem oben vorgeschlagenen Verständnis expliziter Jugendtheologie als theologische Reflexion religiöser Vorstellungen, so trifft dieses Verständnis fast automatisch auf die Auseinandersetzung mit dem Kinderglauben zu.

In der Literatur sind dazu berühmte Beispiele zu finden. Zwei davon sollen hier etwas genauer betrachtet werden: »*Demian. Die Geschichte von Emil Sinclairs Jugend*« von Hermann Hesse (1919) und »*Die Verwirrungen des Zöglings Törleß*« von Robert Musil (1906).[39] Beide Bücher beschreiben den Prozess der religiösen Entwicklung in der Adoleszenz im Horizont philosophischer und theologischer Fragen. Adoleszente Entwicklung wird als Ausgang aus dem Kinderglauben und als Bruch mit der Geborgenheit kindlicher Weltbilder aufgefasst.

Religiös gehaltvoll ist besonders Hesses »Demian«. Hier wird beschrieben, wie der in der Kindheit übernommene Glaube »Lücken« bekommt. Emils Freund Demian fungiert dabei als Gegenpol zum Elternhaus: »Auch wo ich Zweifel hatte, wußte ich doch aus der ganzen Erfahrung meiner Kindheit genug von der Wirklichkeit eines frommen Lebens, wie es etwa meine Eltern führten, und daß dies weder etwas Unwürdiges noch geheuchelt sei. Vielmehr hatte ich vor dem Religiösen nach wie vor die tiefste Ehrfurcht. Nur hatte Demian mich daran gewöhnt, die Erzählungen und Glaubenssätze freier, persönlicher, spielerischer, phantasievoller anzusehen und auszudeuten.«[40]

---

38 Hinweise zu dieser Diskussion bei *Schweitzer*, Die Suche, 54ff.
39 An dieser Stelle übernehmen wir einige Passagen aus *Schweitzer*, Auch Jugendliche als Theologen?
40 *Hesse*, Demian, 60.

Kapitel 3: Auch Jugendliche sind Theologen! 69

Was Hesse hier als die Möglichkeit beschreibt, »die Erzählungen und Glaubenssätze freier, persönlicher, spielerischer, phantasievoller anzusehen und auszudeuten«, kann wohl mit Recht als Anhalt für die Rede von Jugendlichen als Theologen verstanden werden. Einschlägig ist aber auch der Fortgang des Romans, der Emils weitere religiöse Entwicklung beschreibt – bis hin zu einem Glauben, der an keine Kirche und kein Bekenntnis mehr gebunden sein will.[41]

Bei Musils »Zögling Törleß« ist es weniger die Religion als die sich herausbildende Subjektivität, die in der Gestalt philosophischen Fragens und Denkens vor neue Herausforderungen stellt. Diese Subjektivität erstreckt sich allerdings auch in religiöse oder zumindest religiös bedeutsame Bereiche hinein. Die adoleszente Frage nach dem Selbst und seinem Ort in Raum und Zeit wird existentiell dringlich (»Er saß oft lange – in finsterem Nachdenken – gleichsam über sich selbst gebeugt«[42]). Literarisch geht hier das philosophische in das theologische Fragen eines Jugendlichen über.

»Und plötzlich bemerkte er – und es war ihm, als geschähe dies zum ersten Male – wie hoch eigentlich der Himmel sei.
Es war wie ein Erschrecken. Gerade über ihm leuchtete ein kleines, blaues, unsagbar tiefes Loch zwischen den Wolken.
Ihm war, als müßte man da mit einer langen, langen Leiter hineinsteigen können. Aber je weiter er hineindrang und sich mit den Augen hob, desto tiefer zog sich der blaue, leuchtende Grund zurück ...
Darüber dachte nun Törleß nach; er bemühte sich, möglichst ruhig und vernünftig zu bleiben. ›Freilich gibt es kein Ende‹, sagte er sich, ›es geht immer weiter, fortwährend weiter, ins Unendliche.‹«[43]

Autobiographisch bestimmte und beeinflusste Romane wie die von Hesse und Musil, in denen Jugendliche als Theologen erscheinen, sind häufig auch Schulgeschichten. Es wäre eine eigene Untersuchung wert, dabei auch die Rolle von Religionsunterricht und Religionslehrern zu verfolgen. Im Blick auf den am nächsten Tag anstehenden Religionsunterricht heißt es im »Törleß«: »›Religion? Ach ja. Das wird wieder etwas werden ... Ich glaube, wenn ich so recht im Zug bin, könnte ich geradeso gut beweisen, daß zweimal zwei fünf ist, wie dass es nur einen Gott geben kann‹«.[44] Genau diese Haltung kann als Beispiel für die besonders von Kohlberg und Gilligan im Anschluss an Piaget hervorgehobene Form eines hypothetisch-deduktiven Weltzugangs stehen.[45] Vor den neuen Denkmöglichkeiten des jungen Törleß ist gleichsam nichts mehr sicher, wird alles fließend. Alles kann auch anders sein, zumindest

---

41 Vgl. zu dieser Deutung von Hesses Demian auch *Schweitzer*, Pädagogik und Religion, 22ff.
42 *Musil*, Die Verwirrungen, 15.
43 Ebd., 65f.
44 Ebd., 23.
45 Vgl. oben, S. 29.

hypothetisch wird dies für Jugendliche erstmals denkbar und damit eben auch zu einer herausfordernden Wirklichkeit besonderer Art. Solche literarischen Zeugnisse besitzen natürlich Ausnahmecharakter, schon durch ihre sprachliche Gestaltung, aber doch ebenso auch im Blick auf die besonderen Personen, deren Biographien beschrieben werden. Ein alltäglicheres, von heute aus gesehen eine Generation zurückliegendes Beispiel stellen die von Robert Schuster gesammelten Schülertexte dar. Jugendlichen und jungen Erwachsenen in verschiedenen Beruflichen Schulen wurden dabei Satzanfänge und Zitate zu religiösen Fragen vorgelegt, zu denen sie sich schriftlich äußern sollten. Die insgesamt mehr als 1200 Texte, die auf diese Weise entstanden sind, enthalten eine Fülle autobiographischer Bezüge, vielfach in der Gestalt einer Abgrenzung vom Kinderglauben. Wir greifen ein Beispiel heraus – den Text eines etwa 20jährigen Berufsschülers (Elektromaschinenbauer):

»Früher als Kind, oder besser gesagt bis zu meinem 13. Lebensjahr glaubte ich noch an Gott wie halt Kinder an Gott glauben. Je älter ich wurde und je mehr ich darüber nachdachte verschwand mehr und mehr dieser Glaube. Wahrscheinlich machte ich einen Fehler. Ich wägte das Für und Wider ganz genau ab und zwar realistisch. Da gab es Wunder die nicht zu erklären waren, wiederum gab es Widersprüchliches gegen die Kirche. Wie ich schon gesagt habe, dieses Thema ist nicht realistisch zu bearbeiten. An Gott zu glauben muss von innen her miteinander abgemacht werden. Sie [die Religion] ist ein guter Rückhalt, ein Nichtaufgeben, ein Glauben an das Bessere, für Menschen denen es schlecht geht, und die dann Gott ansprechen. Wenn jemand in Gefahr ist, Hilfe braucht, jemandem helfen will und nicht kann, er bittet Gott darum. Viele hätten schon den Mut verloren wenn es ihn nicht gäbe.
Komisch ist, dass, obwohl viele Menschen Gott um etwas gebeten haben es aber doch nicht geklappt hat, und doch wenn es wieder Schwierigkeiten gibt, wieder sich Gott anvertrauen wenn sie in einer sehr schwierigen Lage sind. Zum Schluss noch bemerkt.
Wenn die Menschen in einer schwierigen Lage sind, Gott um Hilfe bitten, und sie durch irgendeine Weise Hilfe bekommen, egal welcher Art werden sich die wenigsten bei Gott auch mal bedanken.
Das ist halt der Egoist Mensch.«[46]

Kann hier von Theologie gesprochen werden – von *Jugendtheologie*? Und wenn ja, in welchem Sinne? Unmittelbar deutlich ist, dass dieser Jugendliche oder junge Mann über seinen früheren Glauben als Kind nachdenkt und diesen Glauben mit seinen heutigen Auffassungen und Überzeugungen kontrastiert. Dazu stellt er eine Theorie auf: Über den Glauben könne man nicht »realistisch« denken. Dafür eigne sich dieses Thema nicht. Er formuliert es auch positiv: »An Gott zu glauben muss von innen her miteinander abgemacht werden.« Daran schließt er als zweites eine Theorie der Religion an: »Sie [die Religion] ist ein guter

---

46 *Schuster*, Was sie glauben, 55; zur Interpretation vgl. auch *Schweitzer*, Lebensgeschichte, 13. Zur gesamten Textsammlung vgl. als Interpretation *Nipkow*, Erwachsenwerden ohne Gott?

Kapitel 3: Auch Jugendliche sind Theologen!

Rückhalt, ein Nichtaufgeben, ein Glauben an das Bessere, für Menschen denen es schlecht geht, und die dann Gott ansprechen.«
Diese zunächst an Feuerbach und dessen Religionskritik erinnernde Theorie ist von diesem Jugendlichen nicht negativ gemeint. Eher findet er hier eine Bestätigung für die Sinnhaftigkeit des Gottesglaubens: »Viele hätten schon den Mut verloren wenn es ihn nicht gäbe.« Allerdings schließen sich daran auch Gedanken zur Theodizee an: Warum glauben Menschen auch weiterhin an Gott, wenn und obwohl er ihnen nicht geholfen hat? Und dies angesichts der egoistischen Natur des Menschen, auf die am Schluss des Textes so eindrücklich wie lapidar verwiesen wird.
Was in diesem Text in komplexer Form und Reflexion ausgedrückt wird, besitzt seine geläufigere Gestalt in der Ablehnung des »alten Manns mit langem Bart«, an den man nicht mehr glauben könne. Im Falle der von Schuster befragten Jugendlichen, so hat Karl Ernst Nipkow in seiner Auswertung gezeigt, verbinden sich mit solchen Sichtweisen aber sehr häufig anspruchsvolle theologische Fragen. Nipkow bringt es auf den Nenner von »Einbruchstellen« für den Gottesglauben.[47] So gesehen sind Antworten auf theologisch-kritische Fragen, die von den Jugendlichen aufgeworfen werden, von enormer Bedeutung für ihren Glauben sowie für die Möglichkeit, an diesem oder überhaupt an einem religiösen Glauben festzuhalten.
Die derzeit aktuellste Untersuchung dieser Art wurde vor wenigen Jahren von Tobias Ziegler vorgelegt. Die von ihm gesammelten und ausgewerteten Schüleraufsätze (Gymnasiale Oberstufe) zum Thema Jesus-Verständnis bzw. zur Christologie Jugendlicher bestätigen in vieler Hinsicht die von Nipkow fast 20 Jahre zuvor gemachten Beobachtungen. Sie enthalten auch Wahrnehmungen des Kinderglaubens:

»Jesus kommt ehrlich gesagt nur noch in den alten Kindergeschichten vor. Ich könnte nicht sagen, dass Jesus mir bei Entscheidungen im täglichen Leben durchs Beten helfen könnte/würde. Ich war von der 1. bis zur 7. Klasse in der Jungschar bei uns in der Kirche, dann in der 8. Klasse hatte ich Konfirmandenunterricht, in der 9. Klasse habe ich Jungschar gemacht und seitdem gehe ich auch nur noch ab und zu (d.h. Weihnachten etc.) in die Kirche. Für mich hat die Sache wesentlich an Bedeutung verloren.«[48]

Spielt für diese Jugendliche Theologie eine Rolle? Gewiss hat sie bestimmte Vorstellungen davon, was der Glaube an Jesus bedeutet und was bzw. dass er im Alltag helfen soll oder, wie sie im Anschluss an die zitierte Passage sagt, »was er bringt«. Die mit ihren Vorstellungen von Jesus und Glaube verbundenen Ansprüche lehnt sie für sich ab. Sie sei jetzt »rationeller« geworden.

---

47 Vgl. *Nipkow*, Erwachsenwerden ohne Gott?
48 *Ziegler*, Jesus als »unnahbarer Übermensch« oder »bester Freund«?, 247.

Ähnlich schildern es auch andere Jugendliche in den von Ziegler durchgeführten Gruppengesprächen.[49] Sie sprechen von eigenem Nachdenken, bei dem sie »das eigentlich so total *unrealistisch*« fanden, was ihnen in der Kindheit erzählt worden sei und was sie dann auch geglaubt hätten. Jetzt hingegen haben sie Zweifel, »weil's halt auch keine Beweise gibt«.[50] Interessanterweise berichtet eine Jugendliche davon, dass sie nach dem Konfirmandenunterricht auf »theologische Fragen« eingegangen sei und dadurch auch wieder einen festeren Glauben gewonnen habe.[51] Auch in diesem Falle unterstützt demnach das theologische Nachdenken den Glauben dieser Jugendlichen.

Solche Beispiele zeigen, dass zumindest manche Jugendliche auch heute im Übergang zum Jugendalter über ihren Glauben nachdenken, vor allem kritisch und in der Unterscheidung vom eigenen Kinderglauben. Dabei formulieren sie Anforderungen an einen Glauben, den sie für sich übernehmen können. Diesen Anforderungen wird jedoch der Glaube, den sie als Kinder übernommen haben, nicht gerecht. Deshalb sehen sie den Glauben jetzt kritisch – nicht nur den Kinderglauben, sondern den (religiösen) Glauben insgesamt.

In der kritischen Betrachtung des Glaubens durch Jugendliche spielen immer wieder Begriffe wie Realismus oder Rationalität eine Rolle sowie die Erwartung, dass der Glaube in einer leicht greifbaren Weise im alltäglichen Leben »helfen« soll. Insofern vertreten diese Jugendlichen durchaus eine eigene Theorie des Glaubens, die auch dann als Theologie bezeichnet werden kann, wenn sie in ihrer inhaltlichen Ausrichtung oder mit ihrem Glaubensverständnis nicht ohne weiteres der christlichen Theologie entspricht.

Sinnbezogene Fragen in Peer Group-Gesprächen

Streng genommen ist über Peer Group-Gespräche naturgemäß sehr wenig bekannt. Darüber, wie Jugendliche unter sich wirklich kommunizieren, geben Befragungen keinen verlässlichen Aufschluss. Es gibt aber zumindest Versuche, sich an diese Situation anzunähern. Solche Versuche sind auch in religionspädagogisch-empirischen Untersuchungen mehrfach unternommen worden.[52] Ein besonders eindrückliches Beispiel ist die Studie von Burkhard Porzelt über »Jugendliche Intensiverfahrungen«.[53]

Porzelt hat Jugendliche in Cliquen, die bewusst nicht erst für die Untersuchung zusammengestellt wurden, sondern die etwa als Freundesgrup-

---

49 Vgl. ebd., 401–403.
50 Ebd., 403.
51 Ebd., 401.
52 Vgl. als frühes Beispiel bes. *Schmid*, Religiosität der Schüler.
53 *Porzelt*, Jugendliche Intensiverfahrungen.

Kapitel 3: Auch Jugendliche sind Theologen! 73

pen oder Cliquen bereits existierten, für Erzählrunden gewonnen, in denen sie über Intensiverfahrungen sprechen sollten. Als Erinnerungsimpuls wurde der Satz eingesetzt: »Ein konkretes Erlebnis, das mir wirklich wichtig war.« Darüber hinaus sollten sich die Jugendlichen ein Foto aus einer ihnen vorgelegten Sammlung aussuchen, das als weitere Aktivierung dienen sollte.[54]
Porzelts überaus sorgfältig durchgeführte Studie ist im vorliegenden Zusammenhang auch deshalb so interessant und, genauer gesagt, herausfordernd, weil die Jugendlichen sich selbst *keiner* religiösen Sprache bedienten. Porzelt fasst seine diesbezüglichen Befunde pointiert so zusammen, »dass *kein einziger* der Probanden, die in den Schlüsselpassagen zu Wort kamen, auf Einzelvokabeln, Wendungen oder Vorstellungen zurückgreift, die sich einer religiösen Sprach- und Erfahrungstradition zuordnen lassen.«[55] Umso spannender ist es zu sehen, ob und ggf. in welchem Sinne hier von Jugendtheologie die Rede sein kann.
Betrachten wir eine der von Porzelt ausgewählten Schlüsselpassagen:

»kann ich ja glei' was ähnliches erzähl'n, – äh – ich hab' da als erstes *d's* Bild, – äh – is 'n Friedhof und – ähm – hat mich selber daran erinnert, wie meine Mutter letzt's Jahr gestorben is', und d's war, also ähnlich, ich war auch am Bett – ähm –, aber d's, die die Sache wenn jemand stirbt is' glaub' ich immer ähnlich, dass ma' sich einfach ni't klar darüber wird'n *kann*, ma' fragt sich auch immer, kriegt ja nie die Antwort drauf, *warum* jemand stirbt, und – ähm – ich damals – ähm – ging 's mir also (zögert:) ich würd' ma sag'n ähnlich wie 'm Dm – ähm –, ich hab' auch nich' also ich hab', teilweise war ich einfach nur dortgesess'n und hab' mich überhaupt gefragt, was ich überhaupt auf – ähm – *mach'* hier und, warum eig'ntlich die ganze 's ganze Leben so ungerecht is' […]«[56]

Als Intensiverfahrung wird hier der Tod der Mutter beschrieben. Der Jugendliche hat ihr Sterben ein Stück weit begleitet. Dies konfrontiert ihn mit der Warum-Frage – »*warum* jemand stirbt« –, auf die man »nie die Antwort« erhalte. Daraus habe sich ihm die Frage ergeben, »warum eigentlich das ganze Leben so ungerecht ist«. Diese Formulierung verweist jedenfalls auf den Versuch einer auch reflexiven Bearbeitung der Situation. Sie betrifft zwar den Sinn des Lebens, aber ist deshalb für diesen Jugendlichen weder religiös noch theologisch, auch wenn sie durchaus eine hier nicht ausdrücklich gemachte religiöse Dimension einschließen könnte. Porzelt ist aber zuzustimmen, wenn er fordert, dass Jugendlichen religiöse Erwartungen oder Interessen nicht einfach unterstellt werden dürfen.
Interessant ist nun der weitere Fortgang des Gesprächs. Denn der Jugendliche reflektiert, wie er sagt, ein Jahr nach dem Erlebnis erneut über seine Erfahrungen und versucht, etwas Positives daraus zu gewinnen:

---

54 Vgl. ebd., 84f.
55 Ebd., 256.
56 Ebd., 202, Unterstreichungen im Original hier als kursiv wiedergegeben.

»dann ma' sich später, d's Poasitive was ma' daraus seh'n muß is', dass ma' eig'ntlich glücklich sein kann, was das wie wie *wir* speziell jetz' hier leb'n was wir für 'n Glück ha'm dass wir *hier* leb'n und dass wir, so frei sin' eigentlich und d's, wie gut 's uns eig'ntlich geht.«

Noch etwas später ergänzt er:

»ich hab' halt dann in Folge von dem Tod drüber nachgedacht, dass ma' eig'ntlich jeden Tag jeden Tag neu erlebt und dass also jeder Tag 'n Geschenk ist und d's, weil wenn einer stirbt hat er ja kei'n Tag mehr [...]«[57]

An dieser Stelle kann man wohl schon eher und mit besseren Gründen von einer religiösen Deutung sprechen, im Sinne jedenfalls einer allgemeinen Lebensweisheit und Lebensdeutung, auf die dieser Jugendliche zurückgreift (»jeder Tag ist ein Geschenk«). Auch lässt sich konstatieren, dass hier jeder Bezug auf eine Auferstehungshoffnung ausbleibt. Nach dem Tod gibt es einfach den »Tag«, an dem sich die Lebenden freuen können, nicht mehr.

Jugendtheologie? Sicher nicht unmittelbar und gewiss, darin ist Porzelt Recht zu geben, nicht in wie auch immer geläufiger (christlich-)religiöser Sprache. Dennoch kann man hier von einem Nachdenken über das (eigene) Leben angesichts der letzten Grenze dieses Lebens sprechen. Und ebenso deutlich tritt der Reim hervor, den sich dieser Jugendliche darauf macht.

In der oben beschriebenen Terminologie könnte dies als *implizite persönliche Theologie* bezeichnet werden, die beispielsweise an manche Aussagen im biblischen Buch des Predigers erinnert:

> Denn wer noch bei den Lebenden weilt, der hat Hoffnung;
> denn ein lebender Hund ist besser als ein toter Löwe.
>
> So geh hin und iss dein Brot mit Freuden, trink deinen Wein mit gutem Mut;
> denn dies dein Tun hat Gott schon längst gefallen. (Pr 9, 4.7)

Andere Konfessionen und Religionen als Herausforderung

Das Aufwachsen in der Pluralität gehört heute zu den Signaturen vieler Gesellschaften, nicht zuletzt in Zentraleuropa. Dies schließt auch die religiöse Pluralität mit ein. Fast unvermeidlich begegnen Kinder und Jugendliche einer großen Vielfalt und Vielzahl religiöser Vorstellungen, Traditionen, Riten und anderer Formen einer entsprechenden Praxis. Unter dem Aspekt der Jugendtheologie kann deshalb gefragt werden, ob solche Begegnungen bei Jugendlichen auch zu Reflexionen führen, die als theologisch bezeichnet werden können.

---

57 Ebd., 202f, im Original durch wohl ermunternde »Ähn(m?)s« durchbrochen.

Kapitel 3: Auch Jugendliche sind Theologen!

Die sozialwissenschaftliche Jugendforschung – man denke etwa an die regelmäßig erscheinenden Shell-Jugendstudien[58] – gibt darüber keinen Aufschluss. Auch eher der Religionsforschung zuzurechnende Spezialstudien wie der Bertelsmann-Religionsmonitor haben andere Schwerpunkte.[59] Am weitesten reichen die der Religionspädagogik entstammenden Würzburger Untersuchungen zu Jugend und Religion, die zumindest die allgemeine Wahrnehmung und Einschätzung der religiösen Pluralität durch Jugendliche sowie deren darauf bezogene positive oder negative Einstellungen einbeziehen.[60] Der theologische Gehalt wird aber auch bei diesen Studien nicht ins Zentrum gestellt. Insofern wiederholt sich hier die Beobachtung, dass die Frage nach der Theologie Jugendlicher im Blick auf die Religionsforschung einen zusätzlichen Blickwinkel und eine weiterreichende Untersuchungs- oder Interpretationskategorie bereitstellen könnte, deren auch empirische und religionspädagogische Fruchtbarkeit sich allerdings erweisen lassen muss.

Schon vor mehr als 20 Jahren ist Karl Ernst Nipkow anhand der bereits erwähnten, von Robert Schuster gesammelten Texte auch der Frage nachgegangen, wie Jugendliche und junge Erwachsene Ökumene verstehen.[61] Insgesamt konnte er in den untersuchten Äußerungen der Jugendlichen nur wenig Interesse an Fragen der Kirche, ihrer weltweiten Gestalt oder ihren ökumenischen Verständigungsbemühungen beobachten. Pointiert fasst er die Befunde zusammen: »Der gemeinsame Tenor der Äußerungen ist Unverständnis und Ablehnung gegenüber bestehenden Unterschieden zwischen den christlichen Konfessionen sowie darüber hinaus Gleichgültigkeit gegenüber den Unterschieden zwischen den Religionen.« Übergreifend diagnostiziert er eine »Tendenz zur Relativierung«[62]. Statt sich auf die Gehalte des christlichen Gottesverständnisses auch nur einzulassen, hätten viele Jugendliche »nur noch das eine Interesse, irgendwie vielleicht doch noch an Gott glauben zu können, und diesen Gott können sie und wollen sie nur als ein und denselben Gott in allen Religionen verstehen«.[63] Interessanterweise argumentieren manche Jugendliche aber, wie auch Nipkow es bezeichnet, »theologisch«, weil sie sich auf eine bestimmte »Anschauung Gottes« berufen, »wonach *Gott für alle Menschen da* ist und *vor Gott alle Menschen gleich* sind«. Als Belegbeispiel wird folgende Äußerung angeführt: »Gott ist ›für alle Menschen gleich da ..., ob es Evangelische oder Katholische oder Moslems sind → er ist für alle gleich da [...]. Keine (menschliche) Religion darf sich darum besonders hervortun‹«.[64]

---

58 Vgl. zuletzt *Shell Deutschland Holding*, Jugend 2010.
59 Vgl. *Bertelsmann Stiftung*, Religionsmonitor.
60 Vgl. bes. *Ziebertz u.a.*, Religiöse Signaturen.
61 *Nipkow*, Ökumene.
62 Ebd., 140.
63 Ebd., 142.
64 Ebd., 143.

Während Nipkows weitere Beobachtungen etwa zu den eher funktionalen Argumentationsweisen von Jugendlichen, die auf menschliche Bedürfnisse verweisen, durchaus einleuchten, heben wir stärker als Nipkow den theologischen Gehalt auch der Grundüberzeugung hervor, dass es selbstverständlich derselbe Gott sei, an den Menschen mit unterschiedlicher Religionszugehörigkeit glauben. Denn diese Auffassung zeigt geradezu prototypisch ein Stück Jugendtheologie, wie wir sie hier verstehen. Anders gesagt begegnen wir hier nicht nur einer impliziten, sondern einer zugleich *persönlichen* und *expliziten Theologie*, die im Übrigen auch in der wissenschaftlichen Theologie klare Parallelen besitzt. Während dort aber zum Teil eher die skeptische Auffassung vorherrscht, dass wir gar nicht wissen können, ob der auf so unterschiedliche Arten und Weisen von Menschen auf der ganzen Welt verehrte Gott mit seiner Vielzahl von Namen am Ende wirklich derselbe ist und ob nicht auch mit der Möglichkeit zu rechnen wäre, dass darunter manche bloß imaginierte Gottheit sei, zeigen sich die bei Nipkow aufgenommenen Jugendlichen fest vom Gegenteil überzeugt: Es ist ein und derselbe Gott, der in den verschiedenen Religionen angerufen wird.

Ähnlich, aber doch etwas anders stellen sich die Befunde in der Tübinger Untersuchung zum kooperativen Religionsunterricht dar. Auch hier sprechen die befragten Jugendlichen vom »gleichen Gott«, an den die Muslime und die Christen glauben, aber die Muslime glauben eben »anders«. Und während diese Jugendlichen zwischen den Konfessionen keine wesentlichen Unterschiede wahrnehmen und nichts wirklich Trennendes erkennen, gewinnen die Unterschiede beim Islam für sie eine deutlich trennende Bedeutung.[65]

Ergänzt und erweitert wird dieses Bild der Konfessionen und Religionen bei den Jugendlichen durch die Unterscheidung zwischen »streng« oder »locker«, »normal« oder »extrem«. »Streng« sei vor allem der Katholizismus, »locker« hingegen die evangelische Kirche. »Normal« sind die Jugendlichen selbst, »extrem« eher die Generation der Großeltern, bestimmte christliche Gruppierungen oder (Frei-)Kirchen sowie manche Muslime.[66] Die Interpretation folgt dabei der Logik, dass religiöse Unterschiede dann wirklich bemerkbar sowie problematisch werden, wenn sie »extrem« ausgebildet sind. Daran würde eine Kircheneinheit ebenso scheitern wie eine religionsverbindende Ehe.

In diesem Kapitel haben wir versucht, zwei Anliegen miteinander zu verbinden. Zum einen sollte deutlich werden, in welchem Sinne von einer Theologie *der* Jugendlichen gesprochen werden kann, eben weil es auch bei heutigen Jugendlichen tatsächlich eine solche Theologie zu entdecken gibt. Zum anderen sollte das für eine Jugendtheologie maßgebliche Verständnis von Theologie weiter entfaltet werden. Dazu wurden

---

65 *Schweitzer u.a.*, Dialogischer Religionsunterricht, 18.
66 Vgl. ebd., 18ff.

Kapitel 3: Auch Jugendliche sind Theologen!

verschiedene Formen von Jugendtheologie identifiziert und mit Beispielen illustriert. Als hilfreich erwies sich dabei die Orientierung an fünf *Dimensionen* der Jugendtheologie: implizite Theologie; persönliche Theologie; explizite Theologie; Deutungen expliziter Jugendtheologie mit Hilfe der theologischen Dogmatik; schließlich, als Spezialfall, Jugendliche, die ausdrücklich theologisch argumentieren.
Schon die Überschrift dieses Kapitels und ebenso die der beiden sich anschließenden Kapitel nehmen darüber hinaus – im Sinne unterschiedlicher *Perspektiven* auf die Jugendtheologie – die Unterscheidung zwischen der Theologie *der* Jugendlichen, der Theologie *mit* Jugendlichen sowie der Theologie *für* Jugendliche auf. Deren Tragfähigkeit muss sich nun weiter erweisen.

Kapitel 4
Theologie mit Jugendlichen

Die Überlegungen zur Theologie *der* Jugendlichen haben bereits den Blick dafür geöffnet, dass Jugendtheologie unterschiedliche Dimensionen und Aspekte einschließt. Von den zuletzt ausgeführten Entdeckungszusammenhängen her ergibt sich die Frage, wie theologische Äußerungen und Ausdrucksformen Jugendlicher in eine auch dialogische Perspektive gerückt werden können. Denn Jugendtheologie soll sich nicht in der Beschreibung jugendlicher Reflexionen oder Selbstgespräche erschöpfen. Deshalb muss nun die Perspektive einer Theologie *mit* Jugendlichen ins Zentrum treten.

Dazu sind im Folgenden zuallererst die bildungstheoretischen Voraussetzungen sowie elementare Aspekte einer impliziten Theologie mit Jugendlichen zu behandeln. Daran schließen sich Überlegungen zur Dimension der persönlichen und expliziten Theologie mit Jugendlichen an, von wo aus dann jugendtheologische Deutungsmöglichkeiten und -aufgaben entfaltet werden sollen.

Nimmt man die Dimension einer Theologie *mit* Jugendlichen in den Blick, so ist damit einerseits ein dialogisches Grundprinzip der Jugendtheologie, andererseits ein grundlegend beziehungsorientiertes Grundverhältnis angesprochen. Die Perspektive einer Theologie *mit* Jugendlichen spielt auf eine gemeinsame Suchbewegung von Jugendlichen und Erwachsenen im Sinn gemeinsamer Deutungs- und Interpretationspraxis theologischer Fragen und Sachverhalte an.

Wie schon in unserer bisherigen Argumentation vermeiden wir auch im Rahmen einer Näherbestimmung dieser Dimension bewusst den Begriff des »Theologisierens«, der im allgemeinen Sprachgebrauch eher abwertend gebraucht wird. Zudem kann dieser Begriff leicht allzu mechanisch aufgefasst werden (etwas mit Jugendlichen »machen«) und setzt möglicherweise Assoziationen von akademisch-theologischen oder künstlich herbeigeführten Gesprächssituationen frei. Die Rede vom »Theologisieren« könnte auch so verstanden werden, als ob bei Jugendlichen erst bestimmte intellektuelle Voraussetzungen oder gar eine ausdrücklich formale Qualifikation gegeben sein müssten, ehe ihnen überhaupt eine substantielle Mitbeteiligung zugestanden werden könnte. Aber auch eine Bestimmung des Theologisierens als »nachdenkliches Gespräch über schwierige theologische Themen und Fragen« und damit als Klärung, Differenzierung und Ausbau jugendlicher »Vorstellungen von Selbst und

Welt sowie des guten Lebens«[1] verlangt nach weiterer Präzisierung. Und wenn von einem elementaren Theologisieren als einer »Weise des Lernens« die Rede ist, bei der es um die Fragen gehe, »die die Menschen schon immer bewegt haben, weil sie das Menschsein an sich betreffen und darin, weil sie uns unbedingt angehen, mehr sind als individuelle Fragen«[2], so bedarf dies ebenfalls noch weiterreichender inhaltlicher Klärungen.

Der Begriff des Theologisierens selbst legt schließlich unter Umständen auch allzu schnell eine Form der modellhaften Machbarkeit nahe, derzufolge es nur auf die richtige Methode ankäme, und schon erschlössen sich wesentliche Themen und Fragestellungen gleichsam auf spielerische und sogleich allgemein nachvollziehbare Weise.[3]

Wenn wir im Folgenden unterschiedliche Aspekte einer Theologie mit Jugendlichen bedenken, so sollen damit von vornherein Verengungen vermieden werden.

Die Rede von einer Theologie *mit* Jugendlichen spielt hingegen zuallererst auf eine fundamentale und der Sache entsprechende kommunikative und gleichberechtigte Wechselwirkung an: Sowohl auf Seiten der Jugendlichen als auch der Erwachsenen zielt diese auf den Erwerb und gemeinsamen Vollzug substantieller Wahrnehmungs-, Deutungs- und Artikulationskompetenz.

1. Bildungstheoretische Voraussetzungen einer Theologie mit Jugendlichen

Eine so an Kompetenzen und Kommunikationsprozessen orientierte Perspektive entspricht in bildungstheoretischer Hinsicht der Erkenntnis, dass sich der Erwerb von Bildung nur im wechselseitigen Miteinander und in der Wahrnehmung des Anderen, im wahrsten Sinn des Wortes, ereignen kann.[4] Die bildungstheoretische Voraussetzung der Subjektorientierung liegt somit deutlich in ihrem dialogischen Charakter, wodurch sich Orientierung überhaupt erst vollziehen kann. Dahinter steht ein Verständnis von Bildung, demzufolge Bildung erst im kommunikativen Vollzug zugänglich wird und damit von Beginn an das Moment der Spontaneität und, auch in theologischem Sinne, Unverfügbarkeit mit beinhaltet. Die Inhalte, mit denen Bildung oft gleichgesetzt wird, tragen gleichsam nicht schon für sich genommen ihre ganze Bildungsbedeutung in sich, sondern gewinnen ihre Tiefenschärfe erst durch den Prozess der Aneignung und des wechselseitigen Austauschs. So kann erst im dialogi-

---

1 *Rupp*, Theologisieren mit Jugendlichen, 2
2 Vgl. *Rauhaus*, Symbolische Landkarten gestalten, 77.
3 Vgl. *Müller-Friese*, Theologisieren mit Kindern und Godly Play.
4 Vgl. dazu *Biehl*, Die Gottebenbildlichkeit des Menschen, jüngst *Schoberth*, Diskursive Religionspädagogik.

Kapitel 4: Theologie mit Jugendlichen 81

schen Miteinander Wesentliches zum Ausdruck kommen und zum Ausdruck gebracht werden bzw. sich überhaupt erst dann in seinem Kerngehalt erschließen. Erst von diesem dialogischen Geschehen aus kann es zu einer substantiellen Artikulation dessen kommen, was von Jugendlichen als lebensbedeutsam empfunden und angesehen wird.
In einem solchen wechselseitigen und wechselwirksamen theologischen Austausch geht es in der Dimension einer Theologie *mit* Jugendlichen auf Seiten der Erwachsenen an erster Stelle um ein offenes Wahrnehmen der Jugendlichen – und dies vor dem Hintergrund der Überzeugung, dass der christliche Glaube und die Theologie eine wichtige Orientierungshilfe für alle Beteiligten bieten kann. Zugleich gilt aber auch im Blick auf diese Orientierungshilfe, dass sich ihre Bedeutung erst im Prozess der Aneignung und der wechselseitigen Kommunikation erschließen kann.
In inhaltlicher Hinsicht ist ein solcher theologischer Zugang als eine von vorausgesetzten dogmatischen Standards freie und uneingeschränkte Artikulation von Glaubensfragen und -gewissheiten anzusehen, für die gleichwohl die Leistungen dogmatischer Interpretation eine wichtige Orientierung darstellen.
Dies bedeutet zugleich, dass eine Theologie *mit* Jugendlichen, wie bereits angedeutet, von vornherein nicht auf eine bestimmte bildungsorientierte Schicht etwa der gymnasialen Jugendlichen eingeschränkt oder fokussiert sein darf. Eine jugendtheologische Perspektive auf mögliche kirchliche Kommunikationsformen steht vielmehr im Horizont einer möglichst umfassend angestrebten Bildungs- und Befähigungsgerechtigkeit.[5] Dies bedeutet, dass die Qualität theologischer Kommunikations- und Deutungsprozesse nicht primär davon abhängig ist oder sein darf, wie abstraktionsreich und reflexionsstark diese ausgestaltet werden – auch wenn festzuhalten bleibt, dass eine Steigerung der Reflexions- und Sprachfähigkeit im Sinne der Befähigung ein unverzichtbares Bildungsziel darstellt.
Bildungsvollzüge *mit* Jugendlichen sind nicht erst dann als sachgemäße theologische Annäherungen an bestimmte Fragen und Themen zu bezeichnen, wenn sie auf dem Niveau der Gymnasialbildung angesiedelt sind. Eine solche Einseitigkeit würde nicht nur von vornherein einen wesentlichen Teil der Jugendlichen ausschließen, sondern auch dem Anspruch der Kommunikation des Evangeliums insgesamt widersprechen. Wir betonen dies so bewusst, da eines der Hauptprobleme der religiösen Bildungspraxis heute unverkennbar darin liegt, dass sich die Kerngehalte evangelischen Glaubens nur noch einer immer kleiner werdenden Gruppe von Jugendlichen überhaupt auf kognitivem Weg vermitteln lassen. Zugespitzt: Weithin erschließt sich der Sinn der von der Kirche ge-

---

5 Vgl. *Rat der EKD*, Herausforderungen, Grundsätze und Perspektiven evangelischer Bildungsverantwortung bes. 68ff; s. dazu auch *Schweitzer*, Menschenwürde und Bildung.

pflegten religiösen oder theologischen Kommunikation einem Großteil der Jugendlichen nicht als für sie selbst bedeutsam.[6]

Das Problem theologischer und kirchlicher Bildungspraxis ist damit aus unserer Sicht nicht ein wachsender Bildungsinfantilismus, wie dies gelegentlich vorwurfsvoll behauptet wird, sondern vielmehr eine sinkende Bereitschaft und Fähigkeit bei Jugendlichen, sich *mit* diesen Inhalten überhaupt intensiver auseinanderzusetzen, vor allem auf einer auch verstandesmäßigen Ebene.

Das Bemühen um eine Theologie *mit* Jugendlichen fordert folglich dazu heraus, möglichst passgenaue, individualisierte Zugänge zu eröffnen und damit zugleich den integrativen und inklusiven Charakter des evangelischen Glaubensverständnisses herauszustellen. Denn das vielzitierte Motto: »Niemand darf verloren gehen!«[7] – gemäß dem biblischen Leitsatz: »Gott will, dass allen Menschen geholfen werde und sie zur Erkenntnis der Wahrheit kommen« (1Tim 2,4) – gilt gerade auch für die theologische Bildungspraxis. Damit steht eine Theologie *mit* Jugendlichen im Horizont der Vision umfassender Gerechtigkeit und Gleichheit und zugleich auf dem Prüfstand, was sie selbst zu einer besseren Gerechtigkeit im gesellschaftlichen Kontext beizutragen vermag.[8]

So muss sich in der theologischen Kommunikation mit Jugendlichen selbst erweisen, dass die theologische Anthropologie des Jugendalters[9] auf gleichberechtigte Teilhabe abzielt und sich die christliche Überlieferung überhaupt nur dann als bedeutsam erweisen kann, wenn in ihr selbst die gemeinsame Suche nach Gerechtigkeit Raum erhält und tatsächlich auch erlebbar wird.

Wesentliche, auch in bildungstheoretischer Hinsicht bedeutsame Voraussetzungen für eine Konzeption der Theologie *mit* Jugendlichen liefert bereits die biblische Überlieferung. Theologische Bildung beruht auf den überlieferten Erfahrungen und Begegnungen mit Gott sowie den Antworten auf diese Erfahrungen, die ihren Ausdruck in einer neuen Lebensorientierung – vor und mit Gott – gefunden haben. So kann von Gott nicht anders als in denkbar engster Beziehung mit ihm geredet werden.

Zunächst ist aber zu betonen, dass das Jugendalter nach biblischem Verständnis keinen besonderen, eigenständigen Status darstellt; vielmehr erfolgt die wesentliche Unterscheidung entlang der Linie Kindsein oder Erwachsensein, so dass sich »die Jugend« im engeren Sinn nicht durch eine spezifische Glaubensform oder -haltung auszeichnet. Sich von Jugend auf an Gott gehalten zu haben bzw. zu halten stellt vielmehr ein grundsätzliches und zentrales biblisches Ideal dar: »Denn du bist meine

---

6 Erneut kann dafür auf die Studie zur Konfirmandenarbeit verwiesen werden, vgl. *Ilg u.a.*, Konfirmandenarbeit in Deutschland.
7 Vgl. zuletzt, aus der Synode der EKD, *Bade u.a.*, »Niemand darf verloren gehen«.
8 Vgl. Kundgebung der 11. Synode der Evangelischen Kirche in Deutschland.
9 S. dazu unten, S. 166f.

Zuversicht, HERR, mein Gott, meine Hoffnung von meiner Jugend an« (Ps 71,5). Das Bekenntnis, alles »von Jugend auf« (Lk 18,21) gehalten zu haben, ist somit entscheidend. Dies zeigt, dass einer Einübung in den Glauben vom frühen Leben an besondere Bedeutung und Nachhaltigkeit zukommt. Das Leben erfährt einen besonderen Sinn, wenn Gott als entscheidender Dialogpartner durch die ganze Existenz hindurch anerkannt ist: »Gott, du hast mich von Jugend auf gelehrt, und noch jetzt verkündige ich deine Wunder« (Ps 71,17).

In der Ermöglichung und Unterstützung einer früh begonnenen und kontinuierlich festgehaltenen Glaubenshaltung als einer grundlegend an Gott orientierten Lebensorientierung liegt damit eine Kernaufgabe für die Kirche. Die Betonung religiöser Bildungsaufgaben zieht sich deshalb zu Recht besonders durch die evangelische Bildungsgeschichte. Insbesondere der Konfirmandenunterricht hat, konsequenterweise, auch in seiner katechetischen und manchmal nicht allzu jugendgemäßen Ausrichtung, erhebliches Gewicht auf eine Bildung im Jugendalter gelegt, die wenigstens dem Prinzip nach auf eine für Jugendliche offene Kommunikation des Evangeliums hin ausgelegt sein sollte.

Ob damit im Einzelnen tatsächlich schon der Erwerb kritischer Kompetenz und eine eigenständige Auseinandersetzung mit Glaubensfragen mitgemeint waren, ist allerdings zumindest zurückhaltend zu beantworten. Der theologische Austausch mit Jugendlichen bestand über Jahrhunderte hinweg im Wesentlichen in Formen hierarchisch ausgerichteter Vermittlung vorgegebener Inhalte. Erst durch die Subjektorientierung und einen grundlegenden Perspektivenwechsel hin zu den Jugendlichen, wie er mit dem Übergang vom Konfirmandenunterricht zur Konfirmandenarbeit seit etwa der Mitte des 20. Jahrhunderts verbunden war, rückten die Potentiale der Jugendlichen viel deutlicher in den Blick.

Von zentraler Bedeutung geblieben sind allerdings die Rahmenbedingungen einer Theologie *mit* Jugendlichen sowie die konsequente Beachtung der spezifischen alters- und entwicklungsbedingten Voraussetzungen. Auch darauf ist im Blick auf die bildungstheoretischen Zusammenhänge noch etwas genauer einzugehen.

Eine Theologie *mit* Jugendlichen muss davon ausgehen und darauf eingehen, dass das Bezugssystem, in dem Jugendliche leben und sich orientieren, vielfältig und facettenreich ausgestaltet ist, sowohl im Blick auf die prägenden Einflussgrößen wie auch hinsichtlich der Informationsbasis, die in solchen Kommunikationsvollzügen ins Spiel gebracht wird. Die Wahrnehmung anderer Meinungen und Haltungen etwa in der Freundesgruppe oder Clique sowie in den Medien ist ausgeprägt vorhanden, was von erheblichem Einfluss auf die Urteils- und Entscheidungsbildung ist. Zugleich halten Jugendliche die Legitimation erwachsener Prägeinstanzen keineswegs automatisch für plausibel und fordern deshalb überzeugende Begründungen ein.

Nicht nur die Informationsbasis ist auf Seiten der Jugendlichen heute groß, sondern auch das Wissen um die Komplexität der Verhältnisse.

Dies kann sich mit einer Ausweitung des Repertoires individueller Ausdrucksformen wie mit einer stärkeren kritischen Artikulationsfähigkeit verbinden. Zugleich sind vielfach die individuellen Selbstwahrnehmungsfähigkeiten ebenfalls stark ausgeprägt, was einerseits ein je eigenes Freiheitsbewusstsein, zugleich aber auch ein großes Gefährdungsbewusstsein mit sich bringen kann. Die Wahrnehmung eigener Zeitlichkeit und Begrenztheit stellt für Jugendliche einen wesentlichen und oftmals brennenden Bezugspunkt dar. Grundsätzlich ist davon auszugehen, dass Jugendliche in der konkreten Begegnung *mit* Theologie die wichtigen Themen häufig von sich aus setzen. Dabei können sich mitten im dialogischen Vollzug unterschiedliche Wahrnehmungen durchaus in einer für Erwachsene kaum durchsichtigen oder verständlichen Weise gleichzeitig überlagern.

Eine inhaltsbezogene Dialogaufnahme von Seiten der Erwachsenen ist bei Jugendlichen, etwa im Unterschied zu Kindern im Grundschulalter, nicht automatisch oder gar unwidersprochen möglich. Die Rolle des theologischen Gesprächspartners kann im Einzelfall intensiv befragt und möglicherweise sogar grundsätzlich hinterfragt werden. Dies gilt in besonderer Weise dann, wenn sich bestimmte Kommunikationsangebote faktisch als Scheindialoge erweisen: Ob Gesprächsangebote von Seiten der Erwachsenen wirklich ernst gemeint sind oder lediglich dem Vollzug eines geheimen Lehrplans dienen, dafür haben Jugendliche ein feines Gespür.

Hinsichtlich konkreter Ausdrucksformen ist mit Äußerungen auf der verbalen und nonverbalen Ebene zu rechnen. Durch die Fähigkeit, das eigene Verhalten zu steuern, können Jugendliche eigene Befindlichkeiten aber auch gezielt verbergen, was den freien Ausdruck spontaner Äußerungen begrenzen kann. Eine gleichsam ungeschützte Offenheit im Verhältnis zu Erwachsenen ist keineswegs selbstverständlich.

Für eine Theologie *mit* Jugendlichen bedeutet dies, dass zuallererst die notwendigen Voraussetzungen für eine gemeinsame theologische Kommunikation bewusst geschaffen, erschlossen und begründet werden müssen. Damit bedarf es in formaler Hinsicht erst einmal gemeinsamer Orte und Gelegenheiten sowie gemeinsamer Zeiten, durch die eine Vertrauensbasis für gelingende dialogische Bildung geschaffen werden kann. Zugleich bedarf es von Seiten der Erwachsenen einer ernsthaften Suche nach einer gemeinsamen Sprach- und Ausdrucksebene sowie eines für Jugendliche erkennbaren und echten Bemühens um gelingende Verständigung.

In inhaltlicher Hinsicht verbindet sich dies mit der notwendigen Einsicht, dass schon das »Agenda-Setting« und die thematische Schwerpunktsetzung deutlich von den Interessen und Bedürfnissen der Jugendlichen selbst auszugehen hat. Zugleich hat eine Theologie *mit* Jugendlichen darauf zu achten, dass diese auch Gelegenheiten erhalten müssen, in den jeweiligen jugendlichen Bezugsgruppen ihre wesentlichen Fragen und Orientierungen untereinander zu bedenken und zu besprechen.

Kapitel 4: Theologie mit Jugendlichen 85

2. Implizite Theologie mit Jugendlichen

Beziehen wir uns auch in der Frage einer Theologie *mit* Jugendlichen auf den oben vorgestellten Überblick zu Formen der Jugendtheologie,[10] so stellt sich zunächst die Grundfrage, ob und in welchem Sinn hier von einer *impliziten Theologie* mit Jugendlichen die Rede sein kann. Kann eine solche »implizite« Dimension überhaupt als eine Theologie *mit* Jugendlichen verstanden werden bzw. dazu führen?

Dazu ist der Begriff des »Impliziten« hier in einer zweifachen Hinsicht näher zu bestimmen:

Zum einen kann »implizit« bedeuten, dass Jugendliche bestimmte lebensweltliche Fragen artikulieren, die dann erst in einem nächsten Schritt theologisch gedeutet werden können. So liegen auf den ersten Blick manche Erfahrungen im alltäglichen Leben fernab von einer möglichen oder gar notwendigen theologischen Dimension.

Die 17jährige konfessionslose Paula formuliert: »Es leben viele gläubige Menschen auf dieser Welt, trotzdem will es mit der Gerechtigkeit nicht ganz klappen. Wohl auch darum, weil Gerechtigkeit im Sinne von vollkommener Gerechtigkeit nicht existiert. Und es bekommt auch nicht jeder Mensch das zurück, was er in seinem Leben Böses gemacht hat. Gleich verhält es sich mit dem Guten. Aber ich denke, wenn man Gutes macht, dann ist die Chance höher, dass man Gutes zurückerhält. Nicht weil ein Gott das bestimmt, sondern einfach aus dem Prinzip heraus, dass, wer Liebe gibt, auch Liebe empfängt.«[11]

In einem anderen Zusammenhang formuliert eine Konfirmandin folgenden thematischen Wunsch für ihre Konfirmandenzeit:

»Ich hoffe, dass ich etwas über den Sinn des Lebens erfahre! Darüber denke ich oft nach!!! Leben??? Sterben???«[12]

Der theologisch bedeutsame Charakter bzw. die Anschlussmöglichkeit für eine Theologie *mit* Jugendlichen erscheint hier als eher fern liegend, und die Aussagen von Paula und der Konfirmandin scheinen eher auf eine implizit bleibende Theologie der Jugendlichen zu passen. Und doch ist bei genauerer Betrachtung nicht zu übersehen, dass die von diesen Jugendlichen angesprochenen Prozesse einer internen Sinnorientierung schon von sich aus erhebliche Anknüpfungspunkte für eine gleichsam theologisch grundierte Kontaktaufnahme mit Jugendlichen darstellen und bieten.

Zum anderen kann das »implizit« im Sinn der Selbstreflexion und des gleichsam inneren Dialogs Jugendlicher verstanden werden. Damit erweitert sich hier unser bisheriges Verständnis von »implizit« im Sinn eines – so die ursprüngliche Sprachbedeutung – »eingewickelten«, d.h.

---

10 S. oben, S. 61.
11 *Demont/Schenker*, Ansichten vom Göttlichen, 187.
12 *Ilg/Schweitzer/Elsenbast*, Konfirmandenarbeit in Deutschland, 68.

verborgenen Geschehens in der Gedankenwelt von Jugendlichen selbst. Es handelt sich hierbei folglich um eine Zuschreibung, die das permanente Beziehungsgeschehen Jugendlicher *mit* sich selbst anspricht. Zu denken ist dann beispielsweise an bestimmte Sinnfragen, die sich geradezu automatisch einstellen, sowohl in existentiell dramatischer Hinsicht wie auch im Blick auf die Bewältigung alltäglicher Herausforderungen in Schule, beruflichen Übergängen, privaten Beziehungen und Zukunftsvorstellungen:

> Die 18-jährige konfessionslose Alea notiert: »Es geschehen immer wieder Dinge im Leben, die sind sehr schwer zu erklären. Zum Beispiel bei einer Freundin von mir: Wir kennen uns seit dem Kindergarten und waren sechs Jahre lang dick befreundet. Die ist plötzlich abgestürzt mit Drogen. Wie kann sich ein Mensch so kaputt machen? Es ist mir unerklärlich, und ich finde keine Antwort. So etwas macht mich fast verrückt. In solchen Situationen hilft mir mein Glaube. Ich kann das Grübeln besser sein lassen. Die Frage wird nicht beantwortet, aber ich kann sie so besser als unbeantwortet akzeptieren. Der Glaube relativiert irgendwie alles ein wenig. Vielleicht ist es so, dass Menschen, die sich als gläubig oder religiös bezeichnen, mehr Fragen ans Leben haben.«[13]

Hier wird deutlich, dass sich Jugendliche aufgrund ihrer zunehmenden Selbstbeobachtungs- und Reflexionsfähigkeit von sich aus wesentliche Fragen stellen bzw. *mit* sich selbst austragen, ohne dass dies notwendigerweise sogleich oder überhaupt explizit artikuliert wird. In diesem Sinn nehmen sich Jugendliche häufig eigene Zeit und eigenen Raum, um über für sie entscheidende Fragen nachzudenken, die keineswegs automatisch bestimmte erkennbare Ausdrucksformen finden müssen. Manches artikuliert sich dann eher beiläufig, aber eben auch in einer Terminologie, die mindestens indirekt auf ihre theologische Dimension verweist.

> Die bereits zitierte Paula macht sich ihre Gedanken: »Der Tod ist ein allgegenwärtiges Thema, man hört und liest überall von ihm. Meine beiden Großväter starben vor kurzer Zeit. Das ließ mich natürlich schon über meinen eigenen Tod nachdenken. Früher hat mir die Vorstellung vom Tod kein Angstgefühl bereitet. So im Stil von ›Wenn ich sterben werde, wär's das gewesen‹. Heute habe ich noch immer keine Angst vor dem Tod, denke aber: Ich will noch so viel erleben! Als Kind ist man stark in der eigenen Welt, man erkennt die Möglichkeiten und Freiheiten des Lebens nicht. Darum würde mir der Tod jetzt sehr ungelegen kommen. Ich hab zu viele Pläne, möchte noch zu viel erleben.«[14]

Geht man nun davon aus, dass auch diese implizite Sinnsuche für theologische Deutungen mindestens offen ist und Theologie dabei etwas Wesentliches zu sagen hat, stellt sich zuallererst die grundsätzliche Frage nach einem jugend- und sachgemäßen Zugang zu diesen Prozessen der Selbstreflexion und Alltagsartikulation.

---

13 *Demont/Schenker*, Ansichten vom Göttlichen, 19.
14 Ebd., 187.

Kapitel 4: Theologie mit Jugendlichen 87

Eine Theologie *mit* Jugendlichen, die von dieser zweifachen impliziten Dimension ausgeht, beginnt sinnvollerweise mit einer angemessenen *Raumeröffnung*. Im theologischen Zielhorizont gelingender gemeinsamer Beziehung beginnt eine solche Annäherung in der Eröffnung, Ermöglichung und Erschließung gemeinsamer Lebensorte und Zeiten, an denen die Reflexion über wesentliche Lebensfragen möglich wird.
In diesem Sinn brauchen Jugendliche vor allem räumliche und zeitliche Möglichkeiten, um ihre existentiellen Fragen *an sich* selbst und *mit sich* bedenken und gegebenenfalls dann auch artikulieren zu können. Eine implizite Theologie mit Jugendlichen braucht folglich vor allem anderen erhebliche Zeit und Raum für gemeinsames Nachdenken, Reflektieren und Kommunizieren.
Auszugehen ist bei diesen *Raum- und Zeiterschließungen* vom Vertrauen darauf, dass Jugendliche grundsätzlich die bestinformierten Experten ihrer eigenen Lebensführung sind und sie im Einzelfall gute Gründe haben, mit den eigenen Gedanken und Gefühlen *mit* sich allein bleiben zu wollen und die entscheidenden Orientierungskrisen *mit* sich selbst auszutragen. In diesem Zusammenhang ist als eine wesentliche Unterscheidung zu schulischen Bildungsprozessen und ihrem Zeit-Leistungs-Verständnis der besondere Charakter einer theologisch verantworteten Zeiterschließung *mit* Jugendlichen zu markieren. Deshalb lohnt sich an dieser Stelle eine etwas grundsätzlichere Klärung der Bedeutung von Zeit für Bildung und Jugendtheologie.

Zeit mit Jugendlichen als Dimension der Bildung

In Zusammenhang der Zeitfrage ist grundsätzlich mit dem Theologen und Pädagogen Friedrich Schleiermacher zu fragen: »Darf man überhaupt zugestehen, daß ein Lebensaugenblick als bloßes Mittel für einen anderen diesem könne aufgeopfert werden?«[15] Und auch wenn die Erziehung ihren Blick selbstverständlich immer auch auf die Zukunft zu richten hat, gilt ihm doch: »Die Lebenstätigkeit, die ihre Beziehung auf die Zukunft hat, muß zugleich auch ihre Befriedigung in der Gegenwart haben; so muß auch jeder pädagogische Moment, der als solcher seine Beziehung auf die Zukunft hat, zugleich auch Befriedigung sein für den Menschen, wie er gerade ist.«[16] Es lohnt sich, diese Grundeinsicht in besonderer Weise für eine Theologie *mit* Jugendlichen nachzuzeichnen.[17]
Viele aktuelle Äußerungen zu Kompetenzfragen im Bereich der Bildung erwecken den Anschein, als ob das Eigentliche des Bildungsauftrags ausschließlich in seiner *zukünftigen* Bedeutung für die Lernenden be-

---

15 *Schleiermacher*, Pädagogische Schriften. Bd. 1, 46.
16 Ebd., 48 im Orig. kursiv.
17 Vgl. *Schlag*, »Zeit geben« als Kardinaltugend.

stünde. Kurz gesagt: Für wertvoll wird das gehalten, was sich dauerhaft, über den Moment hinaus hält und erhebt. Bildungszwecke werden als Größen jenseits gegenwärtiger Zeit profiliert. Momentane Bildungserlebnisse hingegen gelten als momenthaft und von daher als nicht wirklich relevant. Kein Wunder, dass sich in Lehrplänen auch für den Religionsunterricht zwar ausgiebig das Thema Zukunft findet, vielfach aber nicht »die« Zeit.[18]

Solche Tendenzen eines neuen Mach- und Messbarkeitswahns sind nur auf dem Hintergrund eines bestimmten (Miss-)Verständnisses von Bildung und Bildungs-Zeit überhaupt denkbar. Das Ideal der Quantifizierbarkeit führt dann dazu, dass die Idee von Bildungsprozessen als *augenblicklich theologisch bedeutsamen Bildungs-Momenten* systematisch abgeblendet wird. In diesem Sinn braucht eine jugendgemäße »Bildung der Zukunft Raum für das Unerwartete«[19].

Werden hingegen die Ziele von Bildung aus der Gegenwart des Moments hinaus weit in die Zukunft hinein verlagert, geht damit jede Möglichkeit individueller Gegenwartswahrnehmung und -deutung Jugendlicher und damit auch die Möglichkeit theologischer Reflexion verloren. Die momentane Bedeutsamkeit des Bildungs-Augenblicks wird von apostrophierter »späterer« Bildungsbedeutung überdeckt und zugunsten des verheißenen zukünftigen Bildungsgewinns verdrängt.

Deshalb halten wir eine jugendtheologisch orientierte Erschließung alternativer Zeiten und Räume für eine notwendige Aufgabe kirchlicher Bildungsverantwortung. Die Kardinaltugend einer evangelischen Pädagogik besteht dann darin, der individuellen Annäherung an christliche Traditionen, Symbole und Kerngehalte jeweils im Augenblick die notwendigen Zeit-Räume zu eröffnen und so den Jugendlichen selbst ihre Zeit zu geben.

Nun würde man die Aufgabe evangelischer Bildungsarbeit allerdings missverstehen, reduzierte man sie auf eine rein formale Bereitstellungsfunktion von Zeit. Erfahrungen etwa aus der kirchlichen Jugendarbeit zeigen,[20] dass es mit einer »stummen« Angebotsstruktur nicht getan ist. Jugendlichen sollte die Chance nicht genommen werden, deutend zu erkennen, *wer* ihnen *warum* und *mit welchem Zweck* Zeit einräumt und gibt.

Die inhaltliche Pointe einer evangelischen Pädagogik liegt gerade darin, die jeweiligen gemeinsamen Bildungsmomente mit dem spezifisch christlichen Verständnis von Zeit als einer vergangenheitsbewussten, gegenwartssensiblen und zukunftsoffenen Grundhaltung des eigenen Lebens zu verkoppeln. Die Bedeutsamkeit des Moments erschließt sich erst in seiner Verbindung mit dem gegebenen Davor und dem verheißenen Danach.

---

18 Vgl. *Schweitzer*, ZEIT, 146.
19 *EKD*, Maße des Menschlichen, 71ff.
20 Vgl. *Münchmeier*, Jugendliche als Akteure im Verband.

Kapitel 4: Theologie mit Jugendlichen 89

Eine solche implizite Theologie *mit* Jugendlichen erlangt orientierende Kraft nur, wenn sie das Gesamte der Zeit ins Spiel individueller Lebenszeit bringt. Den inhaltlichen *Dreh- und Angelpunkt* aller Bildung in dieser Weise zeitübergreifend zu bestimmen stellt das wortwörtlich *Kardinale* dieser Tugend des Zeit-Gebens dar.
Dass solche kreative Zeit-Gestaltung wirkliche Bedeutung gewinnt, kann dabei theologisch im Gedanken der vorgegebenen Hoffnung neu ausgedrückt werden: Bildungs-Hoffnung gründet sich auf dem, was schon jetzt gilt, »freilich nicht im Sinne einer konstatierbaren Faktizität, sondern im Sinne der unter den Bedingungen der Weltlichkeit wahrnehmbaren Wirklichkeit Gottes«[21] – man könnte auch sagen: wenn alle Hoffnung darauf gesetzt wird, dass sich mehr ereignen wird und mehr erinnert werden wird, als jetzt zu vermuten steht.
Eine solche theologisch zeitbewusste Bildung eröffnet in mehrfachem Sinn eine konkrete Praxis des Zeit-Gebens, indem sie die gewohnte Beschleunigung unterbricht und für heilsame Unterbrechungen sorgt,[22] um so dem »Existenzgefühl des Stehens auf rutschenden Abhängen«[23] Wesentliches entgegenzusetzen. Dies mag sich in einer schulischen Religionsstunde darin zeigen, dass Jugendlichen im Sinn »produktiver Verlangsamung«[24] Zeit gegeben wird, im rotierenden Leistungssystem Schule ihre eigene Lern- und Lebenszeit ganz anders als in anderen Fächern erleben zu können.
Ein evangelisches Bildungsangebot sollte außerdem seine Aufgabe darin sehen, individuelles Zeitempfinden immer wieder kreativ erlebbar zu machen, Bilderfluten, wo immer möglich, auf elementare Bildangebote zu konzentrieren und durch alternative Zeittakte Texte, Schrift und elementare Bilder wieder erschließbar und lesbar zu machen. Eine implizite Theologie *mit* Jugendlichen als Bildung aufmerksamer Mündigkeit beginnt dort, wo Jugendliche entdecken, dass sie mit der Gestaltung ihrer Lebenszeit eigenständig experimentieren können, ohne »wirtschaftliche Sanktionen« oder gesellschaftliche Ächtung befürchten zu müssen. Dazu gehört durchaus auch das »Repetitive jener crescendofreien Alltagsrituale«, »die, wenn man nur will, ohne große Mühe gegen störende Unterbrechungen geschützt werden können«[25]. Eine solche Zeit-Bildung könnte vermitteln, dass Zeit nicht im Horizont der vermeintlichen Normativität faktischen Zeitdiktats einfach zerläuft.
Zugleich gehen wir davon aus, dass gerade in religionspädagogischen und kirchlichen Angeboten Formen eines stimmigen individuellen und gemeinschaftlichen Erlebens möglich sind, die das implizit theologische Nachdenken über das eigene Selbst und die alltäglichen Herausforderun-

---

21 *Weder*, Hoffnung, 489.
22 Vgl. *Metz*, Glaube in Geschichte und Gesellschaft, 149ff.
23 *Rosa*, Beschleunigung, 219.
24 *Schweitzer*, ZEIT, 163.
25 *Gumbrecht*, Diesseits der Hermeneutik, 157.

gen wesentlich fördern und begleiten können. Diese Angebote können dabei durchaus auch Anregungen im Sinn eines theologischen Gesprächs mit sich selbst, auch im Sinne des Zwiegesprächs mit Gott in Form des Gebets, mit umfassen.

Dabei ist allerdings von Seiten der Erwachsenen unbedingt anzuerkennen, dass die Selbstreflexion Jugendlicher der Sache nach immer unverfügbar bleibt. Was vom Impliziten explizit werden kann und will, kann allerhöchstens angebahnt, niemals aber von den Jugendlichen im Sinn bekenntnishafter Artikulation eingefordert werden.

Diese Leitlinien einer Theologie *mit* Jugendlichen sollen im Folgenden anhand eines thematisch ausgerichteten Beispiels aus dem Kontext des Religionsunterrichts näher erläutert werden. Dafür greifen wir zugleich auf Grundprinzipien der Elementarisierung zurück, weil diese uns in besonderer Weise dazu geeignet scheinen, den dialogischen und wechselseitig erschließungsoffenen Charakter jugendtheologischer Bildungsarbeit zu verdeutlichen

Das Beispiel des Religionsunterrichts zur Gottesfrage

Für eine Theologie *mit* Jugendlichen ist die didaktische Perspektive der Elementarisierung von besonderer Deutungskraft. Denn durch dieses Unterrichtsprinzip einer wahrnehmungs- und inhaltsorientierten Fokussierung wird es möglich, die genannten didaktischen Zugänge zum theologischen Kompetenzerwerb sowie die weiterreichenden Rahmenbedingungen von Beginn an als konstitutive Größen für die konkrete Planung zu berücksichtigen.[26] In inhaltlicher Hinsicht beinhaltet Elementarisierung »eine Leidenschaft für die differenzierte, komplexe, bunte Welt. Deshalb steht sie nicht im Dienst einer rigiden Didaktik der Zielstrebigkeit und einer ebenso rigiden Einheitsreligion«[27].

Dieses soll im Folgenden exemplarisch anhand der Thematisierung der Gottesfrage in der Perspektive konkreter Unterrichtsvorbereitung und -planung differenzierter dargestellt werden.[28] Der Zusammenhang zwischen Jugendtheologie und Elementarisierung gilt dabei natürlich nicht nur für eine *implizite*, sondern auch für eine *explizite* Theologie *mit* Jugendlichen.

---

26 Vgl. bes. *Schweitzer*, Elementarisierung und Kindertheologie; *Schnitzler*, Elementarisierung.
27 *Zilleßen*, Was ist Elementarisierung, 265.
28 Eine ausführliche Darstellung der Dimensionen des Elementarisierungsmodells, die wir im Folgenden aufnehmen, findet sich bei *Schweitzer*, Elementarisierung im Religionsunterricht.

Kapitel 4: Theologie mit Jugendlichen 91

Elementare Zugänge zur Gottesfrage

Grundsätzlich ist festzuhalten, dass viele der einstmals selbstverständlichen religiösen Sozialisationserfahrungen und Zugänge zur Gottesfrage nicht mehr gegeben sind. Die Gottesthematik stellt in innerfamiliären Kommunikationszusammenhängen in der Regel bestenfalls noch ein Randthema bzw. den Gegenstand einer weitgehend »offenen Suche«[29] dar. Von »Gott« und »Glaube« wird häufig nur noch gesprochen, wenn Familien unmittelbare Schicksalsschläge erleiden oder wenn konkrete Katastrophen ins Bewusstsein rücken.

Der 21jährige konfessionslose Oliver berichtet: »Mein Glaube ist mir wieder wichtiger geworden. Jetzt, wo ich erfahren habe, dass mein Vater Krebs hat und nicht mehr lange leben wird. Diese Tatsache hat mir den Boden unter den Füßen weggezogen. Ich wusste nicht, wie weiter und warum ich überhaupt noch da bin. Bis jetzt war er mein Anhaltspunkt. Ich wollte immer, dass mein Vater stolz auf mich ist. Beten tue ich. Jeden Tag. Jeden Abend vor dem Einschlafen. Das ist auch das Einzige, was sich in meinem täglichen Leben bemerkbar macht, das mit meinem Glauben zu tun hat.«[30]

Untersuchungen zur Entwicklung des jugendlichen Gottesbildes zeigen, dass sich das individuelle Gottesbild vom Kind zum Jugendlichen tatsächlich wesentlich und in entwicklungspsychologisch beschreibbarer Weise verändert.[31] Zugleich hängt aber die jeweilige individuelle Vorstellung erheblich von dem ab, was der einzelne Jugendliche bereits als Kind in seiner familiären Sozialisation als Orientierungsangebot erhalten oder eben nicht erhalten hat. Insofern sind manche dieser Entwicklungsschemata noch deutlich von einer Situation geprägt, in der gerade die sozialen Überlieferungsformen des Religiösen von einer erheblichen Selbstverständlichkeit, Kontinuität, Homogenität und eben auch ganz automatischen religiösen Sprachfähigkeit geprägt waren. Davon kann im Blick auf die Gegenwart, wird diese nun als säkular, postmodern, spätmodern oder postsäkular bezeichnet, nicht mehr die Rede sein. Die Grundverfassung der pluralistischen Gesellschaften hat mindestens in Westeuropa auch die Gottesfrage voll erfasst.[32]
Dies bedeutet für die konkrete Unterrichtsvorbereitung, dass schon innerhalb einer Klasse auf einer gleichen Altersstufe einerseits mit sehr unterschiedlichen Gottesbildern, die eine erhebliche Varianzbreite umfassen können, zu rechnen ist, andererseits aber auch damit, dass Jugendliche in dieser Hinsicht über keinerlei eigene Erfahrungen und damit auch weder über Sprachbilder noch Vorstellungen verfügen.[33] Eine ver-

---

29 Vgl. *Lehmann*, Heranwachsende fragen neu nach Gott, 176f.
30 *Demont/Schenker*, Ansichten vom Göttlichen, 91.
31 Vgl. zum theoretischen Hintergrund *Schweitzer*, Lebensgeschichte und Religion; *ders.*, Die Suche.
32 Vgl. *Beck*, Der eigene Gott.
33 Aufschlussreich hier etwa *Möller*, Persönliche Gottesvorstellungen.

meintlich entwicklungspsychologisch fundierte Ausgangsorientierung der Lehrkraft an klassischen Zuschreibungen bestimmter Gottesbilder zu je spezifischen Altersstufen kann dann verständlicherweise schnell ins Leere laufen. Problematisch ist erst recht die Zielsetzung, bestimmte, etwa als »naiv« angesehene Vorstellungen zugunsten eines »entwickelten«, etwa autonomen Gottesbildes zu verändern, wenn sich die Jugendlichen selbst noch in ihren eigenen Vorstellungswelten heimisch fühlen.

Für die Unterrichtsvorbereitung in der Perspektive einer Theologie *mit* Jugendlichen bringt dies folglich zu allererst die Herausforderung mit sich, Zugänge zu finden, durch die die vorhandene Variationsbreite möglichst genau wahrgenommen werden kann.

Dafür können entwicklungspsychologische Einsichten zur Ausformung und Varianz von Gottesbildern nach wie vor wichtige Deutungsmuster bereitstellen. Zugleich ist den je individuellen Vorstellungen, die Jugendliche in den Unterricht mitbringen, möglichst breiter Raum zu geben, ohne diese sogleich durch bestimmte Schemata eindeutig zu kategorisieren. Entscheidende Zugangsvoraussetzung für gelingenden Unterricht zur Gottesfrage ist es in jedem Fall, den Schülerinnen und Schülern das Gefühl zu geben, dass ihre persönlichen Vorstellungen und Bilder ernst genommen und respektiert werden. Dies gilt erst recht dann, wenn Jugendliche in dieser Hinsicht über keine genauer ausgeformten Vorstellungen verfügen oder diese aus bestimmten persönlichen Gründen nicht öffentlich zum Ausdruck bringen möchten.

Jugendliche zu weiteren Entwicklungsschritten im Blick auf das eigene Gottesbild und Gottesverständnis oder auch nur zu eigenen Artikulationen zu motivieren, muss folglich in größtmöglicher Sensibilität geschehen und hat vor allem anderen unter der Maßgabe zu erfolgen, was für den jeweiligen Jugendlichen tatsächlich aktuell die lebensdienlichste Vorstellung und Form des Selbstausdrucks darstellt.

Elementare menschliche Erfahrungen mit der Gottesfrage

Anthropologisch gesehen zeichnet es den Menschen in seinen Grundgegebenheiten und Grundfähigkeiten aus, sich immer wieder mit den wesentlichen Fragen der eigenen Herkunft, Gegenwart und Zukunft auseinanderzusetzen. Jugendliche können eine erhebliche Sensibilität und ein ausgeprägtes Bewusstsein dafür entwickeln, dass das eigene Leben und auch die sie umgebende Welt mehr als nur eine biologische, natürliche und selbstverständliche Gegebenheit darstellen. Sie sind in der Lage, die elementare Erfahrung der eigenen Existenz mit Fragen nach der Geschöpflichkeit und Bestimmung des Lebens im Sinn der Dimension eines »von woanders her« zu verknüpfen.

So notiert der 17jährige Kim: »Gezweifelt an der Existenz Gottes habe ich eigentlich noch nie. Selbst wenn meine Großmutter jetzt sterben würde, würde ich nicht an Gott zweifeln. Meine Großmutter hat sich ihren eigenen Gott geschaffen. Und ich mir meinen. Wir sind also beide beschützt und bewacht. Wenn sie sterben muss, dann ist halt die Zeit für sie gekommen. Wir werden ja alle folgen.«[34]

Elementare Lebens- und Orientierungsfragen sowie konkrete Schlüsselerfahrungen können Fragen der Schöpfung, Bewahrung und Begleitung und damit mindestens indirekt die Gottesthematik betreffen. Die je eigene Lebensführung hat folglich immer auch eine transzendenzoffene Seite.

Allerdings ist gegenwärtig offenkundig, dass vor dem Hintergrund weitreichender Individualisierungsprozesse immer stärker – wenn überhaupt noch – solche Gottesvorstellungen dominieren, die den »eigenen Gott« in das Zentrum religiöser Aufmerksamkeit stellen.[35] Die Orientierung an biblischer Überlieferung und Lehre oder systematisch-theologischer Interpretation wird bei Jugendlichen mehr und mehr von Vorstellungen abgelöst, die ihnen auf den ersten Blick leichter zugänglich, unmittelbar erfahrbar, vielleicht sogar als weniger sperrig und unbequem erscheinen.[36] Dabei greifen insbesondere Jugendliche inzwischen völlig frei auf die Bilder- und Symbolwelten des weiten globalreligiösen Götterhimmels zurück und konstruieren sich so ihre eigene Religion und auch ihre Vorstellung von Gott.[37]

Denkbar ist gerade deshalb aber auch, dass für Jugendliche schlichtweg die Verschiedenheit unterschiedlichster Gottesbilder überhaupt kein Problem darstellt und sie gleichsam selbst mit einer erheblichen Toleranzbreite an diese Frage herangehen. So formuliert Bettina, Gymnasiastin in einer 11. Klasse, angesichts unterschiedlicher Gottesvorstellungen in ihrer Klasse:

»Wir wissen's ja im Grund nicht. Es hat ihn ja keiner gesehen, der irgendwie davon berichten könnte und sagen, ja, ähm, so is er und anders is er nicht und deshalb kann man nicht sagen, dass alle richtig sind, oder dass alle falsch sind, des is halt wahrscheinlich von allem etwas, oder ( ) gar nichts, oder – kommt ganz drauf an, also es is, jedenfalls kann man's nicht ähm sagen, dass die alle richtig sind. Man kann auch nicht sagen, dass alle falsch sind.«[38]

Für die Unterrichtsplanung bedeutet dies, die bei den Jugendlichen vorhandenen elementaren Erfahrungen und Fragen zum konstitutiven Bestandteil der Auseinandersetzung *mit* der Gottesfrage zu machen – gerade auch solche Erfahrungen, die auf den ersten Blick weit entfernt von theologisch-systematischen Begrifflichkeiten zu sein scheinen. Der unterrichtliche Einstieg in die Gottesthematik kann in vielen Fällen am plausibelsten über die Eröffnung eines Raumes für persönliche Lebens-

---

34 *Demont/Schenker*, Ansichten vom Göttlichen, 76.
35 Vgl. dazu schon das Beispiel von Janine, oben, S. 56–60.
36 Vgl. *Oertel*, »Gesucht wird: Gott?«
37 Vgl. *Husmann*, Das Eigene finden, und *Streib/Gennerich*, Jugend und Religion.
38 *Grill*, Unerwartet bei der Sache, 18.

fragen und -erfahrungen geschehen. Manche Religionspädagogen sprechen hier bewusst davon, dass in jedem Jugendlichen eine Botschaft Gottes steckt.[39] Dazu gehört von Seiten der Lehrkraft ein möglichst offenes Einbeziehen solcher Alltagsbilder und -vorstellungen, in denen Jugendliche eigene Antwortversuche auf die Gottesfrage ausbilden oder sich an Antwortversuchen anderer orientieren. Auch die mediale populärreligiöse Jugendkultur spielt in ihren musikalischen, inszenatorischen und oftmals geradezu kulthaft rituellen Ausdrucksformen vielfältig auf transzendenz- und gottesbezogene Symbolik an und erzeugt damit unterschiedlichste Vorstellungen vom Göttlichen und Heiligen.[40] Diese gilt es als elementare, lebensbedeutsame Erfahrungen von Jugendlichen von Seiten der Lehrenden aus aufmerksam und möglichst vorurteilsfrei wahrzunehmen.

Wie entscheidend diese Voraussetzung ist, lässt sich leicht daran ablesen, welche Folgen es hat, wenn diese Offenheit und Kommunikationsfähigkeit nicht gegeben ist.

So formuliert eine Konfirmandin gegen Ende ihres Unterrichtsjahres im Blick auf die Gottesthematik: »Mich stört es, wenn die Pfarrer im Konfi-Unterricht die Welt heil reden und bei Fragen gegen Gott seltsam und oder verständnislos reagieren.«[41] Und eine andere Jugendliche sagt in diesem Zusammenhang: »Meine Meinung über Gott ist sehr geteilt, weil es so viel Leid auf der Erde gibt. Es gab auch mal eine Zeit, wo ich aus dem Religionsunterricht gerannt bin, weil ich so böse [auf Gott] war. In der Kirche wird einem aber immer vermittelt, dass Gott so lieb und nett ist.«[42]

Was dies nun für eine inhaltsbezogene Kommunikation über die Gottesfrage im Sinn einer Theologie *mit* Jugendlichen bedeutet, wird im Folgenden zuerst in grundsätzlicher, dann in konkreter thematischer Fokussierung bedacht. Hingewiesen sei an dieser Stelle noch darauf, dass die zum Elementarisierungsansatz gehörenden Dimensionen elementarer Wahrheiten und elementarer Strukturen im weiteren Verlauf noch ausdrücklich aufgenommen werden.[43]

3. Persönliche Theologie mit Jugendlichen

Wenn im Folgenden von der Dimension einer persönlichen Theologie *mit* Jugendlichen gesprochen wird, stellt dies auf den ersten Blick ein erhebliches Paradox, mindestens aber eine Gratwanderung dar. Von persönlicher Theologie sprechen wir im Blick auf bestimmte individuelle Auffassungen zu theologischen Aspekten wie etwa der Gottesfrage. Da-

---

39 Vgl. *Biesinger/Tzscheetzsch*, Wenn der Glaube in die Pubertät kommt, 30.
40 Vgl. *Knoblauch*, Populäre Religion.
41 *Ilg/Schweitzer/Elsenbast*, Konfirmandenarbeit in Deutschland, 68.
42 Ebd., 69.
43 Unten, S. 98–106.

Kapitel 4: Theologie mit Jugendlichen 95

bei stellt sich aber das Grundproblem, ob diese Dimension persönlicher Theologie überhaupt in den Zusammenhang zu einer Theologie *mit* Jugendlichen gestellt werden kann. Immerhin lebt diese Dimension ja davon, dass sich bestimmte Grundfragen und Haltungen durch ihren ausgeprägt autonomen Zugang auszeichnen und damit unter allen Umständen in ihrem intimen Charakter zu respektieren sind.
Bevor Möglichkeiten eines angemessenen Umgangs mit solchen persönlichen Sichtweisen skizziert werden, ist allerdings zunächst zu klären, worin die persönliche Dimension im Blick auf die theologische Kommunikation mit Jugendlichen überhaupt angelegt ist. Wir sind bereits im letzten Kapitel davon ausgegangen, dass sich persönliche Theologie in der ganzen Bandbreite theologischer Themen manifestieren und artikulieren kann. Entsprechende Auffassungen können sich auf Gottesfrage und Christologie, auf Aspekte der eigenen Existenz in ihrer Geschöpflichkeit, aktuellen Bewahrung und Zukünftigkeit beziehen, aber auch mindestens indirekt Aspekte von Sünde und Rechtfertigung, Nächsten- und Feindesliebe oder gerechtem Handeln umfassen. Dabei gilt zugleich, dass die entsprechenden Suchbewegungen und Artikulationen in aller Regel nicht an klassische Ausdrucksweisen dogmatischer Lehrsätze anknüpfen, sondern sich eigene Vorstellungs- und Ausdruckswege suchen und diese auch für sich finden.
Diese Wege können so unkonventionell wie kreativ sein. Als Beispiel sei ein Gespräch aus dem Forum der Online-Community von »konfi.web« wiedergegeben – einer Seite, die sich speziell an Jugendliche im Konfirmationsalter richtet und mit erheblichem Aufwand von der Evangelisch-lutherischen Landeskirche in Bayern eingerichtet und gepflegt wird. Wir gehen einmal davon aus, dass es sich hier tatsächlich um Jugendliche handelt, wobei natürlich immer die Frage der Identitätsechtheit besteht. Wir meinen aber aufgrund der verwendeten Sprache annehmen zu können, dass sich hier tatsächlich Jugendliche miteinander im Sinn persönlicher Theologie austauschen:

»KarlMay« beginnt den Austausch mit folgenden Sätzen: »Zumindest sind die Glaubensaspekte auf den Mitgliederseiten in der Kategorie ›Gefühle‹ zu finden.« Daher die Frage: »Ist Glaube nur ein Gefühl? Vielleicht diskutiert mal jemand mit :-)«.
Darauf antwortet »Webmaster«, der sich aber selbst als Jugendlicher identifiziert: »Hallo, na ja, was heißt *nur* Gefühl? Ich würde zumindest sagen, dass zu glauben auch damit zu tun hat, was und wie man fühlt, oder?«
»KarlMay« reagiert am folgenden Tag: »Klar. Aber in dem Fall wird der Glaube ja den Gefühlen untergeordnet. Ich persönlich finde aber, dass Gefühle sehr schnell wechseln und unbeständig sind. Ist Glaube nicht mehr?«
Daraufhin schaltet sich »susanne« ein: »Glauben kann man leben, aber seine Gefühle kann man nicht leben …«
Dies führt »sabbersis2« einige Tage später zum Kommentar: »natürlich kann man auch gefühle leben … ebenso wie den glauben …« und »killigus« wiederum einige Tage danach zu der Bemerkung: »Ich würd sagen, glauben ist vorallem auch eine entscheidung. und dass dann ein gefühl dazu kommt, das kann ja gut sein ;o).«
Damit scheint dieser kurze und gleichwohl prägnante Gesprächsaustausch beendet

und von »KarlMay« ist nichts mehr zu hören. Erst Monate später ergibt sich in der Folge dieses Austausches eine Fortsetzung:
»ziddi« schreibt: »ich denke glaube und gefühl gehören zusammen. seit jesus und ich zusammengehören, habe ich ein gutes gefühl. ich fühle mich beschützt. ich weiß er ist bei mir, ich fühl mich gut«, woran sich wiederum fünf Monate später »Jerry« anschließt: »so denk ich auch! wenn mein kumpel und ich biebellesen, dann sind wir danach voll happy, da kriegt man Glücksgefühle«.
Schließlich schaltet sich »magic«, die sich im Übrigen mit einem Mädchennamen zu erkennen gibt, ein: »HALLO. ALSO ich glaube nicht das der glaube nur ein gefühl ist der glaube ist einfach da wie bei freunden glaubt man denen oder nicht ???. DAS hat nichts nur mit dem gefühl zu tun. MAN glaubt oder nicht aber beides geht nicht. LIEBE grüße.«[44]

Dieser virtuelle Dialog führt einige Merkmale persönlicher Theologie *mit* Jugendlichen deutlich vor Augen. Interessant ist schon allein, dass individuelle, hoch persönliche Ansichten über die Frage des Glaubens sowohl privat – also vermutlich in den eigenen vier Wänden bzw. in den Grenzen des eigenen Displays – geäußert wie gleichzeitig auch auf einem öffentlichen Forum zur Diskussion gestellt werden. Dass sich dabei ein wenigstens punktuell intensiver Austausch über das Verhältnis von Glaube und Gefühlen entspinnt, erinnert nicht nur an manche theologiegeschichtliche Auseinandersetzung, sondern die eindringliche Kraft der kurzen Sätze macht auch deutlich, dass es den Jugendlichen um Wesentliches und zutiefst Persönliches geht. Und so ist es kein Zufall, dass Begriffe wie Leben, Entscheidung, Glück mit in die Diskussion eingespielt werden. Offenkundig ist, dass die jugendliche Bearbeitung der Glaubensfrage in erheblicher Weise mit grundsätzlichen Fragen der eigenen Existenz verbunden wird.

Interessant ist auch, dass diese Form der Kommunikation offenbar nur sehr indirekt in die persönliche Meinungsbildung einfließt: Es scheint, als ob die Jugendlichen ihre eigene Position eher testen als dass sie andere sogleich von deren jeweiliger Position abbringen wollen. In gewissem Sinne werden zwar durchaus Gegenpositionen formuliert, zugleich wird aber an keiner Stelle eine ganz andere Position abgewertet oder gar der jeweilige Dialogpartner mit seiner Meinung grundsätzlich in Frage gestellt. Es scheint hier eher so etwas wie ein behutsamer und respektvoller Umgang mit anderen persönlichen Theologien und Personen stattzufinden. Geradezu aufregend erscheint dabei, in welchem Sinne die Jugendlichen ihre jeweiligen Statements einleiten: »KarlMay« beginnt seine Überlegungen mit »Ich persönlich finde«, »ziddi« schreibt: »ich denke« und »Jerry« schließt sich an: »so denk ich auch!« Darin zeigt sich zweifellos eine erhebliche reflexive Dynamik dieser Jugendlichen *mit* ihresgleichen und *mit* der theologischen Grundfrage des Verhältnisses von Glaube und Gefühl.

---

44 Dieser dokumentierte Austausch beginnt am 28.10.2006 und endet am 22.11.2007, http://www.konfiweb.de/forum.php?thread=25&board=4 (gelesen: 15.2.2011)

Kapitel 4: Theologie mit Jugendlichen

Daraus lassen sich nun für konkrete Unterrichtssituationen und eine persönliche Theologie *mit* Jugendlichen, und damit auch für die jugendtheologische Bildungsverantwortung, wichtige Folgerungen ziehen. Wie schon im Zusammenhang einer impliziten Theologie mit Jugendlichen gilt auch hier, dass zuallererst die Bedingungen gewährleistet sein müssen, damit Jugendliche überhaupt auf eine solche persönliche Bedeutungsebene theologischer Reflexion gelangen können.

Hinsichtlich möglicher Ausdrucksformen persönlicher Theologie liegen mediale Kommunikationsformen wie chatrooms, facebook, twitter oder andere digitale Austauschforen im Grenzbereich zwischen Implizitem und Explizitem, indem sie den Charakter des Verbergens ebenso wie der der gemeinsamen öffentlichen Kommunikation in sich tragen. Als spezifisch jugendliche Kommunikationsformen sind sie von Seiten kirchlicher Bildungsverantwortlicher möglichst intensiv wahrzunehmen. Insofern ist eine solche landeskirchliche Initiative wie konfiweb.de eindeutig zu begrüßen.

Eine persönliche Theologie *mit* Jugendlichen nimmt ihren Ausgangspunkt folglich darin, Möglichkeiten eigener Artikulationen überhaupt erst zu eröffnen. Dabei gilt auch hier wieder, dass die persönliche theologische Reflexion und Artikulation der Jugendlichen in ihrem Eigen-Sinn und ihrem Eigen-Recht von den Erwachsenen wahr- und ernstgenommen werden muss. Die persönlichen Sichtweisen Jugendlicher müssen nicht im erwachsenen Sinne stringent aufgebaut sein und schon gar nicht im Sinne einer kontinuierlichen Größe als gleichbleibend gültig angesehen werden. Vielmehr ist mit komplexen und scheinbar inkonsistenten, möglicherweise sogar widersprüchlichen Ausdrucksformen persönlicher Theologie zu rechnen.

Erst von solchen Grundbedingungen aus ist dann im Weiteren der Versuch denkbar, die Dimensionen einer impliziten und persönlichen Theologie in explizite Kommunikationsformen zu überführen. Wesentliches entscheidet sich jedoch in der persönlichen Begegnung selbst: Klassische theologische Themen erhalten für Jugendliche ihre Relevanz und Brisanz erst dann, wenn in diesen Themen die eigenen Fragen nach Identität und verlässlicher Orientierung, nach gesuchter Geborgenheit und Transzendenz wiederzuerkennen sind. Nur und erst, wenn es ihnen ermöglicht wird, persönliche Sichtweisen in aller Eigenständigkeit zu äußern, werden sie – vielleicht – dazu bereit sein, etwas von ihrer eigenen Persönlichkeit zum Vorschein kommen zu lassen.

Anders gesagt: Solange Jugendliche in ihren sehr individuellen und persönlichen Annäherungen an theologisch deutbare Phänomene und Fragen nicht ernst genommen und im Einzelfall auch vor allen möglichen Formen der Überforderung geschützt werden, kann auch nicht an ein Explizitwerden gedacht werden.

4. Explizite Theologie mit Jugendlichen

Bei der Aufnahme und Untersuchung der Theologie *von* Jugendlichen sind wir davon ausgegangen, dass Jugendliche von sich aus erhebliche Potentiale und durchaus auch die Bereitschaft entwickeln können, ihre theologischen Überlegungen in öffentlicher Weise zu artikulieren und zur Diskussion zu stellen. Dabei ist, wie wir ebenfalls festgehalten haben, bereits eine spezifische Fragehaltung Jugendlicher als bedeutsame Art und Weise expliziter Theologie anzusehen. Zudem stellen auch provokative Fragen und Aussagen wichtige Ausdrucksformen Jugendlicher dar, die inhaltlich ernst zu nehmen und als anschlussfähig wahrzunehmen sind. Wie soll man sich dann aber eine explizite Theologie *mit* Jugendlichen vorstellen? Machen diese nicht für sich selbst schon alles Wesentliche ausdrücklich, so dass dem von außen her nichts mehr hinzuzufügen wäre?

Eine explizite Theologie *mit* Jugendlichen wird tatsächlich zuallererst von diesen selbst formuliert und mit anderen Jugendlichen, im Sinne eines Austausches *mit* Gleichaltrigen als Personen ihres Vertrauens, unternommen. Die Kommunikation kann dabei – zumindest in den Fällen, auf die wir uns in diesem Teilkapitel beziehen – explizit auf religiöse Gegenstände und Sachverhalte bezogen sein, und dies zugleich unter Zuhilfenahme bestimmter Metaphern, Symbole, Zeichen und Inhalte, die einen biblischen bzw. christlichen Ursprungshintergrund aufweisen.

Von dieser Beobachtung aus und den bisherigen Überlegungen zu einer Theologie *mit* Jugendlichen folgend stellt sich die Frage, ob und wie solche Ausdrucksformen für die Kommunikation zwischen Jugendlichen und Erwachsenen geöffnet werden können. Die Grundfrage lautet entsprechend, in welcher Hinsicht von einer expliziten Theologie *mit* Jugendlichen von Seiten der Erwachsenen die Rede sein kann. Damit bewegen wir uns bereits auf die notwendige theologische Deutungsaufgabe von Religionsunterricht oder kirchlicher Bildungsarbeit und im Allgemeinen zu.

Es geht hier folglich um die Frage, wie sich mit Jugendlichen im Blick auf elementare Wahrheiten kommunizieren lässt. Dies soll nun wiederum am Thema der Gottesfrage und den didaktischen Elementarisierungsmöglichkeiten näher erläutert werden:

Elementare Wahrheiten im Kontext der Gottesfrage

Die Suche nach der elementaren, existentiell bedeutsamen Wahrheit der »Rede von Gott« in konkreten Bildungsprozessen stellt einen wesentlichen Kern der Jugendtheologie insgesamt dar. Bei der Thematisierung der Gottesfrage *mit* Jugendlichen stellt sich die Frage nach der Wahrheit in ganz persönlicher Weise. Diese Frage ist deshalb nicht allein oder primär auf einer kognitiven Ebene verhandelbar und kann schon gar nicht in Gestalt der Mitteilung dogmatischer Richtigkeiten erfolgen, sondern bedarf der intensiven persönlichkeitsorientierten wechselseitigen Auseinandersetzung. Dies bedeutet, nebenbei bemerkt, dass bestimmte bildungspolitische Tendenzen, den bisherigen Religionsunterricht nach und nach zu einem primär religionskundlichen Fach umzubauen, das grundlegende Bezugssystem und den Anspruch religiöser Bildung überhaupt zu verfehlen drohen, da sie der wesentlichen und notwendigen Frage des Wahrheitsanspruchs der Rede von Gott aus positionellen Überzeugungen keinen Raum geben. Damit wird aber das Eigenrecht der Jugendlichen, mit Gleichaltrigen und mit Erwachsenen genau diese notwendig kritische und beziehungsorientierte Dimension religiöser Bildung aufzunehmen, in unsachgemäßer Weise unterlaufen und ausgehebelt.

Dem Anspruch auf eine persönlichkeits- und beziehungsorientierte Bildung im Umkreis der Gottesfrage kann allerdings sachgemäß nur dadurch entsprochen werden, dass die Wahrheitsfrage in einer möglichst offenen Form der Wahrheitssuche thematisiert wird. Anders gesagt: Die systematische Frage nach Gott im Unterricht macht in didaktischer Hinsicht prinzipiell ergebnisoffene, wechselseitige Orientierungsprozesse unerlässlich. Alles andere würde von vornherein den möglichen Erkenntnisweg der Jugendlichen selbst in unsachgemäßer Weise verkürzen oder deren eigenständiges Entdecken unmöglich machen.

Problematisch sind somit insbesondere Kommunikationsformen, die lediglich auf das Nachsprechen eines bestimmten Gottesverständnisses abzielen oder von »dem einen und einzig wahren« Gottesglauben ausgehen, der den Jugendlichen vermittelt werden soll – hier ist insbesondere an bestimmte Formen von Glaubenskursen für Jugendliche zu denken, durch die solche Wege der Eindeutigkeit und Entscheidungsnotwendigkeit offenkundig vorgegeben werden.[45] Dabei ist von Seiten der Lehrenden bereits in die Unterrichtsvorbereitung die Tatsache einzubeziehen, dass Jugendliche bestimmte Wahrheitsvorstellungen von Gott mitbringen (können), die es in jedem Fall ernst zu nehmen und zu berücksichtigen gilt.

Diese Offenheit muss in gleicher Weise für die von Jugendlichen herangezogenen Sprach- und Bildwelten gelten. Diese sind – auch wenn sie Erwachsenen fremd, sonderbar und sogar widersprüchlich erscheinen mögen – in wechselseitigen Kommunikationsprozessen unbedingt ernst zu nehmen. Wie schon mehrfach deutlich geworden ist, bedeutet dies nicht, dass Erwachsene ihrerseits keine Impulse etwa im Blick auf das biblische Gottesverständnis einbringen dürften. Den Ausgangspunkt müssen aber auf jeden Fall die Vorstellungen der Jugendlichen darstellen. Nicht zuletzt gilt, dass gerade die Sprach- und Bildwelten der Jugendlichen mit ihrer oftmals ganz eigenen Ästhetik auch für Erwachsene neue und inspirierende Einsichten erschließen können.

---

45 Vgl. *Heinzmann*, EMMAUS. Dazu unten, S. 123ff.

So sagt die 16-jährige Gymnasiastin Martina: »Ob ich an Gott glaube? Gute Frage: Zuerst müsste ich definieren, wer oder was Gott für mich ist. Jeder schafft Gott für sich selbst.«[46] Und nach einigen Abwägungen formuliert sie: »Ich bin mir nicht sicher, ob das mit Gott wirklich auch so ist. Ich habe das nicht alles zu Ende gedacht. Wobei – geht ja auch gar nicht, so was durchzudenken und zu einer abschließenden Ansicht zu gelangen.«[47] Und weiter formuliert sie: »Nur weil etwas in der Bibel steht, hat es für mich noch keine Bedeutung. Natürlich kenne ich einige Geschichten und weiß auch, dass Jesus der Sohn von Gott ist. Aber welche Bedeutung Jesus für mich hat, kann ich nicht sagen.«[48]

Im Übrigen gilt diese notwendige Offenheit auch für solche Äußerungen, in denen insbesondere Jugendliche fundamentale Kritik an jeglichen Gottesvorstellungen und -bildern zum Ausdruck bringen, bei denen von einem – wenigstens zeitweisen – Verlust ihres Gottesglaubens auszugehen ist oder die mindestens erhebliche und nicht immer konsistente Vorstellungen zum Ausdruck bringen. Der 17jährige Kim sagt etwa:

»Irgendwie habe ich schon einen Glauben. Mein Gott stammt aber nicht aus der Bibel und sagt mir auch nicht, wie ich zu leben habe. Und darum akzeptiert er auch, was ich mache.«[49] Und Kim erinnert sich: »In den Religionsunterricht ging ich auch. Der hat mir aber nicht viel gebracht. Wir mussten aus Karton so eine idiotische Lehmhütte nachbauen, in der Jesus gelebt haben soll. Solche Sachen halt.«[50] Sein Fazit: »Ich hab nichts gegen Religion, Glaube und Kirche. Ich engagiere mich ja selbst für sie. Dennoch bin ich froh, dass die Kirchen bei uns nicht mehr so viel Macht haben wie in früheren Zeiten.«[51]

Gerade solche expliziten Selbstpositionierungen Jugendlicher sind nicht nur ernst zu nehmen und zu respektieren, sondern bieten auch erhebliche Möglichkeiten intensiver Dialoge über die zur Diskussion stehenden Fragen.[52]

In diesem Sinn sind für die Unterrichtsplanung interaktive und partizipative Gestaltungsmöglichkeiten nicht nur eine unter mehreren Optionen, sondern stellen einen elementaren Bestandteil gelingender theologischer Reflexion und Kommunikation »über Gott« im Kontext der eigenen Lebensführung dar. Eine Einübung in den differenzierten expliziten Umgang mit der Wahrheitsfrage bietet darüber hinaus einen wesentlichen religionspädagogischen Beitrag zur zivilgesellschaftlichen und zivilisierenden Kraft der Religion,[53] insofern durch ihn die Geltungsansprüche des eigenen Glaubens in ein sinnvolles Verhältnis zu den Traditionen und Vollzügen anderer Religionen gesetzt werden können.

---

46 *Demont/Schenker*, Ansichten vom Göttlichen, 42.
47 Ebd.
48 Ebd., 44.
49 Ebd., 73.
50 Ebd., 74.
51 Ebd., 77.
52 Vgl. dazu immer noch *Nipkow*, Erwachsenwerden ohne Gott?, hier v.a. 88ff.
53 Vgl. *Schieder*, Sind Religionen gefährlich?

5. Theologische Deutungen mit Jugendlichen

Das Explizitwerden theologischer Sichtweisen bringt konsequenterweise auch die gemeinsame Deutung der je eigenen Aussagen mit ins Spiel. Aufgrund der bisherigen Ausführungen sollte bereits deutlich sein, dass Bildung im Sinne der Jugendtheologie in entscheidendem Maße davon lebt, auf gemeinsame Deutungsprozesse ausgerichtet zu sein. Alle Versuche einer theologisch ausgerichteten Deutung können somit grundsätzlich nur im Zielhorizont gemeinsamer Wahrnehmungs-, Reflexions- und Artikulationsprozesse *mit* Jugendlichen gedacht und konzipiert werden. Zugleich kann die Form der gemeinsamen Deutungsaktivität nur im Sinn eines experimentellen und prozessualen Geschehens ausfallen.

Es ist also davon auszugehen, dass sich bestimmte Kommunikationsinhalte nur dann und erst dann als bedeutsam erweisen, wenn sich bereits die entsprechenden Kommunikationsprozesse deutungsoffen zeigen. In diesem Sinne gilt auch in jugendtheologischer Perspektive in gewisser Weise: »The medium is the message.«

Theologische Deutung in inhaltlicher Perspektive hat dabei mit der Ermöglichung des Einübens in theologische Wahrnehmungs-, Reflexions- und Kommunikationsfähigkeit einzusetzen. Kurz gesagt lebt eine theologische Deutung mit Jugendlichen davon, ihre schon erworbene Sprach- und Ausdrucksfähigkeit ernst zu nehmen und erst von dort aus »erwachsene« Deutungen in das gemeinsame Gespräch einzubringen. Anschaulich wird diese Möglichkeit am Beispiel eines Rollenspiels von Gymnasiasten einer 11. Klasse, die auf der Grundlage des Gleichnisses vom Pharisäer und vom Zöllner (Lk 18,9–14) einen Dialog zwischen diesen beiden Personen und Gott vollziehen sollen. Interessanterweise ergibt sich innerhalb der geplanten Einheit zum Thema Rechtfertigung dann nicht nur die Frage nach Frömmigkeit und Sünde, sondern auch die nach der Rolle Gottes selbst. Christoph, der in die Rolle Gottes schlüpft, antwortet dem sündigen Zöllner:

»Ich werde dich nicht aufgeben. Ich bin auf jeden Fall da, ich beobachte dich und versuche äh dich auf den rechten Weg zu leiten. Aber es geht nicht, ohne dass du dich auch bemühst. Wenn du von vornherein dich auf meine Hilfe verlässt, da kann ich nichts machen. Du musst es selber auch wollen, sonst wird es sehr äh schwierig werden.«[54]

Hier wird nicht nur sichtbar, wie ein Jugendlicher sich – nicht ohne Überraschungseffekt für alle Beteiligten – in die Rolle Gottes hineinversetzen kann, sondern wie er selbst eine bestimmte lebensweltlich verankerte Beschreibung göttlichen Handelns vornimmt. Damit wird – gerade auch unter Einbeziehung des vorangegangenen Dialoges mit dem »gerechten« Pharisäer – die Frage nach der Rechtfertigung des Einzelnen

---

54 *Grill*, Unerwartet bei der Sache, 22.

gleichsam spielerisch und dialogisch geerdet. Sie erlangt für die Jugendlichen dadurch eine Realität, an die sich wiederum für Fragen des eigenen Handelns und dessen Bewertung von Gott her anknüpfen lässt. Der Lehrerin gelingt es dadurch zudem, den theologischen Begriff der Rechtfertigung für weitere Interpretationen von Schülerseite aus zu öffnen. Auf ihre Frage: »Auf welches Geschehen weist dieses Wort [gerechtfertigt] hin«, antwortet die Schülerin Bettina:

»Ja, es weist auf ›richten‹ hin, also dass über ihn gerichtet wurde und gerecht gerichtet, also praktisch, dass ähm des, was er gemacht hat, entweder ihm verziehen wurde, oder ähm, dass er eine gerechte Strafe dafür oder ... auch 'n Lohn dafür bekommen hat. Ähm:«[55]

Sehr gelungen wird dieses Unterrichtsgeschehen in der folgenden Weise zusammenfassend interpretiert: »Gott ist ein in der Sprache der Jugendlichen agierendes Wesen, das mit den Anleihen an die Tradition lebt. Und da kann dann schon einmal etwas unscharf oder auf den Umwegen des ›Ähmsens‹ formuliert werden.«[56]

Damit stellt sich dann aber die Frage, in welcher Weise von dort aus eine ausdrücklich theologische Argumentationsebene mit Jugendlichen erreicht werden kann und wie sich in explizit inhaltlichem Sinn gelingende Kommunikation *über* das Evangelium *mit* Jugendlichen initiieren und durchführen lässt. Dies soll wiederum in elementarisierungstheoretischer Perspektive durchgespielt werden:

Elementare theologische Strukturen der Gottesfrage

Wir halten an dieser Stelle zunächst fest, dass bereits eine gemeinsame Suchbewegung im Blick auf die Gottesfrage einen nicht zu unterschätzenden, auch systematisch-theologisch bedeutsamen Schritt der Annäherung darstellt. Von dort aus zur expliziten theologischen Deutungsaktivität mit Jugendlichen ist der Weg jedoch noch weit. Wichtig ist dabei die Frage, welche Inhalte von Seiten der Lehrenden in solche Kommunikationsprozesse eingespielt werden können oder sollen. Denn auch die inhaltlich bestimmte Perspektive auf die Gottesfrage im Sinne der wissenschaftlichen Theologie soll und darf nicht einfach zugunsten erfahrungsbezogener Vorstellungen der Jugendlichen außer Acht oder gänzlich unterbelichtet bleiben, da sonst alle Orientierung allein auf deren individueller Urteilsbildung beruhen müsste. Dies würde dann aber einen produktiven wechselseitigen Dialog weder möglich noch sinnvoll erscheinen lassen.

---

55 Ebd., 23.
56 *Anselm*, Die zweite Chance, 31.

Kapitel 4: Theologie mit Jugendlichen 103

In dieser Hinsicht ist es notwendig, immer auch eine möglichst breite Informationsbasis über die zu diskutierenden Sachverhalte herzustellen, um so auch den anspruchsvollen und fordernden Charakter evangelischer Bildungsangebote im Sinne der Befähigung zu mündigem Christsein zu verdeutlichen. Grundlegend ist deshalb für die Unterrichtsplanung die Zielsetzung eines auch kognitiv gestützten Kompetenzerwerbs als Basis für gelingende Selbstorientierung wie für den ernsthaften, substantiellen und weiterführenden Dialog über die Gottesthematik. Die Erarbeitung theologischer Kenntnisse stellt folglich einen notwendigen Bestandteil gelingender Bildung im Blick auf die Gottesfrage dar. Dass damit gerade keine dogmatisch-indoktrinäre Belehrung gemeint sein kann und gemeint sein darf, ergibt sich aus dem bisher Gesagten von selbst.
Dies gilt nun nicht nur für den Bereich formaler Bildung, also für den schulischen Unterricht, sondern auch für die non-formalen Bildungsangebote, etwa der kirchlichen Jugendarbeit sowie der Konfirmationsarbeit, die aufgrund ihrer kirchlich-konfessionellen Verankerung in besonderer Weise auf die Plausibilisierung ihrer Grundlagen angewiesen ist.
Eine besondere Herausforderung der inhaltsbezogenen Unterrichtsvorbereitung zur Gottesfrage besteht darin, dass damit sogleich eine kaum noch überblickbare Themenvielfalt und Stofffülle im Raum ist: Diese reicht von der Frage nach der Existenz Gottes, die Traditionen unterschiedlicher Gottesbeweise und Gotteskritik über die Gottesprädikationen und -eigenschaften sowie monotheistische und trinitarische Gottesvorstellungen bis hin zur Deutung göttlichen Handelns bzw. Nicht-Handelns im Kontext der Theodizee. Zudem ist daran zu erinnern, dass die Geschichte Gottes in unterschiedlicher Weise auch von bewussten Funktionalisierungen und Missbräuchen »im Namen Gottes« gekennzeichnet ist.[57]
Nun werden die einzelnen Themen nicht zu allen Zeiten von den Jugendlichen als gleich brisant oder interessant empfunden.[58] Darüber hinaus gilt auch hier, dass sich jede pädagogisch verantwortete Auswahl an der Lebenssituation der Jugendlichen orientieren muss. In systematischer Hinsicht kommt es deshalb darauf an, in Verknüpfung mit den Interessen- und Bedürfnislagen der Schülerinnen und Schüler die facettenreichen biblischen Überlieferungen und theologischen Interpretationen in ihrem spannungsvollen Reichtum exemplarisch zum Vorschein kommen zu lassen. Die unterschiedlichen Gedankenfiguren, etwa des anwesenden und abwesenden, des allmächtigen und leidenden, des fernen und des nahen Gottes sind nicht gegeneinander in Position zu bringen, sondern in ihrem historischen Gewordensein und ihrem möglichen Bezug aufeinander verständlich zu machen. Insofern ist eine solche systematische An-

---

57 Vgl. *Graf*, Missbrauchte Götter.
58 Vgl. dazu *Ritter u.a.*, Leid und Gott.

näherung nur in der Gestalt einer historischen Einordnung und der differenzierten Deutung überhaupt sachgemäß und denkbar. Dieser weite Horizont umgreift schließlich auch Gottesvorstellungen anderer Religionen und gewinnt damit eine interreligiöse Dimension. Hier wird sich ein profiliertes evangelisches Bildungsangebot nur dann als ein gegenwartsrelevanter Gestaltungsfaktor zeigen, wenn sich die Informationsvermittlung deutlich über die christlich geprägten Traditionen und Interpretationen hinaus öffnet und ausweitet.[59]

An welcher Stelle im Unterrichts- oder Bildungsprozess dieser elementare informationsorientierte Dialog erfolgt, ist je nach konkreter Situation sehr unterschiedlich und auch flexibel zu entscheiden. Vielleicht liegt es nahe, eine entsprechende Einheit mit grundlegenden Informationen zu beginnen, um von dort aus inhaltsbezogene Dialoge anstoßen zu können. Der informationsbezogene Teil kann aber auch bewusst als eine spätere Sequenz des Unterrichtsprozesses gewählt werden, um so Raum für die individuelle Artikulation und den freien Austausch der Jugendlichen zu eröffnen.

Von dieser Perspektive aus können auch kritische Interventionen der einzelnen Lehrkraft notwendig werden, wenn etwa von einseitigen Bildern eines unbarmherzigen, strafenden, auf Vergeltung abzielenden Gottes ausgegangen wird oder bestimmte Gottesvorstellungen von Jugendlichen einen erkennbar problematischen oder gar menschenfeindlichen Charakter in sich tragen.

Hinsichtlich der elementaren Strukturen ist zu bedenken, dass die dogmatische Frage nach Gott immer auch ethische Implikationen und Konsequenzen hat. Insofern muss die Unterrichtsvorbereitung und -planung sowohl den Gottes- als auch den Weltbezug (*coram Deo* und *coram mundo*) im Blick haben. Eine elementare Annäherung an die Frage nach der Wahrheit der Existenz Gottes lebt entscheidend davon, ob diese Wahrheit im Sinn des reformatorischen »für mich« (*pro me*) und »für uns« (*pro nobis*) konkret veranschaulicht werden kann.

Dies führt somit zu der Frage der sichtbaren und miterlebbaren Konkretion des Gottesglaubens und damit auf theologische Lern- und Vollzugsformen, in denen sich gleichsam eine didaktische Interdisziplinarität religionspädagogischer und systematisch-theologischer Perspektiven ereignen kann. Allerdings ist in verschiedenen Studien mit entsprechender Unterrichtsbeobachtung festgestellt worden, dass gerade die aktive Deutung der Jugendlichen selbst nicht selten ausgesprochen schwer zu erreichen ist.[60] Wie kann also eine Motivierung zum »Theologie treiben« denkbar und möglich werden?

---

59 Vgl. zur aktuellen Diskussion *Schweitzer/Biesinger/Edelbrock*, Mein Gott – Dein Gott.
60 S. oben, S. 33, 65ff.

Ausdrückliche theologische Argumentation mit Jugendlichen

Dass ausdrückliche theologische Argumentation wesentlich als ein kommunikatives Miteinander aufgefasst werden kann, leuchtet nach den bisherigen Annäherungen unmittelbar ein. Diese Dimension der Argumentation *mit* Jugendlichen ist vor dem Hintergrund der bisherigen Ausführungen aber gerade nicht als konfrontatives, sondern ebenfalls als ein entschieden wechselseitiges, aufeinander bezogenes und aufeinander angewiesenes Geschehen zu verstehen.

Dabei umfasst die Dimension der Argumentation unterschiedliche Aspekte:

Bezogen auf religiöse Fragen besteht eine wesentliche Bildungsaufgabe zuerst in der sachlichen Klärung bestimmter theologischer Gehalte und Fragen bis hin zum Einspielen entsprechender biblischer Traditionen und dogmatischer Interpretationen.[61]

Die theologische Dimension ins Spiel zu bringen heißt dann gerade nicht, bestimmte theologische Chiffren vorzusprechen oder dies gar mit dem Ziel zu verbinden, dass Jugendliche eine bestimmte vorgeprägte Semantik einfach nachsprechen sollen. Nur ein »Verzicht auf vorschnelles Generalisieren, Diagnostizieren und Moralisieren ermöglicht Offenheit«[62]. Demgegenüber können gerade die dialektischen Spannungen eines Textes fruchtbare Ausgangspunkte für eine gemeinsame Textsinnsuche sein; am Beispiel des Gleichnisses vom verlorenen Sohn etwa »Hunger, Heimweh – Fest, Heimat; Weggehen – Heimkommen; tot sein – lebendig werden; Abwendung – Zuwendung; verloren – wiedergefunden; Hunger, Not, Alleinsein, Gottesferne – Freude, Fest, Fülle, Gemeinschaft, Angenommensein von Gott und den Menschen«[63]. Man könnte auch sagen: Zum »Theologie treiben« zu motivieren macht es nicht selten notwendig, auf die irritierenden Spannungen und provozierenden Inhalte biblischer Überlieferung selbst hinzuweisen.

Das wechselseitige ausdrückliche Argumentationsgeschehen kann sich aber auch jenseits verbaler Artikulation in einem experimentellen Handeln zeigen, das bestimmte Symbole und Metaphern in die konkrete Gestaltungs- und Lebenswirklichkeit zu transferieren versucht.

Allerdings kann es nicht Ziel einer solchen handlungsorientierten theologischen Argumentation mit Jugendlichen sein, diese zum Erwerb bestimmter standardisierter Glaubenshaltungen zu drängen. Es braucht vielmehr bereits hier eine Art kritischer Kommunikation im Sinn des Erwerbs notwendiger theologischer Urteilskraft. Anders gesagt ist es entscheidend, dass der Charakter theologischer Argumentation die Kunst

---

61 Vgl. etwa zum Beispiel der Kommunikation mit Jugendlichen über die Opferthematik *Schlag*, Kann man heute noch über Opfer sprechen?
62 *Rosner*, Gibt es den Himmel auf Erden?, 117.
63 Ebd.

theologischer Unterscheidungs- und Differenzierungsfähigkeit zum Vorschein bringt.

Mit den vorausgegangenen elementaren Überlegungen zu einer Theologie *mit* Jugendlichen ist allerdings noch nicht das Gesamt möglicher und notwendiger Bildungsaufgaben im Horizont einer Jugendtheologie im Blick. Vielmehr erschließt sich gerade von den bisherigen Ausführungen aus die weitere Dimension einer »Theologie *für* Jugendliche«.

Kapitel 5
Theologie für Jugendliche

Der Blick auf die Dimension einer Theologie *für* Jugendliche knüpft an die bisherigen Überlegungen zum dialogischen, beziehungs- und prozessorientierten Charakter jugendtheologischer Reflexion und Kommunikation an, verbindet dies nun aber mit der stärkeren Konzentration auf die Deutungsaufgaben von Seiten der Lehrenden. Dies bedeutet gleichwohl, dass auch bei der Theologie *für* Jugendliche in erster Linie an die Jugendlichen selbst gedacht wird, die durch inhaltliche Impulse unterstützt und gefördert werden sollen. Darüber hinaus geht es im Folgenden auch um die in allen religionspädagogischen Zusammenhängen unausweichliche Frage der Auswahl von theologischen Inhalten und Themen. Ausgangspunkt unserer Argumentation ist die Erfahrung, dass Jugendliche bei aller eigenständigen theologischen Kommunikation nicht alle Erkenntnisse für sich selbst umfassend formulieren und allein aus sich heraus gewinnen können. Der Anspruch einer Theologie *für* Jugendliche geht folglich bewusst über das hinaus, was die Jugendlichen alleine – ohne Impulse von Erwachsenen – entdecken und entsprechend artikulieren können.
Im Folgenden geht es uns aber nicht darum, gleichsam einen Bildungsplan einer Theologie für Jugendliche aufzustellen. In exemplarischer Form werden zwar immer wieder wichtige Themen aufgenommen und ein Stück weit entfaltet, aber Vollständigkeit ist hier nicht das Ziel. Der Umkreis der Inhalte, die jugendtheologisch von Interesse sind, reicht weit: Er schließt klassisch-theologische Themen wie die Gottesfrage ebenso ein wie religiöse Phänomene in der Jugendkultur, ethische Fragen ebenso wie etwa Herausforderungen des Lebens und Glaubens in einer multireligiösen Gesellschaft oder einer globalen Welt.[1]

1. Zielsetzungen und Voraussetzungen einer Theologie für Jugendliche

Aufgrund entwicklungsbedingter Aspekte steht eine Theologie *für* Jugendliche in der produktiven Spannung zwischen den beiden Aufgaben, einerseits deren eigene Wahrnehmungen in ihrem anspruchsvollen Reichtum unbedingt ernst zu nehmen, sie andererseits aber auch noch-

---

[1] Manche dieser Themen, die auch bei einer Theologie *für* Jugendliche beachtet werden sollten, wurden bereits in den Kapiteln 2, 3 und 4 angesprochen.

mals von außen her theologisch gleichsam zu bereichern. Insofern umfasst eine Theologie *für* Jugendliche immer auch eine aufklärerische und kritische Zielrichtung.[2] Zugleich kann eine solche orientierende Bildung zur Freiheit immer nur als eine selbst freiheitlich ausgerichtete theologische Bildung konzipiert werden. Gerade auch bei dieser theologischen Kommunikationsdimension ist deshalb eine grundsätzliche und grundlegende Offenheit und Wertschätzung für das, was Jugendliche einbringen, unerlässliche Voraussetzung.
Selbst wenn hier bestimmte Deutungspositionen von den Lehrenden benannt werden, bleibt es dabei, dass theologische Orientierung ein gemeinsames Geschehen auf Augenhöhe sein muss. Theologie geschieht auch hier nicht um eines übergeordneten verkündigungsdirekten oder kirchlich verzweckten Interesses oder in der Perspektive einer bestimmten Funktionalisierung, sondern um der Jugendlichen willen. Insofern ist auch diese Dimension nicht im Sinn der Erfüllung bestimmter Bedingungen auf Seiten der Jugendlichen zu verstehen, sondern ist der theologischen Sache nach bedingungslos. Somit muss auch eine Theologie *für* Jugendliche prinzipiell vom Grundprinzip der Wahrnehmung und stetigen wechselseitigen Kommunikation ausgehen.
Wie stellen sich nun im Kontext dieser Zielsetzung die weiteren zu berücksichtigenden Voraussetzungen dar?
Auch für die Dimension einer Theologie *für* Jugendliche ist die oftmals sehr unmittelbar spürbare Realität drängender Herausforderungen und Nöte Jugendlicher relevant und entscheidender Bezugspunkt. Die Überzeugungskraft der Lehrenden sowie die Plausibilität ihrer inhaltlichen Angebote können damit unter Umständen in lebenswichtigem Sinn ins Spiel kommen.
Zugleich gilt aber auch, dass die Chancen und Gelegenheiten gelingender theologischer Reflexion und Kommunikation mit steigendem Alter der Jugendlichen weniger und seltener und damit auch für die erwachsenen Akteure in gewissem Sinn deutlich riskanter werden. Zu rechnen ist nicht nur mit einer nachlassenden Frustrationstoleranz, sondern auch mit der grundsätzlichen Infragestellung der Lehrenden, wenn deren Angebot einer Theologie *für* die Jugendlichen misslingt. Entsprechende Studien und Erfahrungsberichte stellen heraus, dass gerade solche Begegnungen mit Religionslehrerinnen und Pfarrern von nachhaltig negativer Wirkung sind, bei denen Jugendliche eine tiefe Verweigerungshaltung von Seiten der Erwachsenen spüren, sich auf die Fragen Jugendlicher wirklich einzulassen. So heißt es etwa im jugendlichen Originalton: »Und wenn ein Pfarrer dann offen ist und auch gerne lacht oder so oder auch gerne mit dir über etwas redet, dann ist das natürlich schon ein ganz anderes Kli-

---

2 Ähnlich formuliert dies für die Kinderphilosophie auch *Martens*, Kinderphilosophie und Kindertheologie, 161ff.

Kapitel 5: Theologie für Jugendliche 109

ma, als wenn jemand ganz starr seine alten Bibeln durchliest und sagt, nichts anderes ist wichtig, nur Gott, so in dem Sinne.«[3]
Es ist also keineswegs nur die Persönlichkeit des Erwachsenen an sich, die hier den Ausschlag für die Bewertung gibt, sondern seine Bereitschaft und Fähigkeit, sich auch inhaltlich auf die Jugendlichen einzulassen und dazu bereit zu sein, über »etwas« zu reden – wobei dieses »etwas« eben jederzeit von wesentlicher Bedeutung sein und werden kann. Ist eine solche Offenheit jedoch nicht gegeben oder unterbleibt die ernsthafte Kontaktaufnahme, so kann die entsprechende Person sogar regelrecht gehasst werden.[4]
Zugleich macht das oben genannte Zitat deutlich, dass Jugendliche sich durchaus auf bestimmte Deutungsangebote einlassen können, gerade wenn sie diese als orientierungs- und überzeugungsstark wahrnehmen. Im Folgenden wird noch eigens untersucht werden, welche Voraussetzungen dafür bei den Erwachsenen gegeben sein müssen,[5] weshalb wir diese Frage hier noch nicht weiter vertiefen. Festgehalten sei nur so viel, dass eine Theologie *für* Jugendliche in ganz entscheidender Weise darauf angewiesen ist, dass Jugendliche sie als ein echtes persönliches und inhaltliches Bemühen von Seiten der Erwachsenen erleben können. In diesem Sinne könnte man sagen, dass sich besonders in der Dimension einer Theologie *für* Jugendliche Aspekte formaler und informeller Bildung stark miteinander verbinden, d.h. die inhaltliche Ebene und Plausibilität des jeweiligen theologischen Deutungsangebots wird in hohem Maße mit der jugendlichen Einschätzung der Begegnungsbereitschaft Erwachsener verknüpft. Dies gilt zwar prinzipiell für jeden pädagogischen Prozess, stellt aber gerade in Hinblick auf theologische Fragen besondere Ansprüche an die Lehrenden.

2. Jugendliche zur Bewusstwerdung und Auseinandersetzung mit ihrer eigenen impliziten Theologie anregen

Gehen wir von den unterschiedlichen Formen von Jugendtheologie aus,[6] dann stellt sich an dieser Stelle die Frage, in welchem Sinn die Form einer impliziten Theologie mit einer Theologie *für* Jugendliche verbunden werden kann.
Grundsätzlich kommt es hier darauf an, dass Jugendliche in ihrem inneren Dialog und in ihrer alltagsweltlichen Orientierungssuche überhaupt erkennen können, dass ihnen bewusst die Möglichkeit eingeräumt wird, sich in aller Freiheit Räume für die eigenen Gedanken und deren Deu-

---
3 *Bund der Deutschen Katholischen Jugend & Misereor,* Wie ticken Jugendliche?, 230.
4 Vgl. *Husmann,* Das Eigene finden, 182.
5 Vgl. unten, Kap. 7 (149–163).
6 Vgl. den Überblick oben, S. 59–62.

tung zu erschließen. Dazu bedarf es erst einmal der Ermutigung dazu, sich über wesentliche Grundfragen des Lebens eigenständige Gedanken zu machen und sich – so banal es klingen mag – dafür und damit *für sich selbst* Freiheit nehmen zu können. Insofern verbindet sich mit einer Theologie *für* Jugendliche die Notwendigkeit eines qualifizierten Spielraums, durch den Freiheit eröffnet und zugleich ein Orientierungsangebot von außen über die eigenen implizit vorhandenen theologischen Fragen ermöglicht wird. Dies stellt die unabdingbare Voraussetzung dafür dar, Jugendliche zur Entwicklung und Betätigung eines kritischen Bewusstseins ermutigen zu können. Nur unter dieser Ausgangsbedingung kann an lebens- und alltagsweltliche Fragen theologisch angeknüpft werden.

Dies muss keineswegs heißen, jedes Alltagsphänomen und dessen jugendliche Deutung gleich auf seinen theologischen Tiefensinn hin abzuklopfen. Die implizite Theologie *für* Jugendliche kann und sollte als solche theologisch identifiziert werden; zugleich bleibt aber auch ein Stück weit unverfügbar, wie sehr die theologisch relevante Selbst- und Alltagsreflexion von Jugendlichen für theologisch anschlussfähig gehalten wird und sie sich damit Deutungen von außen zu öffnen bereit sind. Dennoch erhöht eine solche Ermöglichung von Freiheitsräumen mindestens die Chance auf eine dann auch intensivere substantielle Kommunikation.

Diese Ermutigung kann man sich auf eher informative oder auch auf sehr plastische Art und Weise vorstellen:

Im informativen Sinn kann dies einfach darin bestehen, Jugendliche etwa im Unterricht auf wesentliche Fragen zu stoßen, die sie so bisher möglicherweise noch gar nicht als für sie wesentlich oder als veränderbar erkannt haben. Vielleicht haben sie sich, um ein konkretes Beispiel zu geben, mit einer eigenen prekären oder gar verzweifelten ökonomischen Lage bereits abgefunden und sehen für sich weder einen Grund noch eine Möglichkeit, dagegen überhaupt noch anzugehen. Hier kann theologisch etwa durch die biblische Rede von der Würde des Menschen eine alternative Sichtweise auf den eigenen Wert aufgezeigt und damit das individuelle Selbstbewusstsein und der eigene Mut gestärkt werden. In diesem Sinne besteht die informative Aufgabe theologischer Rede für Jugendliche darin, ihnen den Blick für Aspekte und Möglichkeiten des eigenen Daseins zu öffnen, für die sie im wahrsten Sinn des Wortes keine Aufmerksamkeit mehr aufbringen können.

Die informative Erinnerung an prophetische Traditionen kann Jugendliche nicht nur für eine mögliche Kritik an gesellschaftlichen Verhältnissen sensibilisieren, sondern Jugendliche können dadurch auch dazu ermutigt werden, nicht einfach von der Unveränderlichkeit bestehender Ungerechtigkeiten auszugehen oder sich einfach ihrem Schicksal zu ergeben. In beinahe diakonischem Sinne könnte man hier davon sprechen, dass eine solche Ermutigung immer auch den theologischen Tiefensinn hat, Jugendlichen das Bewusstsein der eigenen wichtigen, unverzichtbaren und hörbaren Stimme zu vermitteln. Und die theologische

Kapitel 5: Theologie für Jugendliche

Kunst besteht dann darin, Jugendlichen die Kompetenz zu vermitteln, den eigenen Blick für Verhältnisse zu schärfen, in denen sie selbst oder andere Menschen massive Menschenwürdeverletzungen und Ungerechtigkeiten erleiden müssen.[7]
Solche Ermutigungen können über diese informative Dimension des klassischen Unterrichts hinaus aber auch in ganz anderen Räumen bzw. Lernumgebungen geschehen. Als ein anschauliches Beispiel der Ermutigung zu individueller Freiheit sei hier auf verschiedenste schulbezogene Angebote außerhalb des regulären Religions- oder Konfirmandenunterrichts verwiesen, die oftmals in enger Kooperation zwischen kirchlichen und staatlichen Stellen durchgeführt werden. In diesen können Jugendliche – gerade mit wenig oder keiner religiösen Sozialisation – gemeinsamen Raum für den Dialog über lebensentscheidende Fragen erhalten. So bieten etwa die sogenannten »Tage Ethischer Orientierung« (TEO) in Mecklenburg-Vorpommern auf niederschwellige Weise geeignete Räume an, in denen sich »ein persönlicher, jugendgemäßer Ausdruck im Umgang mit Sterben, Tod und Trauer bilden«[8] kann. Die sogenannten religionsphilosophischen Schulprojektwochen bieten Jugendlichen nicht nur grundlegende Informationen über Religion, sondern eröffnen ihnen Raum für den gemeinsamen Austausch über Sinnfragen.[9] Man könnte bei solchen Angeboten geradezu von Theologie ermöglichenden öffentlichen Räumen für Jugendliche sprechen.
Als ein weiteres, noch konkreteres und plastisch anschauliches Beispiel der Ermutigung zu individueller Freiheit sei auf die erschließende Bedeutung des Kirchenraums verwiesen. Dieser kann im Sinn einer Theologie *für* Jugendliche im wortwörtlichen Sinne eines persönlichen Zugangs hochbedeutsam werden. So berichtet die 15-jährige Esther, die sonst weder mit dem Religions- noch ihrem Konfirmandenunterricht positive Erfahrungen gemacht hat, davon, dass sie immer wieder außerhalb des Gottesdienstes alleine in eine Kirche geht und so den Kirchenraum für sich erschließt:

»War dann da alleine für mich, das hat mir gut getan in dem Moment. ... Man kriegt halt im Kirchenraum sehr viel Wärme raus, finde ich. ... Also wenn zum Beispiel wenn viele Kerzen da sind und wenn es warm wird, dann denke ich, ich bin geborgen.«[10]
Und auf die Frage, was sie denn mache, wenn sie in eine Kirche gehe, antwortet sie:
»Für mich mit Gott reden, – – – Kerze anmachen, da sitzen und nachdenken.«[11]

Der implizite Charakter theologischen Denkens wird hier in der schönen und eindrücklichen Formulierung der Jugendlichen »Für mich mit Gott

---

7 Vgl. *Schlag*, Menschenrechtsbildung, und *ders.*, Konstruktivistische Ansätze.
8 Vgl. *Keßler*, Jugendliche und Tod, 139.
9 Vgl. *Schluß/Götz-Guerlin*, Was hat Religion mit Erfahrung zu tun?
10 Nach *Husmann*, Das Eigene finden, 77.
11 Ebd.

reden ... da sitzen und nachdenken« überaus deutlich. Offenbar braucht es im gelingenden Fall nicht viel, dass Jugendliche gleichsam selbstredend den Kirchenraum zu ihrem eigenen Raum machen und diesen für sich in Anspruch nehmen.

In diesem Zusammenhang ist auch auf die besonderen theologisch bedeutsamen Chancen und Möglichkeiten der sogenannten *Kirchenraumpädagogik* hinzuweisen.[12] Der aktuellen Konjunktur der Kirchenraumpädagogik liegen dabei einerseits die Einsicht in umfassende Traditionsabbrüche bei Jugendlichen im Blick auf Wissen und Vertrautheit mit der Kirche als kulturellem und rituellem Ort zugrunde, andererseits die von uns anfangs benannten Fremdheitserfahrungen.

Ausgangspunkt ist wie schon im Blick auf den Zeitbegriff[13] die Überzeugung, dass die Dimension des Raumes und seine eigenständige, begehende Erschließung selbst wieder auf neue Weise wesentliche Bildungsgehalte zum Ausdruck bringen kann – und sei dies auch in Form der impliziten Auseinandersetzung Jugendlicher mit den Bildprogrammen, Symbolen und der Atmosphäre des jeweiligen Raumes. Kirchenraumpädagogik eröffnet dann – gleichsam in Verbindung von formaler und informeller Bildung – im freien Begehen subjektorientierte, anschauliche Zugänge zu theologischen Fragen. Jugendlichen in dieser Form Zugang zum Kirchenraum zu schaffen kann zu einem wesentlichen Aspekt einer Theologie *für* Jugendliche werden.[14] Denn grundsätzlich gilt: Kirchen vermögen auch heute noch durch die »Erinnerungszeichen« ›Kreuz‹, ›Altar‹, ›Taufe‹ und nicht zuletzt ›Kanzel‹ Gegenwärtiges zu transzendieren – sie sind nach wie vor architektonische Zeichen »einer erhofften oder imaginierten Zukunft«[15].

Für eine Jugendtheologie ist es Chance und Aufgabe zugleich, christliche Gotteshäuser in einer nachchristlichen Umwelt nicht als »Museen und Dauerausstellungen christlicher Architektur-, Bild- und Musikgeschichte« zu verstehen, sondern als Erfahrungs- und Handlungsräume »eines nach wie vor existenten Glaubensentwurfes«[16] zu erschließen. Die Kirchenraumpädagogik stellt so gesehen einen Zugang zu theologischen Sinngehalten von Kirchengebäuden und Kirchenräumen dar. Soll Jugendlichen die Bedeutung der Kirchen als Lebens- und Freiheitsraum plausibel werden, ist es fundamental, dass »dieser lebensrelevante Glaube sich auch räumlich artikuliert«[17]. Beim Begehen, Wahrnehmen, Erkennen und Erschließen können Jugendliche dabei etwa an die technische, architektonische, ästhetisch-künstlerische, biblisch-theologische, symbolische und nicht zuletzt spirituelle Dimension der Kirche als

---

12 Vgl. etwa *Degen/Hansen*, Lernort Kirchenraum; *Neumann/Rösener*, Kirchenpädagogik; *Rupp*, Handbuch der Kirchenpädagogik.
13 S.o., S. 87–90.
14 Vgl. *Jooß*, Raum.
15 *Soeffner*, zit. in *Klie*, Ecclesia quaerens paedagogiam.
16 Ebd.
17 *Erne*, Lebensraum Kirche, 329.

Kapitel 5: Theologie für *Jugendliche*

theologisch gedeutetem, deutendem und deutungsoffenem Raum herangeführt werden.
Die Zielsetzungen einer Kirchenraumerschließung können zugleich auch als Leitlinien einer Theologie *für* Jugendliche beschrieben werden. Es geht um
- *Gewinn von Sprachfähigkeit* in dem Sinne, dass kulturelle Ausdrucksformen des christlichen Glaubens neu oder wieder entdeckt werden können – damit geht es um die Bildung und Erhöhung kognitiver Kompetenz,
- *Erinnerung* durch persönliche Erfahrungen mit Formen überlieferten und gelebten Glaubens sowie der Möglichkeit, sich innerlich damit auseinanderzusetzen oder sich diese kreativ anzueignen – damit geht es um die Ausbildung und Erhöhung ästhetischer Kompetenz,
- *Identitätsstiftung* durch das Vertrautwerden mit dem Raum der gottesdienstlichen Gemeinde – damit geht es um die Bildung und Erhöhung affektiver und interaktiver Kompetenz und
- *Beziehung* in dem Sinne, dass Jugendliche sich den Raum selbst für eigene religiöse Erfahrungen und theologische Fragen erschließen – damit geht es um die Bildung und Erhöhung partizipativer und performativer Kompetenz.

Dabei wird dieser Raum in seiner Vielfältigkeit als Begehungsraum, Versammlungsort der christlichen Gemeinde, Schwellenraum vom Alltag zum Heiligen, Übergangsraum vom Tod zum Leben und schließlich als umfassender Lebens- und Kommunikationsraum erschlossen.
Interessanterweise existieren inzwischen auch virtuelle Kirchenräume, in denen sich Jugendliche sozusagen mit ihrer impliziten Theologie aufhalten können. So besteht auf der Website der bereits erwähnten Online-Community konfi.web ein kirchlicher »Gedankenraum«, in den mit folgenden Worten eingeladen wird:

»Die Kirche in der Konfi-Stadt lädt ein, für einen kurzen Moment innezuhalten und über Gott und die Welt nachzudenken. Gibt es etwas, was Dich zur Zeit besonders beschäftigt? Geht Dir eine Sache nicht aus dem Kopf, oder kannst Du vor Freude gar nicht anders, als jedem von Deinem Erlebnis zu erzählen? Vielleicht hast du Lust, Deine Gedanken hier aufzuschreiben! Du kannst dies anonym machen oder mit Deinem Usernamen (dann können Dir andere User in Deinem Gästebuch auf Deiner Nickpage antworten oder Dir über den Messenger eine Nachricht senden).«[18]

Diese Beispiele sollen verdeutlichen, dass es sinnvoll ist, Jugendlichen auf die verschiedenste reale und virtuelle Weise Kirche im wahrsten Sinn des Wortes zu eröffnen. Chancen für eine solche implizite Theologie »auf Zeit« machen es allerdings notwendig, die landläufigen ästhetischen Programme einer deutlichen Überprüfung zu unterziehen. Wenn Jugendliche Kirche als für sie attraktives Raumangebot empfinden sollen, müssen diese Räume auch tatsächlich für sie ansprechend sein. Dies

---

18 http://www.konfiweb.de/index_kirche.php?cr=town (gelesen: 15.2.2010).

schließt notwendig Möglichkeiten der eigenständigen Ausgestaltung mit ein. Eine Theologie *für* Jugendliche umfasst dementsprechend auch die Offenheit für die jugendliche kreative Gestaltung eigener Freiräume – sowohl in realer als auch in virtueller Hinsicht.

Schließlich ist schon an dieser Stelle auf die theologisch bedeutsame Grundhaltung der Erwachsenen hinzuweisen.[19] Die Form impliziter Theologie ist auch aus der Perspektive der Erwachsenen für ihre eigene Deutungsaufgabe bedeutsam, insofern sie sich vor aller direkten Einflussnahme den Zusammenhang ihrer eigenen Weltwahrnehmungen und deren theologischer Implikationen möglichst klar vor Augen führen müssen. Erst wenn sie selbst für sich akzeptieren und verstehen, dass viele Fragen der Jugendlichen auch Fragen ihrer eigenen Alltagswelt sind, können sich gleichberechtigte Dialoge ergeben. Es geht folglich darum, Jugendliche in der Weise so zum kritisch-freien Umgang mit ihrer eigenen Alltags- und Lebenswelt zu ermutigen, dass sie ihre Deutungen an den implizit theologischen Orientierungsmustern Erwachsener spiegeln können. In diesem Sinn handelt es sich bei einer solchen impliziten Theologie *für* Jugendliche von beiden Seiten aus um ein in hohem Maße wechselseitiges, persönlichkeitsorientiertes Erschließungsgeschehen.

3. Persönliche Theologie für Jugendliche

Wir gehen davon aus, dass auch Aspekte der persönlichen Theologie *von* Jugendlichen, bei aller zu respektierenden Privatheit, in ein deutendes dialogisches Geschehen einbezogen werden können. Allerdings müssen auch dafür wieder bestimmte Grundvoraussetzungen gegeben sein: Nur wenn eine uneingeschränkte Orientierung der Erwachsenen an der Person des Jugendlichen gegeben ist und dessen Persönlichkeit selbst geschützt bleibt, kann diese persönliche Ebene in verantwortlicher Weise zum Ausgangspunkt wechselseitiger Kommunikation werden. Gerade weil es sich hier mindestens aus Sicht der Jugendlichen um einen sehr persönlichen Zugang zu lebenswichtigen Fragen handelt, sind diese grundsätzlich wertzuschätzen und in ihrem Eigensinn zu respektieren.

In diesem Zusammenhang wird der Angebotscharakter theologischer Kommunikation und Deutung besonders deutlich, aber auch die Notwendigkeit großer Sensibilität und Empathie im Blick auf jugendliche Äußerungen zu eigenen Lebensfragen und ihrer Orientierungssuche. Dies verweist in jedem Fall sogleich auf einen weiteren grundsätzlichen Aspekt gelingender Jugendtheologie:

---

19 Im Einzelnen s.u. Kap. 7, v.a. S. 149–154

Kapitel 5: Theologie für Jugendliche

Zur seelsorgerlichen Dimension von Bildung

Schon von den bisherigen Ausführungen her ist deutlich, dass die Zuwendung zu den Jugendlichen und deren Lebensfragen auch eine ausgesprochen seelsorgerliche Dimension beinhaltet. Es wäre deshalb verkürzt, würde man die Rede von einer Theologie *für* Jugendliche lediglich auf unmittelbar bildungsbezogene Aspekte konzentrieren. Geht man von Bildung als einem ganzheitlichen Geschehen aus, so schließt dies die grundlegende Sorge um jeden einzelnen Jugendlichen als Person in seiner Eigenwürde ein. Eine gelingende Bildungsbeziehung lebt folglich mit davon, auch den seelischen Fragen und Nöten des einzelnen Jugendlichen Raum zu geben.

Dass gerade diese Altersgruppe aufgrund ihrer realen Lebensbedingungen und äußerer Anforderungen erheblichem Druck ausgesetzt sein kann, wurde bereits angedeutet. Dieser Druck hat weit über unmittelbar ausbildungs- und berufsbezogene Aspekte hinaus seine prekären Auswirkungen auf die seelische Lage und Befindlichkeit junger Menschen. In der entwicklungsbedingt besonders intensiven Phase der Orientierung ist bei vielen Jugendlichen von Selbsterfahrungen großer Unsicherheit und Verletzlichkeit auszugehen.[20] Es sind dabei nicht nur die harten Fakten einer instabiler werdenden Umwelt, die zu starken Belastungen bis hin zu tiefer seelischer Not führen können, sondern auch die grundlegende Infragestellung des eigenen Selbst – sowohl von außen wie von sich selbst aus. Das nach außen hin oftmals als strahlend und nicht selten überdimensioniert präsentierte Selbstbewusstsein stellt sich in der eigenen Gefühlswelt unter bestimmten Umständen völlig anders dar. Die entsprechend angelegte Schutzschicht kann häufig nur mühsam verbergen, was Jugendliche dann in ihrem Innersten tatsächlich umtreibt und zur Verzweiflung bringen kann.

In diesem Zusammenhang kann natürlich an die zunehmende Bedeutung der Schulseelsorge gedacht werden, auf die wir erst später genauer eingehen.[21] Zugleich ist aber darauf hinzuweisen, dass eine Kommunikation im Sinne der persönlichen Theologie durchaus auch im schulischen Religionsunterricht möglich ist, auch wenn sie hier natürlich nicht zur Regel werden kann. Schon eher lässt sich eine solche Zugangsweise etwa im Raum der Konfirmandenarbeit denken. In jedem Fall kommt religiöser Bildung aber auch in der Schule eine seelsorgerlich ausgerichtete Wahrnehmungs- und Begleitungsfunktion zu. Wie kaum an einem anderen Ort kann hier Jugendlichen die Möglichkeit gegeben werden, die innere Befindlichkeit mindestens für sich selbst zu thematisieren und nach entlastenden Orientierungen zu suchen.

---

20 Vgl. in jugendpsychologischer Hinsicht etwa *Riess/Fiedler*, Die verletzlichen Jahre, und im Blick auf die gesellschaftspolitischen Rahmenbedingungen jüngst *Bingel u.a.*, Die Gesellschaft und ihre Jugend.
21 S.u., S. 120f.

Damit soll keineswegs für eine Rückkehr zum einstmaligen therapeutischen Religionsunterricht plädiert werden, da dadurch öffentliche Bildung zum Teil über alle sachgemäßen Grenzen hinaus für ganz andere Ansprüche verzweckt und mitunter wohl auch missbraucht wurde.[22] Insbesondere im Bereich der formalen Bildung darf der Religionsunterricht nicht den Charakter einzel- oder gruppentherapeutischer Sitzungen annehmen – und zwar sowohl aus Gründen seines allgemeinbildenden Auftrags wie auch um des Schutzes der Jugendlichen willen.

Abgesehen davon, dass Bildungsverantwortliche in der Regel nicht über die notwendige fachliche Ausbildung für eine solche Zugangsweise verfügen, ist der Raum religiöser Bildung seinerseits vor Überforderungen auf allen Seiten grundsätzlich zu schützen. Es käme einem massiven Verlust jugendlicher Intimität gleich, würde man den Religionsunterricht systematisch dazu nutzen, persönlichste Themen zu bearbeiten und dabei möglicherweise sogar die biographischen Hintergründe einzelner Jugendlicher zum gleichsam öffentlichen Thema einer Klasse oder Gruppe zu machen.

Trotz dieser Einschränkungen müssen auch Bildungsangebote für solche Existenzfragen offen sein, die durch eine kognitive Bearbeitung theologischer Themen allein nicht ins Spiel gebracht werden können. Das besondere Profil einer persönlichen Theologie *für* Jugendliche besteht in dieser Hinsicht darin, dass über die sachbezogene Vermittlung hinaus immer wieder Grundfragen individuellen Menschseins in den Blick genommen werden. Auf diese Weise kann Jugendlichen deutlich werden, dass ihnen unabhängig von allen Leistungen eine unantastbare körperliche und seelische Würde zukommt.

Eine solche Zuwendung zu Jugendlichen hat allerdings – das ist erneut hervorzuheben – grundsätzlich, bei aller sinnvollen Nähe und Empathie, immer auf alle gebotene Distanz zu achten. Der oftmals erhebliche Vertrauensvorschuss, den Jugendliche erwachsenen Vorbildern entgegenbringen, muss auf Seiten der Erwachsenen zu einer möglichst sorgsamen Grundhaltung führen.

Der Grat zwischen empathischer Annahme und phantasievoller Übergriffigkeit ist dort wohl besonders schmal, wo es um die ganze Person geht, insbesondere dann, wenn Erwachsene es tagtäglich mit Jugendlichen zu tun haben, die sich im hochemotionalen Suchprozess zwischen Abhängigkeit und Autonomie befinden. Umso fataler ist es, wenn offenbar in Schulen und Einrichtungen, die sich das Ideal vertrauensvoller Persönlichkeitsbildung auf die Fahnen geschrieben haben, über Jahre und Jahrzehnte hinweg seelische und körperliche Vergewaltigungen geschehen sind.

Persönliche Theologie für Jugendliche als Vertrauensbildung

Die Grundfrage ist also, wie sich eine personengemäße Vertrauensbildung im Sinne eines professionellen Umgangs mit Nähe und Distanz so

---

22 Dazu etwa *Stoodt*, Die Praxis der Interaktion; oder auf katholischer Seite *Randak*, Therapeutisch orientierte Religionspädagogik.

Kapitel 5: Theologie für Jugendliche

gestalten lässt, dass einerseits Raum für besondere persönliche Beziehungen entsteht, zugleich aber Gefährdungen auch nur eines einzigen Jugendlichen grundsätzlich ausgeschlossen werden können.

Bemerkenswerterweise finden sich innerhalb der religionspädagogischen Fachliteratur der letzten Jahrzehnte keine systematischen Abhandlungen zur Vertrauensthematik, und auch die einschlägigen Lexika verzeichnen zum Vertrauensbegriff keine Einträge. Auch die jüngste Orientierungshilfe der EKD spricht eher am Rande von einem »gewisse[n] Vertrauensvorschuss für kirchliche Träger besonders dort ..., wo es etwa um Fragen der Werteorientierung geht«, und nennt explizit lediglich die »Vertrauenswürdigkeit der Kirche«[23]. In einer der wesentlichen aktuellen Abhandlungen zur Frage der Kompetenzorientierung ist lediglich an einer einzigen Stelle das semantische Feld bespielt, und dies ausgerechnet dort, wo von einer »vertrauensförderliche[n] Sitzordnung«[24] die Rede ist! Und selbst in der jüngsten Handreichung zum Verhältnis von Kirche und Jugend taucht der Begriff – abgesehen von einem Hinweis auf die Bedeutung »vertrauensvoller Freundschaften«[25] für Jugendliche – explizit nicht auf.
Es scheint, als ob der Vertrauensaspekt in didaktischer Hinsicht zwar gleichsam implizit immer mit vorausgesetzt ist, eine ausdrückliche Auseinandersetzung mit dieser Frage bislang aber nicht geleistet ist. Angesichts der Tiefgründigkeit des Vertrauensthemas wäre eine systematische Klärung für die Religionspädagogik insgesamt sehr zu wünschen.[26]

So ist an dieser Stelle neu zu fragen, wie viel persönliche Nähe und Intimität eine gelingende persönliche Theologie *für* Jugendliche als Vertrauensbildung erlaubt. Denn ohne Frage ist die Zielsetzung einer Bildung, die auf Vertrauen setzt und Vertrauen zu erzeugen sucht, ein in hohem Maß riskantes Unterfangen. Das Angebot einer »nahe gehenden«, auf möglichst intensive Gefühle zielenden Pädagogik ist niemals ohne Fallstricke.
Deshalb ist auch darüber nachzudenken, ob religiöse Bildung als Vertrauensbildung nicht vielleicht automatisch in der Gefahr steht, persönliche Nähe über Gebühr zum entscheidenden, gar ausschließlichen Kriterium für gelingenden Unterricht zu machen, sich damit selbst überhebt und unter der Hand die Jugendlichen emotional und persönlich zu überfordern droht. Notwendig ist es deshalb, das berechtigte Ziel einer möglichst persönlichkeitsbedeutsamen, vertrauensbasierten religiösen Bildung seinerseits differenziert zu beschreiben und zu verfolgen
Am Begriff des Vertrauens lässt sich im Übrigen auch eine aus unserer Sicht notwendige Differenzierung subjektorientierter Bildung besonders gut religionspädagogisch – theologisch wie pädagogisch – verdeutlichen. Dabei geht es um das reformatorische Glaubensverständnis sowie um die

---

23 *EKD*, Kirche und Bildung, 57.
24 *Fischer/Elsenbast*, Grundlegende Kompetenzen, 26.
25 Vgl. *EKD*, Kirche und Jugend, 24.
26 Vgl. die Problemanzeige und ausführlichere Erwägungen bei *Schlag*, Vertrauens-Bildung.

Vertrauenswürdigkeit des Glaubensinhalts, die nicht von den Lehrerinnen und Lehrern abhängig ist:

Die Unterscheidung zwischen Glaube als *notitia, assensus* und *fiducia* – also als Kenntnis, Zustimmung und Vertrauen – verweist darauf, dass ein Vertraut-Werden mit dem Glauben eines besonderen persönlichen Zugangs bedarf. Zu *notitia* und *assensus* als verständigem, persönlich zustimmendem Glauben des Gehörten und Gelesenen muss ein Drittes hinzukommen. Gefragt ist eine Grundhaltung, den Inhalten tatsächlich im Sinn der persönlichen *fiducia* vertrauen zu können.
Gerade von dort her wäre es kurzschlüssig, diese *fiducia* primär an die erziehende oder lehrende Person zu binden oder gar von deren Glaubwürdigkeit abhängig zu machen. Vielmehr muss der individuelle Erkenntnisprozess wesentlich auf der Vertrauenswürdigkeit der Inhalte basieren, also dem Vertrauen darauf, dass Gott selbst in Wort, Überlieferung und Auslegung durch die Geschichte hindurch treu, barmherzig und verheißungsvoll präsent ist.

Diese reformatorische Grundunterscheidung bedeutet für die Lehrenden Entlastung und Verantwortung zugleich. Einerseits dürfen und müssen sie den Prozess der Vertrauensbildung und sein Gelingen nicht primär von ihrer eigenen pädagogischen und theologischen Fähigkeit abhängig machen, Vertrauen auszustrahlen oder gar zu erzeugen. Sie sind aufgrund der möglichen Eigen- und Wahrheitsdynamik göttlicher Geschichte vom Anspruch entlastet, für die lebensbedeutsame Plausibilität dessen zu sorgen, wovon ihr Unterricht handelt. Auf der anderen Seite bringt dies die erhebliche Verantwortung mit sich, Bildungsprozesse so zu planen und auszugestalten, dass sie der theologischen Sache selbst möglichst gut durch ihre Handlungs- und Kommunikationsweise zu entsprechen vermögen.
Ein guter und qualitätsvoller Unterricht in religiösen und theologischen Fragen sollte also keineswegs auf persönliche Nähe und die Bearbeitung individueller, existentieller Fragen verzichten, sondern diese durchweg als wesentlichen Aspekt eines sinnvollen Bildungsgeschehens profilieren. Allerdings ist dabei die Gefahr von Grenzüberschreitungen immer mit im Auge zu behalten.

Die erforderliche Selbstüberprüfung der Lehrenden kann auch so beschrieben werden, dass eine vertrauensvolle Bildung entlang des Beziehungsbegriffs gestaltet werden muss. Der Beziehungsbegriff empfiehlt sich hier deshalb, weil er – theologisch gesehen – weit mehr als nur die Beziehung zwischen Lehrendem und Lernendem umfasst. Vielmehr umschließt er auch die Beziehung des Lernenden zu sich selbst wie die Beziehung zu Gott, die auch als Beziehung Gottes zu den Akteuren innerhalb des Bildungsgeschehens verstanden werden kann. Schließlich ist als eine vierte Beziehungsdimension die Beziehung des Einzelnen zur Zukunft im Sinn göttlicher Verheißung mitzudenken.[27]

Der Beziehungsbegriff kann so dazu dienen, sowohl die notwendige pädagogische Dimension persönlicher Nähe wie auch das über das

---

27   Vgl. *Boschki*, »Beziehung« als Leitbegriff der Religionspädagogik.

Kapitel 5: Theologie für *Jugendliche* 119

menschlich Machbare und die aktuell fassbare Zeit hinausgehende Beziehungsgeschehen zwischen Gott und den Menschen im Bildungsprozess aufscheinen zu lassen und so das Verhältnis von Verfügbarem und Unverfügbarem mitzudenken und mit zu thematisieren. Zugleich gilt aber reformatorisch, dass dieses Unverfügbare eben nicht das schlechthin Kontingente ist, sondern seinerseits von der durch Gottes Wort ausgesprochenen Verheißung her qualifiziert und überwölbt wird.

Die Gottesfrage als Herausforderung für eine Theologie für Jugendliche

Die religionspädagogische Kunst menschen- und sachgemäßer Vertrauensbildung lässt sich wiederum anhand der Gottesfrage als Theologie *für* Jugendliche exemplarisch konkretisieren. Dabei soll auch deutlich werden, in welchem Sinne an dieser Stelle von einer besonderen Herausforderung für eine Theologie *für* Jugendliche zu sprechen ist. Denn einerseits überschneidet sich die Jugendtheologie hier beispielsweise mit dem Religionsunterricht, spitzt andererseits aber herkömmliche religionsdidaktische Ansätze noch einmal weiter zu.
Die erste Aufgabe dialogischer Bildung besteht auch für die Jugendtheologie darin, Jugendliche mit den vielfältigen und unterschiedlichen Gottesbildern des Alten und Neuen Testaments vertraut zu machen. Größte Bedeutung muss zugleich aber der Aufgabe zukommen, die Gottesbilder der Jugendlichen wahrzunehmen und zur Geltung kommen zu lassen. Wie in unserer Darstellung bereits mehrfach deutlich geworden ist, liegt zwischen diesen Gottesbildern und der christlichen Tradition – zumindest in der Wahrnehmung der Jugendlichen selbst – häufig eine tiefe Kluft. Diese Tradition wird sich in ihrem produktiven Sinn nur erschließen, wenn es gelingt, sie in ein Verhältnis der (kritischen) Auseinandersetzung mit den Gottesbildern der Jugendlichen oder auch anderen in der Gesellschaft wirksamen Vorstellungen zu bringen.
Narrative und symbolorientierte Zugänge zur Schöpfungs- und Exodusgeschichte bieten sich hier ebenso an wie Geschichten, in denen Menschen durch göttliche Führung geleitet, bewahrt und gerettet werden. Mitunter wird auch vorgeschlagen, die Lebensgeschichte des Gottessohnes Jesus Christus in diesem Sinne aufzunehmen, insofern die Evangeliumsbotschaft »im Kern die Geschichte der Anerkennung eines Leidenden durch den [ist], dem dieser Leidende bedingungslos vertraut hat, auf den hin er sein Leben entworfen hat und auf den hin die Gemeinde das Leben dieses Leidenden erzählt«[28]. Auch hier müssen dann allerdings die kritischen Anfragen Jugendlicher, wie sie als »Christologie Jugendlicher« untersucht worden sind,[29] konstitutiv berücksichtigt werden. Denn für sie ist nicht ohne weiteres klar, was eine solche »Anerkennung eines

---

28 *Kuld*, Lebensgeschichte(n), 178f.
29 Vgl. bes. *Ziegler*, Jesus als »unnahbarer Übermensch«.

Leidenden« bedeuten kann, besonders auch für ihr eigenes Leben. Die in der theologischen Tradition entwickelten Deutungen müssen im Blick auf die Jugendlichen offenbar eigens auf die Probe gestellt werden.
Zu achten ist deshalb durchweg darauf, dass Geschichten nicht nur altersgemäß, sondern zugleich immer auch so erzählt werden, dass eine aktive und kritische Auseinandersetzung möglich wird. Dabei wird im Einzelfall sicherlich nicht eindeutig und einlinig von vornherein festzulegen sein, was Jugendliche etwa unter einem Gott, dem man vertrauen kann, verstehen. Wichtig ist aber in jedem Fall, sie vor allen Angst machenden oder sie einengenden Gottesbildern zu schützen und ihnen die Hoffnung auf den bedingungslos annehmenden und versöhnenden Gott vor Augen zu führen. Zur Vertrauensbildung gehört dabei zugleich, Jugendliche erfahren zu lassen, dass sie sich den überlieferten Gottesbildern anders, als sie es selbst offenbar besonders im Blick auf die Kirche weithin erwarten, eigenständig und kritisch annähern dürfen. Nur unter dieser Voraussetzung können Jugendliche realisieren, was beispielsweise religionspädagogische Angebote im Zusammenhang des Bibliodramas hervorheben: dass biblische Texte und Personen ein »tief gefächertes Identifikationsangebot« enthalten, »das von der Rebellion gegen Gott bis hin zum tiefen Vertrauen reicht«[30].

Die Thematisierung der Gottesfrage im Zusammenhang einer Theologie *für* Jugendliche verweist erneut auf den prozessual-ergebnisoffenen Charakter der Jugendtheologie. Zudem kann der Theologie nichts Besseres passieren, als wenn ihre Hypothesen immer wieder auf den Prüfstand gestellt werden, selbst wenn es sich bei den Prüfenden auf den ersten Blick um keine argumentationsfesten Theologen handelt, sondern eben um Jugendliche.

So gesehen kann es durchaus zu einer Theologie *für* Jugendliche gehören, dass Erwachsene in authentischer Weise ihre eigenen Schwierigkeiten mit bestimmen Geschichten, Bildern und Interpretationen mit einfließen lassen und zum Ausdruck bringen. Theologie *für* Jugendliche im Blick auf die Gottesfrage kann damit produktive und im guten Sinne riskante Kreativität entbinden.

Schulseelsorge in der Perspektive persönlicher Theologie

Die Ausführungen zur Verbindung von Jugendtheologie, Bildung und Seelsorge lassen sich in institutioneller Hinsicht im Blick auf die Schulseelsorge noch einmal weiter konkretisieren. Diese Form der Seelsorge nimmt innerhalb des schulischen Kontextes eine zunehmend auch über die Religionspädagogik hinaus als wichtig wahrgenommene Stellung ein, indem sie sowohl im Fall der Beratung und Krisenintervention, als auch der alltäglichen Begleitung von Jugendlichen eine verlässliche Prä-

---

30 *Aldebert*, Anspiel – Rollenspiel – Bibliodrama, 506.

senz für Jugendliche markiert. Da es inzwischen zahlreiche informative Veröffentlichungen zur Schulseelsorge gibt,[31] stellen wir dieses Arbeitsfeld hier nicht erneut als solches dar, sondern konzentrieren uns auf den Zusammenhang mit der Jugendtheologie.

Die Kommunikation im Bereich der persönlichen Theologie kann keineswegs, wie schon deutlich geworden ist, auf einen einzelnen institutionell definierten Kontext wie die Schulseelsorge beschränkt sein. Dennoch ist es sinnvoll, sich klarzumachen, dass auch die Schulseelsorge ein wichtiger Ort für eine solche persönliche theologische Kommunikation sein kann. Besondere Chancen können dabei in einer gleichsam institutionalisierten theologischen Begleitung für Jugendliche »bei Gelegenheit« liegen.[32] Hierbei muss keineswegs automatisch jede Gesprächssituation explizit theologisch aufgeladen werden. Vielmehr kann sich durch gelingende Begegnungen implizit die besondere Aufgabe des Seelsorgers und der Seelsorgerin für die Jugendlichen schon darin manifestieren, dass ihnen Zeit und Aufmerksamkeit gewidmet wird. Schulseelsorge wird dann zugleich als »Glaubenshilfe« und als »Lebenshilfe« erfahrbar.[33]

Seelsorgerlich und persönlich bedeutsam sind außerdem etwa gelingende Schulgottesdienste, insofern in ihnen in liturgischem Rahmen wesentliche Fragen Jugendlicher aufgenommen und theologisch gedeutet werden können. Zudem können solche Gottesdienste in bestimmten Übergangssituationen wie dem Schuljahresbeginn oder dem Schuljahresende die lebensbegleitende Bedeutsamkeit des christlichen Glaubens deutlich machen.

Auch dabei bleiben die Erwachsenen und ihre Theologie bedeutsam. Gefragt ist hier deren prinzipielle Transparenz und Glaubwürdigkeit, ohne dass dies etwa zu »überwältigenden« Bekenntnissen führen darf. Entscheidend im Blick auf eine persönliche Theologie in der Kommunikation mit Jugendlichen ist es, sie auch an den eigenen Fragen, Überlegungen und theologischen Annäherungen teilhaben zu lassen. Denn warum sollten Jugendliche ihre persönlichen Glaubensfragen offen legen und die Erwachsenen nicht? Gerade in diesen Fragen ist Wechselseitigkeit und Gleichberechtigung geboten, auch wenn deshalb die Asymmetrie pädagogischer Verhältnisse nicht übersehen werden soll.

---

31 Vgl. dazu aus jüngster Zeit *Neuschäfer*, Das brennt mir auf der Seele; *Dam/Spenn*, Evangelische Schulseelsorge und *Wermke/Koerrenz*, Schulseelsorge.
32 Vgl. auch *Nüchtern*, Kirche bei Gelegenheit.
33 Vgl. *Schneider-Harpprecht*, Warum machen wir als Kirche Schulseelsorge?, 155.

4. Explizite Theologie für Jugendliche

In Aufnahme der bereits formulierten Ausdrucksformen expliziter Theologie stellt sich die Grundfrage, wie sich diese nun in der Dimension einer Theologie *für* Jugendliche ausgestalten kann und welche Themen dafür besonders relevant sein können. So liefert etwa der Unterricht in der gymnasialen Oberstufe interessante Beispiele im Blick auf das Verständnis von Jesus Christus. Zu erinnern ist dabei an Äußerungen Jugendlicher, wonach ihnen gerade der auf theologische Fragen bezogene Unterricht für den eigenen Glauben geholfen habe.[34]

Eine direkte Bezugnahme auf die Formulierungen der Jugendlichen im Kontext des Unterrichts kann sich unter dem Aspekt einer Theologie *für* Jugendliche von Seiten der Erwachsenen her nicht auf die Wahrnehmung beschränken, sondern bedarf des inhaltsbezogenen Umgangs damit. Gefragt ist dennoch auch hier an erster Stelle die Entzifferung dessen, was von den Jugendlichen her einen explizit religiösen Sinngehalt oder eine theologische Dimension aufweisen könnte und was daran im engeren Sinn eine theologische Anknüpfungsmöglichkeit für Jugendliche darstellen kann. Es geht darum, »das Verborgene, Verdeckte, auch Übersehene« freizulegen: Eine solche aufdeckende und dann auch auslegende Rationalität »kann den SchülerInnen die soziale Welt der Werte und Deutungen in einem anderen Licht erscheinen lassen und insofern auch zu einer Änderung des Selbstverständnisses führen«[35].

Auch hier ist wieder die explizite Theologie der Erwachsenen selbst gefragt: Sie müssen klären, wo und warum sie selbst theologisch explizit reden und was sie damit im Gespräch mit den Jugendlichen intendieren. Von diesen Voraussetzungen aus lassen sich dann auch die eigentlichen theologischen Deutungsaufgaben genauer in den Blick nehmen.

5. Theologische Deutungen für Jugendliche

An dieser Stelle kommt nun am deutlichsten eine aktive Rolle der Lehrenden in den Blick: Es geht um nicht weniger als darum, die Vielfalt des biblischen Überlieferungs- und theologischen Deutungspotentials profiliert einzuspielen. Dazu bedarf es seriöser sachbezogener Beschreibungen der theologischen Problemlagen und daran anschließend eines breiten Repertoires theologischer Kommunikation. Notwendig ist die Spiegelung und theologisch fundierte Einordnung der individuellen jugendlichen Ausdrucksformen.

Das erforderliche Repertoire umfasst verbale Deutungen ebenso wie Formen der Symbolisierung bestimmter Traditionen, um so den Inhalt des christlichen Glaubens in unterschiedlichster Weise zu zeigen und

---

34 Oben, S. 65f.
35 *Rosner*, Gibt es den Himmel auf Erden?, 116.

Kapitel 5: Theologie für *Jugendliche*

möglichst plausibel zu veranschaulichen. Die damit verbundenen Möglichkeiten, aber auch Probleme sollen im Folgenden anhand eines konkreten Angebots und dessen didaktischem Profil deutlich gemacht werden.

EMMAUS – ein Glaubenskurs für Jugendliche

Entscheidend ist hier vor allem, unter welcher internen Maßgabe und mit welcher Zielsetzung die theologische Deutung für Jugendliche erfolgt. Denn offenkundig verbinden sich mit dem Gedanken eines profilierten Angebotscharakters evangelischer Bildung sehr unterschiedliche Ansprüche. Hilfreich erscheint dabei die modellhafte Grundunterscheidung zwischen einer »Hermeneutik der Vermittlung« und einer »Hermeneutik der Verständigung«[36]. Während beim ersten Modell ein deutlicher Vorgabecharakter im Blick auf Inhalte des Glaubens vorherrscht, wird im zweiten Fall stärker von der gemeinsamen, offenen Erkenntnissuche ausgegangen.

Die unter dem Aspekt der Jugendtheologie problematische Ausrichtung des im Folgenden näher betrachteten Glaubenskurses zeigt sich bereits in der weitreichenden Zielsetzung, die nicht nur insgesamt, sondern durch ihren spezifischen Vorgabe-, Aufforderungs- und Anredecharakter auf das Ganze der jugendlichen Persönlichkeit ausgerichtet ist. Der Glaubenskurs EMMAUS nimmt dezidiert die Zielgruppe der 14- bis 17-Jährigen in den Blick. Er knüpft in seiner deutschen Version an eine englische Vorlage an, die in Verantwortung der Church of England erstmals 2003 veröffentlicht wurde.

Die besondere Semantik wird etwa in der Intention erkennbar, das Herz erreichen sowie die Jugendlichen und auch die Mitarbeitenden in ihren Gedanken, Gefühlen, Einstellungen und im Glauben verändern zu wollen.[37] Als Ziel für die Jugendlichen wird ausgegeben, herauszufinden, »was Glauben ist«[38], Gott »persönlich kennenzulernen«[39] und »von einem Lebensstil, der sich um dich selbst dreht«[40], umzukehren. Hierbei rückt der Begriff der Beziehung in eine entscheidende Funktion ein, allerdings insbesondere in der Zielperspektive, »in eine lebendige Beziehung zu Gott hineinzuwachsen«[41].

---

36 Vgl. *Hofmann*, Erwachsen glauben, 22.
37 Vgl. *Heinzmann*, EMMAUS. Lehrerhandbuch, 7 – im Folgenden im Text als LHB abgekürzt. Diesem Kurs liegt die englische Originalausgabe von *Cottrell u.a.,* Youth Emmaus zugrunde.
38 *Heinzmann*, EMMAUS: Das Teilnehmerheft, 5 – im Folgenden als TNH abgekürzt.
39 TNH 13.
40 TNH 41.
41 LHB 13.

So wird mindestens indirekt die Botschaft vermittelt, dass hier Eindeutigkeit möglich und auch notwendig ist. Dabei zieht sich von Beginn an durch den gesamten Kurs eine eigentümlich spannungsvolle Aufforderung an die Jugendlichen: Einerseits wird gesagt, dass dieser Kurs nicht für die ist, »die schon alles wissen, sondern für die, die eben zweifeln und ihre Fragen haben«. Und auch das Coverbild von zwei Jugendlichen, die auf (!) einem Fluss springen und surfen, solle nicht heißen, »am Ende des Kurses auf dem Wasser gehen zu können«. Und doch heißt es dann von Seiten des Herausgebers: »Aber ich wünsche Dir, dass du dich wie Petrus traust, aus dem Boot zu steigen.« Am Ende der Einleitung wird ebenfalls wieder die Herzensmetaphorik aufgenommen, wenn gesagt wird: »Vielleicht kannst Du am Ende wie die Emmaus-Jünger sagen: ›War unser Herz nicht Feuer und Flamme, als er unterwegs mit uns redete?‹ (Lukas 24,32).«[42]

Das Kursangebot suggeriert also bei aller angeblichen Offenheit eine besondere Dringlichkeit und Entscheidungsnotwendigkeit: Glaube kann nicht kalt lassen, und Begeisterung wird sich, wenn nur recht gehört wird, alsbald einstellen, so die Botschaft. So verwundert es kaum, dass bereits die erste Einheit zur Beschäftigung mit der Frage »Es gibt Gott! Wahr oder falsch?« einsteigt, dann – wie in allen folgenden Einheiten – mitgeteilt wird »Was Sache ist«, indem konstatiert wird: »Wenn es Gott gibt, ... dann hat dein Leben einen Sinn.« Danach wird der einzelne Jugendliche in jeder Einheit unter der Rubrik »Sprich mit Gott« dazu aufgefordert, zu ihm zu beten. Gefragt wird im weiteren Kursverlauf in Aufnahme der Geschichte vom verlorenen Sohn: »Wo stehst du in deiner Beziehung zu Gott? Wo ist dein Platz?«[43] Verschiedene Ankreuzoptionen machen die ausgesprochen schematisch gedachte Auseinandersetzung mit Glaubensfragen deutlich. Weder im Teilnehmerheft noch im Leiterhandbuch wird Raum für mögliche Gotteskritik noch die Vielfalt von möglichen Gottesbildern und -interpretationen gegeben.

Die immer wieder erfolgende Rede von »dem Glauben« zeigt zugleich die mindestens indirekt massive Notwendigkeit an, sich eindeutig für *den* – in dieser Sicht – schon ganz klar feststehenden Glauben zu entscheiden bzw. einen zweifelsfrei vorliegenden inhaltlichen Kanon des christlichen Glaubens zu bekennen: »Wir alle müssen selbst entscheiden: Es gibt Gott! – wahr oder falsch.«[44] Besonders subtiler Gruppendruck wird dort ausgeübt, wo Jugendliche »in eurer Gruppe, die sich schon für ein Leben mit Gott entschieden haben«, Zeugnis darüber abgeben: »Wie war das Leben für dich ohne Gott und wie mit?«[45]

---

42 TNH 5.
43 TNH 12.
44 LHB 23.
45 LHB 30.

Kapitel 5: Theologie für Jugendliche

Wenn von »den entscheidenden Aussagen des christlichen Glaubens«[46] gesprochen wird, zu denen der Kurs nach und nach kommen soll, dann zeigt diese Terminologie schon an, dass deren Interpretationsoffenheit allerhöchstens von sekundärer Bedeutung ist.
Immer wieder werden im Verlauf des Kurses große Gottesfragen ausgelöst, die dann aber vor allem durch das – am besten freie – Gebet und die unmittelbare Bitte an Gott eine wesentliche Antwort erfahren sollen. Besonders subtil erscheint hier der Gebetsvorschlag: »Jesus, ich rede jetzt mir dir, obwohl ich mir noch gar nicht sicher bin, ob es dich überhaupt gibt.«[47] Insofern wird auch die Behandlung der christologischen Dimensionen im engeren Sinn kaum in einem historisch-differenzierenden oder gar problematisierenden Sinn, sondern eher im Sinne der überwältigungsstarken Erzählung bzw. Narration – nun unter der Rubriküberschrift »Was dich betrifft« – durchgeführt und die Auferstehung als rettender »Beweis, dass alle Versprechen von Gott wahr sind« zur Sprache gebracht. Die einzelnen Einheiten zielen folglich auf eine bewusste Entscheidung: »Wenn du das festmachen möchtest, wenn du diese Entscheidung treffen und mit Gott leben möchtest, dann bete das folgende Gebet.«[48] Demgegenüber wirkt dann die weitere Aufforderung seltsam suggestiv: »Geh in deinem Tempo und nimm dir Zeit für deine Fragen und Zweifel. Nimm dir Zeit Gott kennenzulernen und lass dich von niemandem drängen.«[49] Und so verwundert es nicht, dass die konkrete Bedeutung des Ersten Gebotes so formuliert ist: »Mach Gott zur Nummer Eins in deinem Leben. Bete ihn an.«[50]
Anders ausgedrückt: Die kognitive eigenständige Auseinandersetzung tritt hier deutlich hinter einen Leistungsanspruch aktiver Selbstüberzeugung zurück. Die anfangs signalisierte Offenheit für Skepsis und Fragen wird alsbald von Seiten des bereits glaubenden Erwachsenen überformt und damit streng genommen nicht mehr zugelassen. Und die eigene individuelle Lebensgeschichte kommt überhaupt nur als »Meine Geschichte« in folgender Hinsicht in den Blick: »wie Gott sich in meinem Leben gezeigt hat, wie ich darauf reagiert habe und was sich seit dem verändert ...«[51] Möglichen kritischen Rückfragen und Diskussionen soll, wie es heißt, von den Leitenden Raum gegeben werden, aber dies immer unter einer klaren Zielsetzung: »Auf diese Weise helfen die Mitarbeitenden den Jugendlichen dabei, die Glaubensaussagen auf das eigene Leben zu beziehen und über die Folgen des Glaubens an Jesus Christus in ihrem Leben nachzudenken.«[52]

---

46 LHB 10.
47 TNH 16.
48 TNH 45.
49 TNH 47.
50 TNH 58.
51 TNH 61.
52 LHB 13.

Dazu kommt der Vorschlag so genannter Wegbegleiter, die die einzelnen Jugendlichen jeweils über einen bestimmten Zeitraum hinweg begleiten sollen: Ausgangspunkt ist hier die klassische, erweckungsorientierte Idee einer Nachfolgegemeinschaft in dem Sinne, dass »diejenigen, die an Jesus Christus glauben und ihm nachfolgen, diejenigen begleiten, die gerade dabei sind, diesen Glauben zu entdecken«[53], womit zugleich der Eindruck einer eindeutig bestimmbaren Qualitätsstufung des Glaubens suggeriert wird. Die Grundaufgabe der so genannten Wegbegleiter besteht zuerst darin, für die Jugendlichen zu beten.

Sehr viel angemessener als dieser Kurs erscheinen solche Formen von theologischer Kommunikation, die ganz bewusst eine offene Deutung theologischer Fragen mit einbeziehen. Exemplarisch kann dafür folgendes Beispiel aus dem Bereich der Konfirmandenarbeit stehen:

Theologie mit Jugendlichen als Theologie für Jugendliche

Jörg Conrad bezieht seinen Beitrag »Theologie mit Jugendlichen«[54] nur auf die Konfirmandenarbeit, aber in seinen Ausführungen werden viele der Anforderungen eingelöst, die wir ganz allgemein zu dieser Dimension der Jugendtheologie ausgeführt haben.[55] Grundsätzlich zeigt sich hier deutlich das Profil einer gemeinsamen, offenen Erkenntnissuche, dem ganz offenkundig das hermeneutische Modell der Verständigung zugrunde liegt. So beschreibt Conrad eindrücklich die jugendtheologische Kunst einer Theologie *mit* Jugendlichen und *für* Jugendliche, »der eigenen Religiosität und deren Bedeutung auf die Spur zu kommen«[56]. Insofern werden die Möglichkeiten und Chancen eines gemeinsamen theologischen Nachdenkens zwischen den Jugendlichen und den Pfarrerinnen und Pfarrern deutlich herausgestellt.

Dies macht Conrad beispielhaft am Thema »Warum lässt Gott das Böse/Leid zu?« deutlich. Wesentlich ist dabei, dass diese Darstellung nicht bei der Beschreibung möglichen gemeinsamen Nachdenkens stehen bleibt, sondern die Frage aufwirft, an welcher Stelle und in welchem Sinn nun die theologisch ausgebildete Person eine spezifische Aufgabe in der Behandlung einer solchen existentiellen Grundfrage hat. Und entscheidend ist, dass Conrad dabei nicht den – oben kritisch beschriebenen – Weg einer »Hermeneutik der Vermittlung« geht, der sich bei einem solchen Thema durchaus nahe legen könnte. Vielmehr wird hier prüfend gefragt, was »die Unterrichtenden beim gemeinsamen theologischen Nachdenken eigentlich machen« sollen.[57]

---

53 LHB 15.
54 Vgl. *Conrad*, Theologie mit Jugendlichen, 159–171.
55 S.o. Kap. 4 (S. 79–106).
56 Vgl. *Conrad*, Theologie mit Jugendlichen, 160–164.
57 Ebd., 167.

Denn es ist ja allzu offenkundig, dass eine ebenso existentielle und komplexe Frage wie die nach der Theodizee durchaus auf Abwege, problematische Antworten und überhaupt zu einer für die Jugendlichen gänzlich unübersichtlichen – und entsprechend frustrierenden – Diskussionslage führen kann. Insofern kommt den Lehrenden die Aufgabe zu, auf der Grundlage ihrer eigenen theologischen Kompetenz erst einmal in formaler Hinsicht strukturierend in den jeweiligen Prozess einzugreifen, wenn dieser aus dem Ruder zu laufen droht. Dies bringt dann aber auch in inhaltlicher Hinsicht die Notwendigkeit mit sich, eine Art Zielareal oder einen Themenkorridor für das gemeinsame Nachdenken abzustecken. Indem ein Unterrichtender zum jeweils geeigneten Zeitpunkt des Unterrichtsprozesses bestimmte thematische Schwerpunkte bewusst verstärkt oder auch gleichsam aus dem Spiel nimmt, befördert er in orientierender und wiederum elementarisierender Weise eine Theologie *für* Jugendliche. Die Kunst besteht dabei darin, einerseits die eigenen Kompetenzen und die Rolle des theologischen und pädagogischen Experten flexibel zu gestalten und andererseits die eigenen theologischen »Ansichten ebenso wie die Wahrheitsansprüche der christlichen Tradition zurück bzw. in den Dienst des gemeinsamen Nachdenkens zu stellen«[58]. Deutlich ist damit – besonders im Vergleich zu dem oben beschriebenen EMMAUS-Kurs – der sehr viel weitere und offenere Blick auf die möglichen theologischen Deutungen existentieller Lebens- und Wahrheitsfragen. Insofern bleibt es auch im Kontext einer Theologie *für* Jugendliche unbedingt dabei, den notwendigen Perspektivenwechsel hin zu den Jugendlichen als Subjekten nicht erneut zu unterwandern oder gar umzukehren, sondern auch in dieser Form immer von der Zielsetzung auszugehen, dass Jugendliche eigenständig »ihren eigenen Ansichten und deren Lebensbedeutsamkeit«[59] auf die Spur kommen müssen.
Grundsätzlich gehört es dabei zur theologischen Deutungsverantwortung der Lehrenden, nicht nur Denkanstöße zu vermitteln, sondern gegebenenfalls auch Irritationen und sogar Widersprüche gegen bestimmte »unbarmherzige« Vorstellungen Jugendlicher einzubringen. Notwendig kann es deshalb auch sein, bestimmte jugendliche Vorstellungen und Ausdrucksformen im konstruktiven Sinne in Frage zu stellen. Es geht zudem hier auch um notwendige Unterscheidungen zwischen dem, was als christlicher Sinngehalt aufzufassen ist, und dem, was eher die Gestalt synkretistischer Alltagsreligiosität oder -spiritualität umfasst. Diese Deutungsaufgabe kann allerdings gerade nicht »steil von oben herab« aus der Erwachsenenwelt heraus geschehen. Auch eine Theologie *für* Jugendliche sollte nicht mit Verkündigung verwechselt werden, auch wenn richtig bleibt, dass inhaltliche Impulse theologischer Art implizit eine solche Dimension aufweisen können.

---

58 Ebd., 168.
59 Ebd., 171.

Eine Theologie *für* Jugendliche muss bestrebt sein, symbol- und bildhafte Formen der Annäherung an theologische Fragen und Themen zu initiieren und in deren Deutung einzuüben. Oftmals ist hier von Erstbegegnungen mit bestimmten christlichen Symbolen auszugehen, die es in aller Offenheit gemeinsam nicht nur in ihrem affektiven und performativen, sondern auch in ihrem Tiefensinn kognitiv und dialogisch zu erschließen gilt. Gerade Bilder der christlichen Kunst sollten aufgrund ihres oftmals kaum noch verständlichen Bildprogramms, literarische Überlieferungen aufgrund einer anspielungsreichen, aber kaum noch einsichtigen religiösen Metaphorik als Herausforderung dazu begriffen werden, solche Versuche der gemeinsamen Entzifferung und Entdeckung des Unbekannten zu unternehmen. In diesem Sinn könnte man auch von einer zeigenden und einander aufmerksam machenden Bildung sprechen, denn: »Es wird auf etwas verwiesen, das sich selbst in seiner Beschaffenheit als belangvoll erweisen soll. Zeigen gibt denen, die das Gezeigte wahrnehmen, freie Gelegenheit, sich ihre eigenen Gedanken zu machen. Zuvor sollten sie allerdings angeleitet werden, es sich genau anzusehen.«[60]

Damit eröffnet sich in der Zielsetzung einer wechselseitigen persönlichen Theologie nun zugleich eine Dimension, die deutlich über die je individuellen theologischen Suchprozesse und Orientierungsversuche hinausgeht:

Zur gemeinschaftlichen Dimension persönlicher Theologie

Grundsätzlich kann als Ziel einer Theologie *für* Jugendliche nichts anderes gelten als bei den anderen Dimensionen von Jugendtheologie: Übergreifendes Ziel ist religiöse Mündigkeit. Diese kann sich aber theologisch gesprochen nur in einem gemeinschaftlichen Sinne ereignen und realisieren. Während dies in der Schule eher auf die Gemeinschaft in der Klasse oder Lerngruppe zu beziehen ist, kommt dafür in gemeindlichen Zusammenhängen stärker die Verantwortung einer beherbergenden und gastfreundlichen Kirche[61] in den Blick.

Das Bild von der gastfreundlichen Kirche sollte nicht darüber hinwegtäuschen, dass die immer wieder geäußerte Erwartung im Blick auf eine kontinuierliche Teilnahme Jugendlicher am gemeindlichen Leben realistisch gesehen an deren Bedürfnissen und Ansprüchen vielfach geradezu scheitern muss. Auch die gegenwärtig häufig ausgegebene Zielsetzung von »Beheimatung« ist nicht unproblematisch. Schon der Begriff selbst ist in seinem Bezug auf die Kirche theologisch fragwürdig – in evangelischer Sicht ist die Kirche gerade nicht als Heimat zu verstehen (vgl. Phil 3,20). Darüber hinaus wird leicht der Eindruck erweckt, Heimat könne gleichsam von außen hergestellt werden. Die Pointe der Rede von einer beherbergend-gastfreundlichen Kirche

---

60 *Nipkow*, Die Frage nach Gott, 346.
61 Vgl. *Hendriks*, Gemeinde als Herberge.

liegt demgegenüber darin, dass sich Beheimatung als das für sich Einen-Platz-Finden überhaupt nur von Seiten der Jugendlichen selbst aus ereignen kann und somit bestenfalls bestimmte Voraussetzungen für eine Bereitschaft, mit Kirche in Kontakt zu treten, geschaffen werden können.

Insgesamt empfiehlt es sich, im Blick auf gemeinschaftliche theologische Bildungsprozesse stärker vom Gedanken einer punktuell beherbergenden Kirche auszugehen, die für die Wechselfälle jugendlichen Lebens bereitsteht, wenn diese eintreten und Jugendliche dann auf der Suche nach Orientierung sind – manchmal nur für einen bestimmten Moment oder einen vergleichsweise kurzen Zeitraum.[62] Hier ist es wichtig, dass sie mindestens wissen, wohin sie sich in einem solchen Krisenfall wenden können und dass ihnen hier etwas Hilfreiches *für* sie selbst angeboten wird.

Schon eine gelingende punktuelle Beherbergung ist in ihrer möglichen Nachhaltigkeit nicht zu unterschätzen. Denn diese kann als Erinnerung eine wesentliche Orientierungsmarke auch für spätere Lebensentscheidungen darstellen, auf die immer wieder zurückgegriffen werden kann, wenn diese Begegnung als vertrauensvoll empfunden und erlebt wurde.

Auch wenn der Schwerpunkt unserer Darstellung bei Bildungsprozessen liegt, ist in diesem Zusammenhang auch auf die besondere Gelegenheit gelingender Kasualbegegnungen und -handlungen hinzuweisen. Gerade diese sind im Sinn der Dimension einer Theologie *für* Jugendliche dazu geeignet, wesentliche Inhalte des christlichen Glaubens in besonderen Momenten des Lebens als lebensdienlich und lebensbedeutsam zu verdeutlichen. Insofern stellen Kasualgespräche und Kasualhandlungen eine nicht zu unterschätzende Form theologischer Kommunikation dar. Man denke etwa nur an die Aufgabe, Jugendlichen im Fall des Verlusts einer Mitschülerin oder eines Mitschülers durch Unfalltod oder Suizid Möglichkeiten und Gelegenheiten zu eröffnen, bei denen sich biblische Sprachbilder als hilfreiche und tröstende Deutungen der eigenen existentiellen Grenzsituation erweisen können.

Eine weitere Form der gemeinschaftlichen Dimension persönlicher Theologie kann im *diakonischen Handeln und Helfen* Ausdruck gewinnen. Ein solches Handeln stellt eine elementare Vollzugs- als Lernform im Blick auf die Gottesfrage dar, indem sie auf eine Beschäftigung mit erkennbaren Wirkungen des Gottesglaubens zielt. Anhand des weiten Feldes diakonisch-kirchlicher Praxis lässt sich der Zusammenhang von Glaube, spiritueller Identitätsfindung[63] und mitmenschlicher Solidarität elementar anschaulich und erfahrbar machen[64] – bis hin zu der Frage, ob Menschen hier tatsächlich einem Wirken Gottes in der Welt begegnen. Inhaltlich geht es im Sinne einer theologisch fundierten diakonischen Jugendbildung darum, Jugendliche erkennen zu lassen, dass theologische Kommunikation »für andere« im Sinn des Eintretens für diese im Hori-

---

62 Vgl. *Nüchtern*, Kirche bei Gelegenheit.
63 Vgl. dazu *Bucher*, Wurzeln und Flügel, 176ff.
64 Vgl. etwa *Dressler/Zimmerling*, 125–138.

zont einer »Kirche für andere« aufgrund der Annahme Gottes denkbar und notwendig ist. So gewinnt die Forderung nach einer »jugendsensiblen Kirche«[65] von einer solchen gesellschaftspolitischen Annäherung an die Gottesfrage nochmals neu an Profil.
Von den beschriebenen Deutungsaufgaben her ist nun wiederum zu fragen, wie Prozesse ausdrücklicher theologischer Argumentation *für* Jugendliche so initiiert und durchgeführt werden, dass das Prinzip theologischer Mündigkeit nicht unter der Hand ausgehebelt, sondern stark gemacht wird:

Ausdrückliche theologische Argumentation für Jugendliche

Für eine sachgemäße theologische Argumentation bedarf es geeigneter Medien, Informationen und Impulse, damit Jugendliche ihre eigene theologische Sprachfähigkeit *für sich selbst* und *gemeinsam mit* Gleichaltrigen sowie *mit* Erwachsenen experimentierend entwickeln können. Dies sei nochmals anhand der Gottesfrage verdeutlicht: Elementare Vollzugs- als Lernformen im Horizont der Gottesfrage bedürfen aufgrund der vielfach ausgefallenen Sozialisationserfahrungen von Jugendlichen einer erheblichen Bandbreite, die weit über kognitiv gestützte Lernformen von Seiten Erwachsener hinausgeht. Hier macht es ein – an John Dewey angelehnter – Zugang des progressiven und zugleich kommunikativen Wissensaufbaus möglich, *für sich selbst und gemeinsam* mit anderen komplexe systematisch-theologische Fragen zu bearbeiten. Ein solches forschendes Erkunden reicht dann von der *Formulierung eines Problems* über die *eigene Erklärung* im Sinn der Auflistung persönlicher Erfahrungen, Hypothesen und Vermutungen bis zur *Sondierung möglichst gut gesicherter wissenschaftlicher Erklärungen, diskursiven Kommentierungen* und *weiteren gemeinsamen Problemerörterungen*, die möglicherweise dann *weitere neue Untersuchungsfragen* erzeugen.[66] In der Richtung einer ausdrücklichen und experimentellen theologischen Argumentation für Jugendliche – die gerade von diesen selbst ausgeht! – liegen insbesondere für die Konfirmandenarbeit inzwischen eine Reihe von innovativen Ansätzen vor: Diese formale Beschreibung kann anhand des Beispiels eines sach- und jugendgemäßen Zugangs zur Frage des Bekenntnisses konkretisiert werden:
Über die inzwischen weit verbreitete Formulierung eines eigenen Credos hinaus wird in einem neueren Lehrmittel dazu angeregt, zum eigenen Text auch selbst Stellung zu beziehen. Den KonfirmandInnen sollen Möglichkeiten zur Verfügung gestellt werden, »ihre ›Glaubenskompetenz‹ unter Beweis zu stellen, also in einer Momentaufnahme zu for-

---

65 Vgl. *EKD*, Kirche und Jugend, etwa 18ff.
66 Vgl. *Sander-Geiser*, Erarbeitung systematisch-theologischer Themen, 176.

Kapitel 5: Theologie für Jugendliche

mulieren, wie sie sich die Beziehung von Gott und der Welt denken«[67]. Dabei geht es nicht um ein Wahr oder Falsch, sondern die Jugendlichen sollen sich noch einmal über die schriftlichen Formulierungen hinaus mit den für sie möglichen Folgewirkungen des Bekenntnisses auseinandersetzen können.

Interessant ist hier die »Anweisung« an die Lehrenden für diesen Schritt in mehrfacher Hinsicht, wenn es heißt: »Jeder und jede kann hier das zu Gott sagen, was ihm oder ihr wichtig ist. Loben Sie noch einmal Ihre Gruppe und Ihre Arbeit. Sagen Sie genau, was Sie von Ihren Konfis gelernt haben. Teilen sie ihnen mit, dass es nun darum geht, in ganz eigene Worte zu fassen, was die Konfis über Gott und Kirche denken und fühlen.«[68] Deutlich wird in diesem didaktischen Ratschlag neben der konzeptionellen Offenheit auch die Einsicht, dass es nur von einer Wertschätzung der Gruppe aus und erst durch die Einsicht der Lehrenden, von der Gruppe auch selbst gelernt zu haben, überhaupt zu einem solchen produktiven Erwerb von Kompetenzen kommen kann.

In diesem Zusammenhang ist zu betonen, dass solche experimentellen Zugänge im Kontext einer religiös zunehmend vielfältigeren Gesellschaft nochmals sehr viel breitere Zugangsformen erfordern. Gerade im Blick auf die Gottes- und Wahrheitsfrage ist den individuellen Vorstellungen Jugendlicher möglichst breiter Raum zu geben. Kompetenzerwerb bedeutet hier, dass Jugendliche auch – im Sinn kultureller Selbstreflexion – dazu motiviert und gebildet werden müssen, sich mit Gottesbildern und Wahrheitsvorstellungen auseinanderzusetzen, die für sie selbst als fremd und vielleicht sogar als abschreckend erscheinen.[69]

Beispielhaft sei eine weitere, stärker liturgische, Möglichkeit aufgenommen, wie Konfirmandinnen und Konfirmanden *ausdrücklich* an der aktiven Gestaltung eines Gottesdienstes teilnehmen können. Immerhin ist ja daran zu erinnern, dass den jüngsten Studien zur Konfirmandenarbeit zufolge gerade die jugendliche Wahrnehmung des Gottesdienstes nicht zuletzt deshalb ausgesprochen kritisch ausfällt, weil sie eben nur sehr selten überhaupt ernsthaft an der Vorbereitung und Durchführung partizipieren können.[70] Hier ist auf das Modell einer Gottesdienstwerkstatt hinzuweisen, durch die sie »im praktischen Tun eine eigene Haltung zum Gottesdienst entwickeln und vertiefen« können sollen, und zwar ausdrücklich durch die »Partizipation an den äußeren Formen« sowie der »Erfahrung der inneren Beteiligung«[71] – und dies gerade nicht in einem speziellen, sondern im ganz regulären Sonntagsgottesdienst. Für die Frage nach der Theologie *für* Jugendliche zeigt sich hier in der Idee einer gemeinsamen Entwicklung der Predigt der dialogische Charakter theolo-

---

67 *Kessler/Nolte*, Konfis auf Gottsuche, 159.
68 Ebd., 163.
69 Vgl. *Kohler-Spiegel*, In der Vielfalt nach Gott fragen.
70 Vgl. auch *Schlag*, Partizipation.
71 *Trautwein/Weiß-Trautwein*, Der Sonntagsgottesdienst, 23.

gischer Partizipation: Am Beispiel von Röm 14,10–13 sollten sich die Jugendlichen erst einmal den Text erschließen und zugleich Verständnisfragen zur paulinischen Überlieferung über das Richten und den Richterstuhl Gottes stellen können. Schließlich konnten über diese Annäherung an den Text unterschiedliche Interpretationsformen entwickelt werden, spielerisch anhand einer Gerichtsszene, musikalisch oder in Form von Gebeten. Gelten alle diese Beiträge der Konfirmandengruppe als »legitime Auslegungen des Sonntagstextes«[72], so ist es nur konsequent, dass diese dann in ihrer lebensweltlichen und theologisch deutenden Vielfalt auch in die Predigt und den ganzen Gottesdienst einfließen sollen. Man könnte auch sagen, dass Jugendlichen durch ein solches Angebot sowohl interpretative wie inszenatorische Möglichkeiten der Deutung für sich selbst eröffnet werden und zugleich die Erwachsenen mit ihrer ausdrücklichen theologischen und liturgischen Kompetenz für einen verlässlichen und sicheren Rahmen sorgen. Denn unbestreitbar scheitern solche Versuche häufig dann, wenn keine gleichzeitige Vertrauens- und Zutrauensbildung stattfindet und die Jugendlichen befürchten müssen, im Gottesdienst auf einmal alleine und dem Geschehen gleichsam hilflos ausgeliefert zu sein.

Schließlich sei auch an unterschiedliche bibeldidaktische Möglichkeiten erinnert, die ursprünglich interessanterweise aus der Jugendarbeit hervorgehen. In dieser wurden Formen der Bibelarbeit entwickelt, in der die aktive Rolle der jugendlichen Ausleger gegenüber vorgegebenen Auslegungen durch Erwachsene betont und profiliert wurde.[73]

Die Bibel kann dabei vom Lesetext zum Lebenstext,[74] die gemeinsame lesende, hörende und feiernde Einübung sowie das experimentierende Sprechen[75] zu einer neuen gemeinsamen Lebenserfahrung der Jugendlichen werden,[76] und Entdeckungen, wie etwa in Gedichten wirkungsvoll *von* Gott gesprochen wird, können zu einem wirkungsvollen eigenen Reden *zu* Gott führen.[77]

Im Blick auf die Gottesfrage erscheint der Bibliolog[78] als eine besonders geeignete, innovative Form der Auseinandersetzung mit systematischen Fragen, insofern hier in perzeptiver, kognitiver, performativer, interaktiver und partizipativer Weise eigene Entdeckungsmöglichkeiten biblischer Texte und Motive möglich werden:

Der Bibliolog stellt dabei weit mehr als nur eine Methode dar: Vielmehr ist er als eine Haltung und als ein Weg anzusehen, aufgrund derer bzw. auf dem eine Gruppe

---

72 Ebd., 26.
73 Vgl. *Henkys*, Bibelarbeit.
74 Vgl. *Kumlehn*, Vom Lesetext zum Lebenstext, 59–72.
75 Vgl. *Altmeyer*, Fremdsprache Religion?
76 Vgl. dazu auch *Fricke*, Von Gott reden im Religionsunterricht, v.a. 74ff; *Keßler/Doyé*, Den Glauben denken, feiern und erproben.
77 Vgl. *Langenhorst*, Gedichte zur Gottesfrage, 14.
78 Vgl. *Pohl-Patalong*, Bibliolog. Impulse.

Kapitel 5: Theologie für Jugendliche 133

oder Klasse einen biblischen Text entdecken und auslegen kann. Grundidee ist es, dass die Teilnehmenden sich in biblische Gestalten und Dialoge hineinversetzen und den Text aus ihrer eigenen Erfahrungs- und Deutungsperspektive heraus im wahrsten Sinn des Wortes erleben können. Diese vom jüdischen Denker Peter Pitzele ausgearbeitete Annäherung an biblische Texte lehnt sich an den Midrasch als rabbinische Schriftauslegung an, indem dieser zwischen den geschriebenen Buchstaben des Bibeltextes als dem »schwarzen Feuer« und den – nur vermeintlich leeren – Zwischenräumen als dem »weißen Feuer« unterscheidet. Gerade in diesen Zwischenräumen, so die hermeneutische Grundüberzeugung, finden sich entscheidende Aspekte des Textes, da dort der Geist des Ewigen weht, lodert und entdeckt werden will.

Die partizipative Dimension dieses gemeinsamen Entdeckungsvollzugs liegt in der Ausgangsüberzeugung, dass jeder und jede sich mit den eigenen Erfahrungen, Ideen und dem eigenen Leben zum jeweiligen Text in ein Verhältnis zu setzen vermag. So kann ein Wechselverhältnis zwischen der eigenen Lebensgeschichte und dem jeweiligen biblischen Text, aber auch zwischen dem Text und der eigenen Lebensgeschichte entstehen. Damit ist auch deutlich, dass dieser dialogische Zugang nicht nur in den unterschiedlichsten Gruppen Verwendung finden kann, sondern auch ein ausgesprochen niederschwelliges Angebot zur Annäherung an die biblische Überlieferung darstellt. Für einen gelingenden Bibliolog, so die Grundannahme, müssen weder intensivere Bibelkenntnisse noch eine dezidiert religiöse Sozialisation vorausgesetzt werden. Im Unterschied zum Bibliodrama sind auch Formen individueller kreativer Expression hier weniger notwendig, was die Hemmungen bei Jugendlichen, sich auf einen solchen Weg einzulassen, deutlich zu verringern vermag. Darüber hinaus ist aufgrund der hohen Eigenaktivität und der gleichzeitigen Anschaulichkeit des Bibliologs mit nachhaltigen Wirkungen zu rechnen:

»Erlebt eine Klasse diesen Zugang öfter, ergibt sich nicht selten eine Veränderung im Klima des Religionsunterrichts, manchmal sogar in der Klasse. Die dem Bibliolog eigene grundlegende Wertschätzung von Personen und ihren Äußerungen beeinflusst offensichtlich auch über den konkreten Bibliolog hinaus. Macht die Lehrkraft konsequent durch ihre Haltung, methodisch aber v.a. durch das echoing, deutlich, dass wirklich jeder Beitrag gleich wertvoll und wichtig ist, ermutigt das Schülerinnen und Schüler enorm, sich in ihren Äußerungen immer weiter vorzuwagen. Nicht selten formulieren Kinder und Jugendliche dann (auf ihrer Sprachebene) berührende und beeindruckende tief theologische Aussagen. Dies geschieht übrigens ganz unabhängig von religiösem Wissen oder religiöser Prägung und auch unabhängig von sonstigem schulischen Leistungsniveau.«[79]

Wie auch immer nun die einzelnen experimentellen Zugänge beschaffen sind, so gilt doch grundsätzlich: Wenn religiöse Bildung elementar als staunenswerte Vertrauens- und Beziehungsbildung verstanden und hier der experimentelle und offene Charakter theologischer Kommunikation über die Gottesfrage herausgestellt wird, leuchtet ein, dass gelingende

---

79 *Pohl-Patalong*, Bibliolog – Ein Weg.

Bildungserfahrungen ihrerseits ganzheitlicher Zugänge bedürfen – und dies immer unter der Maßgabe der Einsicht, dass die Gottesfrage »in die Differenzen der Welt verwickelt«[80] ist.
Dies bedeutet aber zugleich, dass eine Theologie *für* Jugendliche dort Grenzen setzt, wo Jugendliche sich selbst in ihre Deutungen heillos verwickeln, etwa durch Gottesbilder, die die erlebte weltliche Angst möglicherweise nur noch einmal auf Gott projizierten und damit gleichsam verdoppelten. Hier ist daran zu erinnern, dass jugendliche »Verstehens-, Deute- und Konstruktionsprozesse ... zwar auch eigenständig, individuell, aber nicht beliebig«[81] sind. Nicht jede mögliche Konstruktion ist automatisch auch sinnvoll. Insofern hat religiöse Bildung »auch die Aufgabe, nicht passende Konstruktionen, nicht gangbare Wege in aller Deutlichkeit zu markieren, ... und Widerstand zu leisten gegen nicht ›viable‹ Lösungen«[82].
Die aufgezeigten unterschiedlichen Formen stellen narrative und zugleich über verbale Kommunikationsformen hinausgehende Erschließungsformen eines Lernens im Vollzug dar und sind aufgrund ihrer Anschaulichkeit und Partizipationsoffenheit in ihrer Nachhaltigkeit kaum zu überschätzen. Im Vorgang des gemeinsamen Denkens, Feierns und Erprobens[83] werden zugleich die üblichen Grenzziehungen zwischen formaler und informeller Bildung mindestens relativiert.
Gerade bei solchen experimentellen Ausdrucksformen *für* Jugendliche und *mit* ihnen erhält dann auch die paradoxe Hoffnung eine Chance, dass sich mehr ereignen kann, als Didaktik je zu intendieren und zu machen vermag.

---

80 *Zilleßen*, Was ist Elementarisierung, 264.
81 *Dieterich*, Konturen, 127.
82 Ebd., 128f.
83 Vgl. *Keßler/Doyé*, Den Glauben denken, feiern und erproben.

Kapitel 6
Theologische Kompetenzen Jugendlicher

Die Überschrift wird viele daran denken – und vielleicht befürchten – lassen, dass nun die Frage nach Jugendtheologie mit dem in den Schulen »nach PISA« verbreiteten Kompetenzdenken verbunden und in diesen Rahmen eingepasst werden soll. Manche werden darin sogar die Gefahr sehen, dass dem Bezug auf *Jugendliche* und auf *ihre* Theologie damit jede kritische Spitze gebrochen werde. Was bleibt von den Jugendlichen als Subjekten, wenn letztlich nur die messbare Leistungsfähigkeit zählen soll?
Wir sind uns solcher Gefahren bewusst und verbinden mit der Frage nach Kompetenzen deutlich andere Ziele. Wir wollen die Perspektive der Jugendtheologie gerade dazu nutzen, das religionspädagogische Kompetenzverständnis von den Jugendlichen her auf die Probe zu stellen und, wo nötig, zu erweitern. Dazu muss aber zunächst geklärt werden, ob und in welchem Sinne Jugendtheologie überhaupt als Kompetenz angesprochen werden kann. Denn wie die bislang in der Religionspädagogik vorliegenden Bestimmungen von Kompetenzen und Bildungsstandards zeigen, versteht sich hier ein Bezug auf theologische Aspekte im Allgemeinen und eine Jugendtheologie im Speziellen keineswegs von selbst.
Schließlich soll im Folgenden aber auch gezeigt werden, dass das Verständnis von Jugendtheologie davon profitieren kann, wenn es in eine Kompetenzperspektive gerückt wird. Denn für die Religionspädagogik muss es immer auch um die Eröffnung von Bildungsmöglichkeiten und damit auch um die Entwicklung von Kompetenzen gehen. Dies gilt – das sei schon an dieser Stelle betont – nicht nur im Blick auf den schulischen (Religions-)Unterricht, sondern für jede Form der Jugendbildung, beispielsweise also auch für die Jugend- und die Konfirmandenarbeit.

1. Kompetenzmodelle und Bildungsstandards ohne Theologie?

Prüft man die bislang vorliegenden Kompetenzmodelle und Bildungsstandards für den Religionsunterricht, so zeigt sich, dass ausdrückliche Hinweise auf theologische Kompetenzen eher selten sind. Allerdings sind diese Hinweise durchaus bemerkenswert, weil gerade sie zumindest in manchen Fällen eine übergreifende Orientierung angeben, die in den entsprechenden Darstellungen dann allerdings nicht weiter entwickelt wird.

Ein gutes Beispiel sind die Bildungsstandards in Baden-Württemberg, also dem ersten Bundesland, in dem kompetenzorientierte Bildungspläne eingeführt wurden. In den Bildungsstandards für das Gymnasium findet sich folgende Umschreibung der hier allen anderen Kompetenzen vor- und übergeordneten »religiösen Kompetenz«:

> »*Religiöse Kompetenz* ist zu verstehen als die Fähigkeit, die Vielgestaltigkeit von Wirklichkeit wahrzunehmen und theologisch zu reflektieren, christliche Deutungen mit anderen zu vergleichen, die Wahrheitsfrage zu stellen und eine eigene Position zu vertreten sowie sich in Freiheit auf religiöse Ausdrucks- und Sprachformen (zum Beispiel Symbole und Rituale) einzulassen und sie mitzugestalten.«[1]

Theologische Reflexionsfähigkeit ist demnach eine Kompetenz, die im Religionsunterricht durchgängig beachtet werden soll. Ein expliziter Rückbezug auf diese Bestimmung erfolgt in den weiteren Ausführungen dieses Bildungsplans allerdings nicht mehr. Schon die Bezeichnung »theologisch« taucht nicht mehr auf.

Unklar und problematisch ist dazuhin die nicht weiter erläuterte Vermischung oder sogar Unterordnung theologischer Reflexion unter den Überbegriff der religiösen Kompetenz. Wenn Theologie die (wissenschaftliche) Reflexion und Klärung religiöser Vorstellungen ist, kann sie nicht einfach Teil von Religion sein. Und können nur religiöse Menschen theologisch reflektieren? Kann im Unterricht auch mit solchen Jugendlichen Theologie getrieben werden, die sich selbst nicht als religiös ansehen, aber gleichwohl Interesse an Religion und an einem Kompetenzzuwachs haben? Der Religionsunterricht soll ja ausdrücklich ein Angebot auch für solche Jugendliche sein, die ihr Verhältnis zum Glauben erst noch klären wollen.

Ähnlich stellt sich die Situation bei dem im Jahre 2011 von der EKD veröffentlichten »Orientierungsrahmen« zu »Kompetenzen und Standards« für den Religionsunterricht dar. Dieser Orientierungsrahmen sieht den Beitrag des Religionsunterrichts zur Allgemeinen Bildung ausdrücklich auch in der »Einübung elementarer Formen des theologischen Denkens und Argumentierens«[2]. Dass dies nicht so verstanden werden soll, als müsste eine Art theologischer Vorkurs absolviert oder die wissenschaftliche Theologie gleichsam im Kleinformat in die Schule hineinkopiert werden, macht dabei zu Recht der zweite Hinweis in diesem »Orientierungsrahmen« deutlich: »Die curricularen Inhalte sind nicht einfach ein schulbezogenes Abbild der wissenschaftlichen Theologie.«[3] Man will also die bildungstheoretische und didaktische Unterscheidung zwischen Wissenschaft und Schule wahren. Die angestrebte Kompetenz »theologischen Denkens und Argumentierens« muss demnach ihre Begründung von den Jugendlichen her gewinnen.

---

1 Bildungsstandards Evangelische Religionslehre Gymnasium, 25, http://www.bildung-staerkt-menschen.de/service/downloads/Bildungsstandards/Gym/Gym_evR_bs.pdf, abgerufen am 29.3.2011.
2 *EKD*, Kompetenzen und Standards, 12.
3 Ebd., 23.

Kapitel 6: Theologische Kompetenzen Jugendlicher

Ein ebenfalls nicht sehr viel klareres Bild im Blick auf die Theologie und ihre Rolle für die Schülerinnen und Schüler im Religionsunterricht ergibt auch eine Durchsicht der von der Deutschen Bischofskonferenz vorgelegten Standards für den katholischen Religionsunterricht in der Sekundarstufe. Auch dort ist nur an einer Stelle von Theologie die Rede. Hervorgehoben wird in diesem Falle die Fähigkeit, im Rahmen religiöser Sprache auch mit theologischer Terminologie umgehen zu können. Zu dem Bereich »Religiöse Sprache verstehen und verwenden« soll als ein Unterpunkt auch gehören: »zentrale theologische Fachbegriffe verwenden und erläutern«[4]. Auch in diesem Falle bleibt das Verhältnis zwischen Theologie und Religion sowie Religionsunterricht unklar.

Einen indirekten Hinweis auf Kompetenzen, die von den Jugendlichen erworben werden sollen, enthält auch die bereits 1997 vorgelegte Schrift »Im Dialog über Glauben und Leben. Zur Reform des Lehramtsstudiums Evangelische Theologie/Religionspädagogik«[5]. Als Teil der im Studium für das Lehramt zu erwerbenden »didaktisch-hermeneutischen Kompetenz« wird genannt: »Ein theologisches Kerncurriculum erschließen«[6]. Dabei geht es allerdings um einen etwas anderen Zusammenhang. Gemeint ist nicht ein der wissenschaftlichen Theologie entsprechendes Curriculum, das den Jugendlichen vermittelt werden soll. Vielmehr soll es um ein insofern »theologisches Kerncurriculum« gehen, als »in dessen Mitte das christliche Reden von Gott steht« und von dieser »Mitte her andere theologische Aspekte« erschlossen werden sollen.[7] Diese Forderung entsprach damals einem Anstoß in der EKD-Denkschrift »Identität und Verständigung«[8] und verweist der Sache nach auf die von Karl Ernst Nipkow im Anschluss an seine Studie »Erwachsenwerden ohne Gott?«[9] vertretene Auffassung, dass die Gottesfrage eine Art durchgängiges konzentrierendes Prinzip für den Religionsunterricht sein oder werden müsse. Von einer theologischen Kompetenz kann in diesem Falle insofern gesprochen werden, als die Jugendlichen die Möglichkeit erhalten sollen, in der Gottesfrage Klarheit zu gewinnen – ein Aspekt, der auch im Blick auf die von uns vertretene Jugendtheologie bedeutsam bleibt.

Insgesamt ergeben die vorliegenden Darstellungen zu Kompetenzen und Standards für den Religionsunterricht also noch kein sehr klares Bild im Blick auf Jugendtheologie, auf Theologie im Religionsunterricht oder auch in der kirchlichen Bildungsarbeit. Geht man allerdings nicht von der ausdrücklichen Bezeichnung von Kompetenzen als »theologisch« aus, sondern von den in der Sache geforderten Fähigkeiten, wird eine veränderte Einschätzung zumindest möglich. Denn viele dieser Fähigkeiten wie etwa die so genannten prozessbezogenen Kompetenzen lassen

---

4 *DBK*, Kirchliche Richtlinien zu Bildungsstandards, 18.
5 *EKD*, Im Dialog. Auf den Zusammenhang mit der Frage nach Bildungsstandards verweist *Schröder*, Mindeststandards.
6 *EKD*, Im Dialog, 52.
7 Ebd.
8 Vgl. *EKD*, Identität und Verständigung, 17f., bes. 19.
9 Vgl. *Nipkow*, Erwachsenwerden ohne Gott?

sich ohne Weiteres als für die theologische Reflexion bedeutsame, grundlegende Fähigkeiten verstehen. Im Einzelnen werden als solche Kompetenzen nämlich genannt:

- Wahrnehmungs- und Darstellungsfähigkeit (religiös bedeutsame Phänomene wahrnehmen und beschreiben),
- Deutungsfähigkeit (religiös bedeutsame Sprache und Zeugnisse verstehen und deuten),
- Urteilsfähigkeit (in ethischen Fragen begründet urteilen),
- Dialogfähigkeit (am Dialog mit anderen Religionen und Weltanschauungen argumentierend teilnehmen),
- Gestaltungs- und Handlungsfähigkeit (in religiös bedeutsamen Zusammenhängen handeln und mitgestalten).[10]

Im Sinne unserer Darstellung kann hier von Fähigkeiten gesprochen werden, welche die Ausbildung und Praxis der von uns bereits näher gekennzeichneten Laientheologie unterstützen.[11] Ähnlich kann auch bei den Bildungsstandards aus Baden-Württemberg geurteilt werden. Dort wird eine ganze Reihe von Kompetenzen aufgeführt, durch welche die übergeordnete »religiöse Kompetenz« konkretisiert wird.

Insofern kommen wir am Ende dieses Abschnitts zu dem Ergebnis, dass der ausdrückliche Bezug auf »Theologie« in den bislang vorliegenden Papieren zwar eher selten ist und unterentwickelt bleibt, dass aber die geforderten und gewünschten Fähigkeiten, deren Herausbildung im Religionsunterricht unterstützt werden soll, zumindest auch theologisch bedeutsame Fähigkeiten meinen. Dies gibt Anlass dazu, in einem weiteren Schritt genauer zu prüfen, in welchem Sinne sich Jugendtheologie als Kompetenz verstehen lässt.

2. Jugendtheologie als Kompetenz?

In den vorangehenden Kapiteln haben wir bereits ein mehrdimensionales Verständnis von Jugendtheologie erarbeitet, allerdings noch ohne Klärung der Frage, in welchem Sinne dabei von einer Kompetenz oder von Kompetenzen gesprochen werden kann. Im Folgenden nehmen wir die Unterscheidung zwischen den drei Dimension von Jugendtheologie erneut auf – also einer Theologie *der* Jugendlichen, *mit* Jugendlichen und *für* Jugendliche –, um zu prüfen, welche Kompetenzen sich in diesen drei Hinsichten identifizieren lassen.[12] Dabei treten besonders drei Kompetenzen in den Vordergrund, was freilich nicht ausschließt, dass jeweils

---

10 *EKD*, Kompetenzen und Standards, 17 (besonders in Anlehnung an die EPAs/ Einheitliche Prüfungsanforderungen im Abitur der der Kultusministerkonferenz von 2006).
11 Vgl. oben, S. 47f.
12 Vgl. dazu insgesamt auch die Überlegungen von *Zimmermann*, Kindertheologie, im Blick auf Kindertheologie als Kompetenz.

Kapitel 6: Theologische Kompetenzen Jugendlicher 139

auch noch weitere Kompetenzen angesprochen sind: Deutungs- und Urteilskompetenz, Kommunikations- und Partizipationskompetenz sowie die Fähigkeit, sich theologische Erkenntnisse zu erschließen. Alle diese Kompetenzen können wiederum als Teil einer übergeordneten Reflexionskompetenz angesehen werden, die den Kern der Jugendtheologie ausmacht.

Deutungs- und Urteilskompetenz – Theologie der Jugendlichen

Auch im Rahmen ihrer alltäglichen, also nicht mit religionspädagogischen Bildungsangeboten verbundenen Lebenszusammenhänge sind Jugendliche immer schon deutend und urteilend tätig. Sie müssen sich mit unterschiedlichen Situationen auseinandersetzen und müssen selbst handeln. Insofern kann von einem informellen Bereich der Kompetenzausübung gesprochen werden, wobei allerdings noch ganz offen bleibt, wie explizit und wie reflektiert die entsprechenden Deutungen und Urteilsformen ausfallen. Wie wir uns bereits klar gemacht haben, gibt es in dieser Hinsicht Unterschiede, die dann zum Ansatzpunkt für religiöse Bildung werden, sowohl im formellen wie im non-formalen und informellen Bereich des Lernens und der Bildung. Damit sehen wir unseren Ansatz zugleich in enger Nähe zur Zielsetzung einer lebensweltorientierten Jugendbildungsarbeit,»die auf die Potenziale zur selbstbestimmten Kompetenzaneignung ihrer Adressaten vertraut«[13] und die damit auch »Konsequenzen für die schulischen wie außerschulischen Handlungskonzepte nach sich ziehen muss«.[14]

Religionspädagogisch besteht heute weithin Konsens darüber, dass die von Jugendlichen immer schon mitgebrachten Deutungsweisen einen wesentlichen Ausgangspunkt für alle gezielt gestalteten Lern- und Bildungsprozesse darstellen müssen. Ohne konstitutive Berücksichtigung dieses Ausgangspunktes besteht die Gefahr, dass das Gelernte bestenfalls oberflächlich und ohne Bezug auf das Leben und den eigenen Glauben der Jugendlichen bleibt. Je mehr es umgekehrt gelingt, solche bei den Jugendlichen bereits vorhandenen Deutungs- und Urteilsformen als Kompetenzen zu begreifen, desto leichter wird es auch, Unterrichtsprozesse als Weiterführung dieser Kompetenzen zu verstehen und zu gestalten.

Genauer betrachtet müssen allerdings zwei Voraussetzungen gegeben sein, damit dies gelingen kann:

– Zum einen brauchen wir nicht nur Erkenntnisse darüber, wie Jugendliche beispielsweise über Gott denken und mit welchen Problemen sich die Gottesfrage für sie verbindet, sondern es muss auch deutlich wer-

---

13 *Sturzenhecker*, Zum Bildungsanspruch von Jugendarbeit, 155.
14 *Otto/Rauschenbach*, Die neue Bildungsdebatte, 22.

den, welche Kompetenzen die von Jugendlichen formulierte Sicht von Gott in sich schließt.

– Zum anderen bedarf es einer Didaktik, die es erlaubt, jeweils schon vorhandene Kompetenzen zu identifizieren und sie für den Prozess des Lehrens und Lernens fruchtbar zu machen.

Beide Voraussetzungen können wiederum anhand der Gottesfrage genauer erläutert werden. Beispielen dazu sind wir in der bisherigen Darstellung bereits mehrfach begegnet. Kehren wir noch einmal zurück zu Janine und ihrer Theologie der menschlichen Autonomie und der religiösen Individualisierung.[15] Im Sinne einer solchen – in unserer Terminologie: persönlichen – Theologie deutet und versteht diese Jugendliche ihren eigenen Glauben. Dass sie sich dabei auch in Widersprüche verwickelt, wenn sie zugleich den Karma-Gedanken stark macht – er ist ihr »angenehm«, wie sie sagt –, scheint ihr nicht bewusst zu sein. Eine jugendtheologisch sensible und informierte Didaktik müsste ihren Ansatzpunkt einer weiteren Kompetenzförderung genau an dieser Stelle finden, nicht in der Zurückweisung des durchaus alters- und entwicklungsgemäßen Strebens nach Individualität und Autonomie, sondern an dessen Verhältnis zum deterministischen Karma-Denken. Ähnlich klärungs- und reflexionsbedürftig kann auch die mögliche Spannung zwischen dem Autonomiestreben und dem Wunsch nach Unterstützung durch eine von außen her wirkende Kraft sein.

Weitere Beispiele könnten etwa die Frage nach Gottes Existenz und nach tragfähigen Gottesbildern betreffen. Theologische Kompetenzen sind auch gefordert, wo es um Gott als »Fiktion« und als menschliche Erfindung geht. Alle diese Fragen sind auch in der theologischen Tradition immer wieder durchgespielt worden und haben dort unterschiedliche Antworten gefunden. Die didaktische Herausforderung besteht freilich darin, dass Jugendliche sich eben nur selten in der Sprache und Vorstellungswelt dieser Tradition wiederfinden.

Interessanterweise wird in einer neueren Arbeitshilfe für die Sekundarstufe II zu Gottesbildern davon gesprochen, dass religiöse Bildung Impulse dafür setzen kann, mit dem »Unbegreiflichen lebenskompetent«[16] umzugehen; d.h. im Religionsunterricht geht es »bei der Gottes-Frage nicht um Abstraktes, sondern um Konkretes und Lebensrelevantes ..., letztlich sogar um Lebenskompetenz«[17]. Dies bedeutet konkret, dass Jugendliche herausgefordert werden sollen, »ihre Frage nach Gott so zu formulieren, dass sie für ihr Leben Gewicht hat«[18]. Demzufolge muss eine unterrichtliche Annäherung an die Gottesfrage konsequenterweise neben der notwendigen Sach-, Sozial und Methodenkompetenz immer auch den Aspekt der Selbstkompetenz mit umfassen. Dieser meint hier

---

15 Vgl. oben, S. 56f.
16 *Leewe/Neuschäfer*, Ich hatte von dir, 7.
17 Ebd., 13.
18 Ebd.

nicht nur die Kompetenz, eigene Lernprozesse planen und strukturieren zu können, sondern – etwa bei der Frage nach Gottesvorstellungen, der Theodizee oder auch der Rede von Gott als Liebe – eigene Sehnsüchte verbal und kreativ ausdrücken und solche Emotionen zugleich reflektieren zu können.[19]

Kommunikations- und Partizipationskompetenz –
Theologie mit Jugendlichen

In lebensweltlichen Zusammenhängen spielt Religion als Gegenstand von Gesprächen heute nur selten eine Rolle. Beispielsweise haben empirische Untersuchungen zum Familienleben deutlich gemacht, dass religiöse Fragen bei den gemeinsamen Mahlzeiten in der Familie kaum einmal thematisiert werden.[20] In Zeiten der religiösen Individualisierung, in denen Religion prinzipiell als Privatangelegenheit gilt, in die sich niemand einzumischen hat, ist religiöse Kommunikationsfähigkeit nicht automatisch gesichert. Das gilt entsprechend für die auf Reflexion von Religion gerichtete Form der – dann als theologisch zu bezeichnenden – Kommunikation.

Von Partizipationskompetenz war in der bisherigen Diskussion über Kompetenzen und Bildungsstandards für den Religionsunterricht vor allem im Rahmen der von Dietrich Benner u.a. durchgeführten Berliner Untersuchung die Rede.[21] Gemeint ist dort die Fähigkeit, sich selbst an gemeinschaftlichen, also etwa kirchlichen Formen der religiösen Praxis beteiligen und diese auch selbst mitgestalten zu können. Ähnlich heißt es in den Bildungsstandards der EKD: »Individuelle und kirchliche Formen der Praxis von Religion kennen und daran teilhaben können.«[22] Im Zusammenhang der Frage nach Jugendtheologie ist hier hervorzuheben, dass eine solche Teilhabe nicht auf die Beteiligung beispielsweise an bestimmten rituellen Vollzügen des Gottesdienstes oder des Gebets beschränkt sein kann, sondern auch deren Reflexion ebenso einschließt wie den Versuch, an der Weiterentwicklung solcher Formen sowie an gemeinsamen Entscheidungen über ihre Ausgestaltung mitzuwirken.

Wie wichtig die Wahrnehmung und Achtung der entsprechenden Kompetenzen Jugendlicher heute ist, hat zuletzt die Bundesweite Studie zur Konfirmandenarbeit gezeigt. Die mit der Konfirmandenarbeit insgesamt – bei aller Kritik im Einzelnen – dann doch recht zufriedenen Jugendlichen beklagen nachhaltig, dass sie bei den Inhalten des Unterrichts nicht oder zu wenig mitbestimmen sowie bei der Gestaltung der von ihnen oh-

---

19 Vgl. etwa ebd., 108.
20 Vgl. den Überblick bei *Ebertz*, »Heilige Familie«.
21 Vgl. *Benner u.a.*, Modellierung und Testung.
22 *EKD*, Kompetenzen und Standards, 18.

nehin als langweilig wahrgenommenen Gottesdienste nicht mitwirken können oder dürfen.[23]

Beide Kompetenzen, Deutungs- und Urteilskompetenz sowie Kommunikations- und Partizipationskompetenz, sind heute nicht zuletzt auch in interreligiösen Zusammenhängen gefordert. Die religiöse Vielfalt, die zu einer Signatur des Aufwachsens in Deutschland geworden ist, begegnet Jugendlichen in ihrem Alltag in sehr unterschiedlicher Form. Sie ist in der eigenen Schule oder sonstigen Ausbildungs- und Arbeitsstätten ebenso präsent wie in der Freizeit und in den Medien. Ein als angemessen zu bezeichnendes, Frieden und Toleranz zuträgliches Zusammenleben setzt wechselseitigen Respekt und Achtung voreinander voraus.[24] Religiöse Unterschiede können dann nicht einfach gleichgültig sein. Sie kennenzulernen – auch als Ausdruck der Achtung vor dem Anderen – führt unvermeidlich zu der Notwendigkeit, die religiöse Vielfalt auch im Blick auf die damit verbundenen Wahrheitsansprüche und Gewissheitserfahrungen zu deuten und zu beurteilen.

Partizipationskompetenz ist in diesem Zusammenhang etwa beim Besuch von Moscheen und Synagogen gefordert. Welches Verhalten wird als respektvoll wahrgenommen? Nur am Rande stehen? Ebenfalls beten?

Sehr anschaulich ist in diesem Zusammenhang ein, wenn man so will, Informations-Roman von Christiane Thiel, mit dem Titel »Mein GOTT und ich. Ein Roman über Weltreligionen«: Jugendliche lernen aufgrund eines Wettbewerbs und eines zu lösenden Geheimnisses die unterschiedlichsten Ausprägungen von Religion kennen. Dies geschieht, indem sie jeweils alleine eine Woche lang in einer Familie mit einem bestimmten religiösen Hintergrund mitleben. Die Begegnungen mit evangelisch-lutherischen, katholischen, evangelikalen, jüdisch-liberalen, jüdisch-orthodoxen, buddhistischen, muslimisch-liberalen, muslimisch-traditionellen und hinduistischen Traditionen, Festen und Bräuchen führen zu vielfältigen neuen Erfahrungen und Einsichten. Am Ende entsteht »ein unbeschreiblich schönes Gefühl, mit all den Leuten zusammen in den Himmel hinaufzuschauen«[25] – und das Rätsel wird auch noch gelöst.

Theologische Erkenntnisse erschließen – Theologie für Jugendliche

Religionsunterricht soll kein Abbild wissenschaftlicher Theologie sein. Daran halten wir auch an dieser Stelle fest. Selbst in der Gymnasialen Oberstufe, die auch eine wissenschaftspropädeutische Funktion übernehmen soll, kann es nicht darum gehen, vorgezogene theologische Proseminare abzuhalten. Zum einen ginge ein solcher Unterricht an den Lebenszusammenhängen der Jugendlichen vorbei. Hier liegt das bleibende Recht von Friedrich Schleiermachers Einwand gegen einen Religions-

---

23 Vgl. oben, S. 32.
24 Vgl. zum weiteren Hintergrund *Nipkow*, Bildung, *Schweitzer u.a.*, Entwurf einer pluralitätsfähigen Religionspädagogik.
25 *Thiel*, Mein GOTT und ich, 196.

unterricht, der wissenschaftliche Theologie sein will.²⁶ Zum anderen verwandeln sich lebendige wissenschaftliche Diskussionen dort, wo sie, wie in der Schule wohl kaum zu vermeiden, vom Gesamtprozess der wissenschaftlichen Forschung isoliert werden, zu bloß noch trägen Wissensbeständen, was man dann geradezu als »kalten« Religionsunterricht bezeichnen kann. Über die Frage der Entstehungszeit der Evangelien beispielsweise anhand konkurrierender Hypothesen sowie in Auseinandersetzung mit dem insgesamt ungesicherten Stand der Geschichtsschreibung in der Zeit des frühen Christentums in den ersten beiden nachchristlichen Jahrhunderten zu diskutieren ist etwas wesentlich anderes, als die in den meisten Schulbüchern gebotenen, scheinbar festliegenden Entstehungsdaten der Evangelien kontextfrei auswendig lernen zu müssen. Diese Differenz gilt erst recht dann, wenn Schülerinnen und Schüler für die Fragen historischer und dogmatischer Wahrheitsansprüche sensibilisiert werden. Ohne einen entsprechenden Arbeitszusammenhang bleibt auch dieses Anliegen isoliert.

Jenseits problematischer, weil primär akademisch ausgerichteter Importe von Theologie in den Unterricht gibt es jedoch durchaus didaktische Zugänge, durch die Erkenntnisse der Theologie gerade auch für Jugendliche produktiv und lebensbedeutsam werden können. Der oben aufgenommene Hinweis in den katholischen Bildungsstandards, dass zum Verständnis religiöser Sprache auch eine Vertrautheit mit »zentralen theologischen Fachbegriffen« gehören kann, ist ja in der Sache begründet und didaktisch durchaus nachvollziehbar.²⁷ Inhaltlich bedeutsamer sind aber auch im Blick auf Jugendliche in der Theologie erreichte Erkenntnisse im Bezug auf den Glauben selbst. Um nur einige Beispiele zu nennen: zum Entstehungsprozess der biblischen Schriften, zur Bedeutung der Jungfrauengeburt oder zum Verhältnis zwischen Schöpfungsglaube und Evolutionstheorie. Vermutlich ist in diesem Sinne auch die oben berichtete Äußerung einer Jugendlichen zu verstehen, die davon spricht, dass die Beschäftigung mit Theologie ihr dabei geholfen hätte, wieder etwas mit dem christlichen Glauben anfangen zu können.²⁸ Theologische Erkenntnisse können auch persönlich bedeutsam und befreiend sein, wenn sie bestimmte Missverständnisse ausräumen oder vermeintliche Glaubenshindernisse aufheben, die vielleicht in der Annahme bestehen, dass man als Christ etwas dem Verstand Widersprechendes wie die Entstehung der Welt in wortwörtlich genommenen sieben Tagen glauben müsse.

Von einer eigenen Kompetenz der Jugendlichen kann aber noch nicht wirklich gesprochen werden, solange ihnen theologische Erkenntnisse durch erwachsene Lehrpersonen gleichsam als Fertigprodukte vermittelt werden. Ein entscheidender weiterer Schritt besteht vielmehr darin, dass

---

26 S.o., S. 65f.
27 S.o., S. 137.
28 Vgl. oben, S. 72.

sie dazu fähig werden, sich selbst entsprechende Informationen zu beschaffen und sich in reflektierter Form Einsichten zu erschließen. Den nahe liegenden Ausgangspunkt stellt für viele Jugendliche dabei heute das Internet dar. Ebenso bekannt ist aber auch die Vielfalt irreführender Informationen, die dort gerade in religiösen Fragen geboten werden. Zum Kompetenzerwerb gehört nicht zuletzt die eigenständige Kritikfähigkeit bis hin zum klugen und wiederum selbst lernenden Umgang mit der Überfülle nützlicher und überflüssiger Informationen und der Einschätzung der Quellen, die bekanntermaßen von seriösen bis hochproblematischen Erscheinungsformen reichen können. Beispielsweise könnte die Auseinandersetzung mit dem Thema »Weltuntergang« sich dazu eignen, den kritischen Umgang mit solchen Informationen unter dem Aspekt der Jugendtheologie auszubilden.

Prophezeiungen des nahe bevorstehenden Weltuntergangs berufen sich nicht zuletzt auf religiöse Quellen sowie auf alt-ehrwürdige Offenbarungen. Immer wieder wird etwa die Gestalt des Nostradamus genannt, als Urbild gleichsam des Weisheitslehrers. Eine Recherche im Internet bestätigt die – zumindest angebliche – Glaubwürdigkeit der Vorhersagen. Rhetorisch versiert wird dort auch die Frage aufgenommen, welche logischen Konsequenzen daraus zu ziehen sind, dass frühere Vorhersagen nicht eintrafen. Ist dies nicht wie bei einem Unfall im Straßenverkehr, vor dem niemand schon deshalb sicher sein kann, weil frühere Warnungen vor der Gefahr sich als überflüssig erwiesen? Gilt nicht auch hier, dass man daraus für die Zukunft eben gar nichts ableiten kann?

Hier begegnen wir gleichsam einer Spielart von Theologie, die wir bislang noch nicht eigens erwähnt haben: *Schein*-Theologie und bloß scheinbare Logik der Beweisführung. Es gehört zu den Aufgaben einer Jugendtheologie, die Jugendlichen dabei zu unterstützen, diesen Schein von Theologie ebenso wie den Schein manipulativer »Bildung« zu durchschauen. Der Rückgriff auf theologische Erkenntnisse kann und wird dabei hilfreich sein, so dass dies seinerseits Bedeutung für den Erwerb ganz allgemein bildender Kompetenzen gewinnen kann.

3. Jugendtheologische Anforderungen an Kompetenzen und Standards

In der didaktischen Diskussion fallen die Anfänge der neuen Kompetenzorientierung und die Einführung von Bildungsstandards einerseits sowie der Beginn der Diskussion zur Kindertheologie andererseits zeitlich gesehen fast unmittelbar zusammen. In beiden Fällen geht es um Entwicklungen insbesondere der letzten zehn Jahre. Dies erklärt, warum sehr bald auch eine mögliche Gegenläufigkeit dieser beiden Richtungen wahrgenommen wurde: auf der einen Seite die Suche nach auch empirisch belegbaren Lernforschritten und Fähigkeiten, auf der anderen Seite die Ausrichtung auf Kinder als Subjekte, die an erster Stelle ein Recht auf Achtung haben, auch im Blick auf ihre Fähigkeiten.[29]

---

29 Vgl. etwa *Rupp*, Bildungsstandards.

Diese Spannung kann auch hinsichtlich der Jugendtheologie wahrgenommen werden. Es macht einen deutlichen Unterschied, ob von den Jugendlichen und ihrer Theologie her gedacht wird oder eben von den Kompetenzmodellen, an denen ihre Fähigkeiten gemessen werden sollen. Vor allem Hartmut Rupp hat herauszuarbeiten versucht, wie sich beide Perspektiven in der Religionsdidaktik gleichwohl miteinander verbinden lassen. Er vertritt die Auffassung, dass hier ein produktives Wechselverhältnis zu erreichen ist.[30] Dieser Auffassung haben wir uns bereits im vorangehenden Abschnitt insofern angeschlossen, als wir Jugendtheologie als Kompetenz beschreiben. Auch Rupp geht allerdings davon aus, dass Bildungsstandards durch die Kindertheologie zu modifizieren sind. Das gilt analog ebenso für die Jugendtheologie. Bildungsstandards müssen, von der Jugendtheologie her gesehen, im Blick auf die lebensgeschichtlich und lebensweltlich bestimmte Situation Jugendlicher ausgelegt werden. Die in den bislang vorliegenden Modellen beschriebenen Kompetenzen bleiben gegenüber solchen Zusammenhängen noch zu abstrakt. In den Bildungsstandards der EKD wird deshalb ausdrücklich darauf hingewiesen, dass sich die Arbeit mit Kompetenzmodellen im Unterrichtsalltag gezielt auf die Kinder und Jugendlichen einstellen müsse.[31] Im vorliegenden Zusammenhang kann darüber hinaus die Forderung begründet und vertreten werden, dass eine kritische Prüfung der vorliegenden Modelle unter dem Aspekt der Jugendtheologie noch aussteht. Dies bedeutet dann konkret, dass diese Kompetenzmodelle erweiterbar und korrekturfähig und die Kataloge der Bildungsstandards daran anpassbar bleiben müssen.

Verallgemeinert formuliert lässt sich festhalten, dass Kompetenzmodelle und Bildungsstandards für den Religionsunterricht aus der Perspektive der Jugendtheologie gesehen ein dreifaches Kriterium erfüllen müssen:

– Sie müssen *subjektbezogen* so formuliert sein, dass sie Raum für eine individuelle und persönliche Aneignung lassen.
– Sie müssen *lebensweltbezogen* so formuliert sein, dass sie eine Verbindung zwischen Kompetenzerwerb und Lebenslagen, Lebenssituationen oder Lebensführung unterstützen.
– Sie müssen *entwicklungsbezogen* so formuliert sein, dass sie auf unterschiedliche Aspekte, Dimensionen, Komplexitätsniveaus sowie domänenspezifische Voraussetzungen in der (religiösen) Entwicklung Jugendlicher eingehen können.

Darüber hinaus muss noch eine übergreifende Anforderung genannt werden: Wenn mit der Einführung von Bildungsstandards im Unterschied zu den herkömmlichen Lehr- oder Bildungsplänen das Versprechen verbunden war, dass solche Standards auch für die Öffentlichkeit verständlich seien, so muss dies für Jugendliche umso mehr gelten. Bildungsstandards müssen so formuliert sein, dass sie den Jugendlichen

---

30 Ebd.
31 Vgl. *EKD*, Kompetenzen und Standards, 14.

selbst – und also nicht nur Lehrerinnen und Lehrern oder gar in der Wissenschaft – zumindest plausibel werden können.
Sofern Kompetenzmodelle und Bildungsstandards diesen Anforderungen gerecht werden, können sie – ganz im Sinne der Jugendtheologie – auch auf außerschulische Lernorte wie die Konfirmandenarbeit oder die Jugendarbeit bezogen werden. Denn wenn es wirklich um Kompetenzen nicht nur für Anforderungen der Schule geht, sondern um Jugendliche als Subjekte, die handlungsfähig sein und werden sollen, dann leuchtet die Beschränkung auf die Schule nicht mehr ein. In gewisser Weise kann die Prüfung, ob sich Kompetenzmodelle und Bildungsstandards auch auf Konfirmanden- oder Jugendarbeit beziehen lassen, sogar als entscheidender Testfall gelten: Nur was auch außerhalb der Schule plausibel ist, kann wirklich als Kompetenz gelten!
Schließlich muss an dieser Stelle bedacht werden, was sich oben im Blick auf den Zusammenhang zwischen Jugendtheologie und Vertrauen ergeben hat.[32] Konsequenzen ergeben sich daraus hier besonders im Blick auf die Erweisbarkeit und Überprüfbarkeit des Kompetenzerwerbs. Bestimmte Kenntnisse und auch Fähigkeiten im Umgang mit religiösen Themen und Sachverhalten lassen sich sehr wohl überprüfen, aber die eigentliche Substanz einer Vertrauensbildung und deren affektive Dimension entziehen sich der Sache nach einer objektivierenden Evaluation.[33]
Denkbar und machbar ist allerdings beispielsweise der Versuch, Jugendliche ihre eigenen Erfahrungen etwa in Form qualitativer Interviews beschreiben zu lassen und diese dann über methodisch gesicherte Verfahren zu interpretieren. Insofern stellt die Meinung, wonach religiöse Bildung als »soft education« wissenschaftlich kein ernsthaftes wissenschaftliches Studienobjekt sein könne, kaum mehr als ein lieb gewonnenes Vorurteil dar. Gerade deshalb sind an die Evaluation religiöser Bildung die gleichen Maßstäbe anzulegen wie an jedes andere Schulfach auch.
Zur Freiheit religiöser Bildung gehört allerdings auch die Unverfügbarkeit hinsichtlich letztgültiger Beurteilungen dessen, was in Bildungsprozessen geschieht oder eben auch nicht geschieht, besonders im Blick auf den persönlichen Glauben oder existentielle Fragen. Das wird bei der Jugendtheologie, die immer auch auf Glaubensfragen bezogen ist, besonders deutlich: »Der Neuorientierung an den Verheißungen steht die Funktionalität einer qualifikations- und kompetenzorientierten Lebenswelt und Erziehung entgegen. Das Vertrauen auf deren Leistungsfähigkeit ist trotz aller Krisen ungebrochen, die Verheißungen des Reiches Gottes erscheinen demgegenüber schwach und vage.«[34] Gerade deshalb ist aus guten theologischen Gründen allen Versuchen, die Qualität von

---

32 Vgl. oben, S. 116ff.
33 Vgl. *Rothgangel*, Religiöse Kompetenz.
34 *Schmidt*, Vertrauen und Verlernen, 100.

Bildungsprozessen vermeintlich eindeutig und abschließend zu quantifizieren, klar zu widersprechen.

Die Erinnerung an die Unverfügbarkeit existentieller Bildungsprozesse und damit auch die Freiheit der Lernenden ist freilich nicht nur im Blick auf die Jugendtheologie bedeutsam. Sie setzt vielmehr zugleich wichtige Maßstäbe für eine gesellschaftliche Kultur von Bildung, die nicht in der Haltung eines Verfügenwollens aufgeht. Dies gilt nicht zuletzt dann, wenn Menschen in eine bestimmte von außen vorbestimmte Richtung so orientiert werden sollen, dass ihre eigene Freiheit dabei nicht mehr zur Geltung kommen kann.

Kapitel 7
Die Erwachsenen –
als andere Seite der Jugendtheologie

Wenn im Folgenden die Erwachsenen in den Blickpunkt rücken, so soll damit auf die gleichsam andere, zweite Seite der dynamischen Wechselwirkung jugendtheologischer Praxis und ihres beziehungsorientierten, dialogischen Charakters aufmerksam gemacht werden.
Vor dem Horizont eines Verständnisses von »Kirche als Bildungsinstitution«[1] sind den erwachsenen Bildungsakteuren in Schule und Kirche fachliche Vermittlungs- und Interpretationsaufgaben zum einen klar vorgegeben, werden zum anderen aber auch von den Jugendlichen zu Recht erwartet. Zu fragen ist nun allerdings, wie Erwachsene mit der spezifisch jugendtheologischen Herausforderung umgehen können, einerseits offene und eigenständige Aneignungsprozesse von Jugendlichen zu ermöglichen, andererseits aber auch ihrer verantwortlichen Vermittlungsaufgabe gerecht zu werden.

Nach einer ersten Bestimmung dessen, in welchem Sinn wir von »den Erwachsenen« sprechen, soll deshalb danach gefragt werden, was sich Jugendliche eigentlich von erwachsenen Bildungsakteuren wünschen und erwarten, was Erwachsene in jedem Fall vermeiden müssen, welche Kompetenzen sie für ihre jugendtheologische Praxis benötigen, was sie ihrerseits von der Jugendtheologie lernen bzw. wie sie selbst davon profitieren können und in welchem Zusammenhang diese Anforderungen an die Bildungsverantwortung Erwachsener zur Frage zukünftiger Kirchen- und Gemeindeentwicklung stehen. Durch diese ausdifferenzierten Annäherungen soll deutlich werden, dass die Frage, »ob Jugendliche Theologie brauchen«, nicht unerheblich von der Bereitschaft der Erwachsenen abhängt, sich selbst auch so ernsthaft wie persönlich glaubwürdig mit diesen Suchbewegungen auseinanderzusetzen.

1. Die Erwachsenen und ihre jugendtheologische Verantwortung

Wenn wir im Folgenden von »den Erwachsenen« sprechen, so stehen uns dabei zunächst die institutionell verankerten und mit einem klaren Auftrags- und Aufgabenprofil ausgestatteten, theologisch ausgebildeten Verantwortlichen im Bereich von Kirche, Schule und Jugendarbeit vor Augen. Zugleich soll es aber nicht ausschließlich um die hauptamtlich Tätigen gehen. Im Sinne der schon mehrfach angesprochenen Laientheologie sind auch diejenigen im Blick, die selbst ohne hauptamtliche

---

1 Vgl. *Preul*, Kirchentheorie.

Funktion Verantwortung in und für die theologische Bildung in Kirche und Öffentlichkeit übernehmen. Sie sind selbst wesentliche »Träger des sozial und kulturell entfalteten kirchlichen Lebens«[2]. Als Erwachsene sind somit nicht nur die im Vergleich zu den Jugendlichen erkennbar »älteren« Fachkräfte im Bereich schulischer und kirchlicher Bildung im Blick, sondern beispielsweise auch jüngere Erwachsene, die etwa in der kirchlichen Jugendarbeit eine ehrenamtliche Mentorenfunktion oder andere Formen der Begleitung Jugendlicher übernehmen. Exemplarisch sei hier – um die entsprechenden Herausforderungen anzudeuten – aus der Kurseinladung eines evangelischen Jugendwerks zum Thema »Glaube« für Mitarbeitende ab 18 Jahren zitiert:

»Wir möchten mit euch gemeinsam den biblischen Ursprung von Glauben kennen lernen, uns über persönliche Glaubenserfahrungen unterhalten und über neue Glaubensinspirationen nachdenken. Daher soll auch die ganz praktische Glaubenspraxis im Zentrum stehen. Wie lebe ich Glauben im Alltag, in Gruppenstunden, auf Freizeiten oder einfach so im Umgang mit anderen Menschen?«[3]

Schon in diesen wenigen Zeilen deutet sich ein weites Feld unterschiedlichster Themen und methodischer Annäherungen und eben auch persönlich erheblich herausfordernder Aufgaben und Verantwortlichkeiten an. Es wird offensichtlich, dass das Glaubensthema nicht nur auf seine biblischen Bezüge hin besprochen, sondern nur und erst unter Rückgriff auf die eigenen Erfahrungen mit dem Glauben durchbuchstabiert und reflektiert werden kann. Nur wenn ältere Jugendliche solche komplexen Annäherungen erfahren können, besteht die Chance, dass sie ihrerseits mit Jugendlichen auf ebenso komplexe Weise theologische Themen ansprechen und reflektieren werden.

Somit stehen die folgenden Überlegungen unter der Prämisse, dass wir auch für die ehrenamtlich Tätigen im Blick auf ihre theologische Verantwortung eine seriöse und theologisch profilierte Ausbildung – etwa im Rahmen der Schulung zum Teamer, Jungschar-, Jugend- oder Freizeitleiter – für unbedingt notwendig erachten.

Von unserer Grundbestimmung der Erwachsenen aus werden die möglichen religiösen Sozialisations- und Bildungsaufgaben der Eltern und Familie hier nicht näher in den Blick genommen. Zwar ließe sich die elterliche und familiäre Verantwortung durchaus ebenfalls in einer bestimmten jugendtheologischen Perspektive entfalten, diese führt aber unserer Ansicht nach hier auf ein weites, um nicht zu sagen, anderes Feld religiöser Bildung.[4]

Entscheidend für die Zuschreibung des »Erwachsenenstatus« ist grundsätzlich weniger ein bestimmtes, eindeutig abgrenzbares Alter als vielmehr eine klare Verantwortungszuschreibung im Blick auf die entspre-

---

2 *Steck*, Praktische Theologie, 588.
3 http://www.ejw-calw.de/printable/schulungen/index.html (gelesen: 10.4.2011).
4 Vgl. dazu näher *Domsgen*, Familie und Religion.

chenden theologischen Bildungsprozesse bzw. die Beauftragung der beruflich Lehrenden einerseits und der zur qualifizierten Weitergabe des christlichen Glaubens berufenen Laien andererseits. Insofern ist hinsichtlich der Frage der zum theologischen Dialog erforderlichen Kompetenz für beide – auf den ersten Blick unterschiedlichen Gruppen von Erwachsenen – eine grundsätzliche Professionalität im Sinn erworbener und selbst immer wieder neu zu überprüfender Selbst-, Wahrnehmungs-, Reflexions-, Kommunikations- und Deutungskompetenz unerlässlich.

Vor dem Horizont dieses weiten Kompetenzbegriffs und Anspruchsprofils sind wir der Überzeugung, dass sich für die Erwachsenen unabhängig vom jeweiligen Alter und Verantwortungsbereich die grundsätzlichen jugendtheologischen Herausforderungen in sehr ähnlicher Weise stellen. Wo auch immer theologische Reflexion und Kommunikation stattfindet, müssen dafür von Seiten der Verantwortlichen bestimmte inhaltliche Standards erfüllt sein oder zumindest angestrebt werden.

Dies bedeutet: Erwachsene sollten sich von den Fragen und Antworten Jugendlicher nicht nur so herausgefordert fühlen, dass sie darauf lediglich aufgrund eigener Erfahrungen und mit Hilfe der eigenen Intuition reagieren. Vielmehr geht es weit grundsätzlicher um die immer wieder an sich selbst zu richtende Frage, ob sie über die adäquaten und ausreichenden Kompetenzen für eine angemessene jugendtheologische Praxis verfügen bzw. wie diese erworben und im Zweifelsfall verbessert werden können – bis hin zu der Kompetenz, im Fall »abweichender« Meinungen und Haltungen auch noch offen genug für solche Auffassungen Jugendlicher zu sein, die sich von ihren eigenen Erwartungen deutlich unterscheiden.

Schon hier sei darauf hingewiesen: Die prinzipielle Fähigkeit und Bereitschaft zur theologischen Offenheit muss sich mit der ebenso notwendigen Kompetenz verbinden, Jugendlichen inhaltlich profilierte Denkanstöße und Artikulationshilfen zu eröffnen. Dies setzt – zumindest bei Hauptamtlichen – eine möglichst breite Bildung voraus, die vom ernsthaften Interesse an theologischen Fragen bis hin zur literarischen, musikalischen und systematischen Beschäftigung mit diesen reichen muss.

Jugendtheologie ist also in erheblichem Sinn auf die theologische Kompetenz der Erwachsenen angewiesen. Diese tragen wesentlich zur Ermöglichung jugendtheologischer Praxis bei, indem sie für die Theologie *der* Jugendlichen sensibel sind, einer Theologie *mit* Jugendlichen Raum geben sowie Theologie *für* Jugendliche erschließen und ermöglichen.

2. Erwachsene als theologisch erfahrene Persönlichkeiten sind gefragt

Jugendliche nehmen die lehrenden Erwachsenen immer auch als Repräsentanten der jeweiligen Institution wahr, für die diese agieren und stehen. Sie wissen sehr wohl um die »offizielle« Funktion und Profession von Pfarrerinnen und Pfarrern, aber auch von Religionslehrkräften, und sie gehen folgerichtig davon aus, dass diese in der direkten Bildungsbeziehung auch tatsächlich erkennbar vertreten wird. Insofern kann es nicht darum gehen, bestimmte theologische Thematisierungen aus dem Grund von vornherein vermeiden zu wollen, dass diese manchen Jugendlichen als sperrig, unbequem oder gar antiquiert erscheinen mögen. Grund für eine solche explizite theologische Kommunikation muss von Seiten der Erwachsenen die Motivation sein, über ihre eigenen Fragen und Gewissheiten, Zweifel und Hoffnungen – bis hin zur Motivation für den eigenen Beruf – begründet Auskunft geben zu wollen.[5] Erst eine solche Bereitschaft liefert theologisch wie pädagogisch gesehen den angemessenen Ausgangspunkt für substantielle theologische Verstehens- und Verständigungsprozesse:

Nur wenn die verantwortlichen Erwachsenen dazu bereit und fähig sind, sich auf die Fragen und Suchbewegungen der Jugendlichen auch erkennbar mit eigenen Überzeugungen und Deutungen einzulassen und diese vor dem Hintergrund eigener Kenntnisse und Erfahrungen zu reflektieren, hat eine jugendtheologische Praxis die Chance auf bedeutsame und nachhaltige Wirksamkeit.

Nun wissen aber schon Jugendliche sehr wohl zwischen einer offiziellen Funktionserfüllung und der jeweiligen Persönlichkeit des Erwachsenen zu unterscheiden. Sie erwarten sich somit, dass Erwachsene selbst in ihrer Berufsausübung ihre eigene Persönlichkeit zum Tragen bringen. Es sind gerade die Lebenserfahrungen Erwachsener, die von Jugendlichen auch in theologischen Fragen als besonders bedeutsam eingeschätzt werden können.

So sind die aktiven Erwachsenen in der Wahrnehmung der Jugendlichen nicht nur hinsichtlich der von ihnen repräsentierten Institutionen und präsentierten Inhalte gefragt, sondern als Person bzw. mit ihrer ganzen Person, d.h. konkret auch mit ihrer je eigenen Lebensgeschichte und den Wechselfällen des Lebens. Hier erwartet sich die jüngere Generation zu Recht von den Älteren Impulse und möglicherweise sogar eine klare Orientierung darüber, wie die eigenen Glaubenshaltungen die Bewältigung etwa von Schicksalsschlägen positiv beeinflusst hat oder beeinflussen kann. Man könnte geradezu von der Bedeutsamkeit theologisch geprägter und profiliert erzählter Lebensgeschichte sprechen.

Zwar haben wir bereits darauf hingewiesen, dass entscheidende Suchbewegungen Jugendlicher oftmals unter Gleichaltrigen kommuniziert werden und damit maßgebliche Einflüsse von der jeweiligen Peergroup ausgehen. Insofern kommt die Offenheit Jugendlicher für Perspektiven der Erwachsenen naturgemäß immer wieder an ihre Grenze. Gleichwohl ist kaum zu überschätzen, dass Lebenserfahrungen Erwachsener für Jugendliche nicht nur faszinierend sein können, sondern Jugendliche ihnen

---

5 Vgl. die eindrücklichen Beispiele bei *Feige u.a.*, Religionslehrer oder Religionslehrerin werden.

auch eine orientierende Bedeutsamkeit für die eigene Lebensführung beizumessen bereit sind.
Stellt nun diese religiöse Erfahrungsebene der Erwachsenen gewissermaßen schon eine ganz eigene Kompetenz dar, so können sich hier auch bedeutsame Probleme ergeben. Denn gerade intensive eigene Lebenserfahrungen – etwa bestimmte Erfahrungen, die im Sinn göttlicher Fügung oder Begleitung gedeutet werden – laufen Gefahr, verabsolutiert zu werden. Es gehört folglich zur Kunst einer gleichsam laientheologischen Jugendtheologie, die eigenen Erfahrungen immer wieder auch relativieren zu können bzw. unter Umständen sogar von Jugendlichen grundsätzlich in Frage stellen zu lassen.
In jedem Fall ist unbestreitbar, dass die inhaltsbezogene theologische Vermittlung und Reflexion in enger Verbindung mit der Wahrnehmung der lehrenden Personen durch die Jugendlichen geschieht. Gerade in dieser Hinsicht verbinden sich die Dimensionen formaler, non-formaler und informeller Bildung. Denn es ist offenkundig, dass ein religiöses Bildungsangebot oder der Dialog über theologische Fragen überhaupt nur dann Sinn zu machen verspricht, wenn sich die Lehrenden selbst mit und in ihrer ganzen Person als dialog- und auskunftsfähig erweisen und damit durch ihre eigene Glaubwürdigkeit zugleich auch ein Wahrheitsmoment theologischer Überlieferung zum Vorschein bringen. Auch wenn aus theologischer Perspektive von der prinzipiellen Unverfügbarkeit christlicher Wahrheit auszugehen ist und damit ein solcher Anspruch der Sache nach begrenzt sein muss, sind jugendliche Wahrnehmungen und Erwartungen in dieser Hinsicht unbedingt ernst zu nehmen.
Offenbar sind Erwachsene gerade angesichts der gegenwärtigen alltagspraktischen Herausforderungen und Unsicherheiten mit ihren eigenen Überzeugungen und Gewissheiten gefragter denn je: Jugendliche suchen nach Orientierung und oftmals auch nach eindeutigen Antworten. Zwar ist die Zeit der unkritisch herangezogenen Vorbilder längst vorbei, gleichwohl scheinen viele Jugendliche bestimmte vorbildhafte Lebensführungen durchaus als interessant und nachdenkenswert zu empfinden.
Es ist also nicht zu unterschätzen, dass Erwachsene aus der Sicht der Jugendlichen durch ihre eigene Person bzw. mit ihrer Authentizität und Überzeugungskraft in entscheidendem Sinn die ihnen zugesprochene und zugemutete Bildungsverantwortung tragen. Dabei ist an dieser Stelle ausdrücklich festzuhalten, dass die Rede von Authentizität nicht mit dem Ideal einer vollkommenen Persönlichkeit gleichzusetzen ist. Vielmehr stellt aus evangelischer Perspektive der bewusste Umgang mit eigenen Grenzen und Schwächen sowie der begründete, konstruktive Zweifel an bestimmten Überlieferungen und Traditionen einen wesentlichen Aspekt authentischer Haltung und glaubwürdigen Verhaltens dar.[6] Bevor wir auf konkrete Möglichkeiten solcher authentischer Bildungsbeziehungen zu

---

6 Vgl. *Bizer u.a.*, Sehnsucht nach Orientierung.

sprechen kommen, sind zuvor die notwendigen Grenzen näher zu bedenken:

3. Was Erwachsene in jedem Fall vermeiden müssen

Eine hohe Sensibilität ist schon dort notwendig, wo sich die Frage stellt, ob und in welcher Weise mit Jugendlichen über deren persönliche Fragen gesprochen werden soll und kann. Nicht erst die jüngsten Missbrauchsskandale müssen für die Problematik sensibilisieren, dass vertrauensvolle Kommunikation mit Jugendlichen eine erhebliche Selbstkompetenz der Erwachsenen im Sinn der Selbstbegrenzungsfähigkeit voraussetzt. Gerade bei ausgesprochen persönlichen und seelsorgerlich weit reichenden Gesprächen stehen die Erwachsenen vor der Aufgabe, eine deutliche Grenze zwischen der ihnen zugeschriebenen Funktion und ihrer eigenen Person zu wahren. Übergriffigkeiten beginnen im Zweifelsfall bereits dort, wo die eigene Rolle nicht mehr in aller Klarheit kommuniziert wird und sich die Erwachsenen etwa nicht mehr ausreichend davor verwahren, dass ihnen bestimmte Rollen, etwa die des fehlenden Elternteils, der verloren gegangenen Partnerin oder des vermissten Freundes, zugeschrieben werden.[7]

Jugendtheologische Praxis hat von Seiten der Erwachsenen auch die ernsthafte Frage einzuschließen, ob tatsächlich alle eigenen Intentionen auch legitim sind und was die eigentlichen Motive des jeweiligen Bildungsengagements sind.

Hier gilt: Nur wenn alles vermieden wird, was unter der Hand massive Funktionalisierungen der Jugendlichen für »erwachsene Zwecke« mit sich bringt, kann die jeweilige Bildungspraxis legitim und gerechtfertigt sein. In diesem Zusammenhang müssen sich Erwachsene nach der Motivation und damit nach dem eigenen Selbstverständnis sowie ihrer Rolle in den entsprechenden Bildungsprozessen befragen. Problematisch sind hierbei jedenfalls alle solchen Formen und Motive, durch die Erwachsene aufgrund eigener Geltungs-, Führungs- oder Machtansprüche Jugendliche letztlich nur für die Durchsetzung ihrer eigenen Bedürfnisse und Interessen instrumentalisieren. Im Übrigen merken dies Jugendliche früher, genauer und nachhaltiger, als Erwachsene sich dies vermutlich vorstellen können: So erzählt die 16jährige Lena davon, dass sie seit ihrer Konfirmation kaum noch in die Kirche gegangen ist, weil seitdem auch eine neue Pfarrerin da ist, die sich vom Konfirmationspfarrer, den sie gerne gemocht hatte, deutlich unterschied:

---

7 Vgl. dazu das Beispiel des geradezu seelsorgerlichen und übertragungsriskanten Gesprächs einer Jugendlichen mit ihrem Jugendmitarbeiter bei *Schlag*, Glaube zur Sprache bringen.

»Ja, ich weiß nicht, was ich an der Frau nicht mochte, das weiß ich selber nicht. Das ist auch – – – die war mir unsympathisch, die kam mir so vor als wäre ihre Herzlichkeit so aufgesetzt, ich weiß nicht warum, aber irgendwie auf der einen Seite war sie zwar herzlich, aber irgendwie kam mir das so – übertrieben, geschauspielert vor. Ich weiß nicht, ob das einfach nur [sic!], weil sie ne Neue war.«[8]

Auch alle Formen vermeintlich eindeutiger und zweifelloser Glaubensvermittlung sind hier der Sache nach und um der Jugendlichen willen als höchst problematisch anzusehen. Denn dies wird im Einzelfall die mögliche Reflexion und Kommunikation von Anfang an entweder zu stark einengen oder möglicherweise überhaupt verhindern.
Dies bedeutet zugleich, dass Erwachsene sich ihre eigene Rolle so genau wie möglich klarmachen und prinzipiell zwischen einer bildungs- und verkündigungsorientierten Praxis bewusst unterscheiden müssen. Dabei gilt schon aus rechtlichen und sachlichen Gründen, dass der Religionsunterricht an der Schule keinen Ort expliziter Verkündigung darstellt. Die Kernaufgabe der Lehrkräfte liegt vielmehr in der sachgemäßen und verantworteten Kenntnisvermittlung sowie der Initiierung theologischer Reflexion bei den Jugendlichen. Religionslehrer an der Schule sind somit nicht mehr, aber auch nicht weniger als Tradenten der christlichen Tradition und Interpreten des christlichen Glaubens[9] – und diese Tradierungs- und Interpretationsaufgabe ist von Beginn an auf wechselseitiges Verstehen ausgerichtet.
Alle Formen einer eindeutigen Glaubensvermittlung verbieten sich am Ort der Schule. Sollten Schülerinnen und Schüler hier auch nur im geringsten Maße den Eindruck gewinnen müssen, zu Missionsobjekten gemacht zu werden, haben Lehrende ihre Beauftragung und Verantwortung in unzulässiger Weise überschritten.
Allerdings gilt die Fähigkeit zur kompetenten Unterscheidung zwischen Bildungs- und Verkündigungspraxis auch für kirchliche Kontexte. Erscheint hier eine eindeutige Vermittlungspraxis auf den ersten Blick als völlig legitim, so ist diese ebenfalls als problematisch anzusehen, wenn Erwachsene ihre eigenen Deutungen und Erfahrungen absolut setzen. Zudem stoßen solche Versuche bei den Jugendlichen hoffentlich rasch auf Abwehr.
Umgekehrt gilt allerdings auch, dass mit erheblichen Verunsicherungen auf Seiten der Jugendlichen zu rechnen ist, wenn sich ein Lehrender bewusst in ein grundsätzlich negatives Verhältnis zur jeweiligen Institution, sei es nun die Schule oder die Kirche, stellt. Ist dann dem Erwachsenen auch noch ein Gefühl für den theologischen Tiefsinn existentieller Fragen nicht abzuspüren, sorgt dies bei Jugendlichen bestenfalls für erhebliches Erstaunen. In diesem Fall würde er ebenso deutlich die ihm zukommende Beauftragung und seine Bildungsverantwortung in Frage stellen. Eine Rollenunklarheit muss folglich dann eintreten, wenn

---

8   *Husmann*, Das Eigene finden, 96.
9   Vgl. *Herms*, Das evangelische Pfarramt als Leitungsamt, 42f.

Erwachsene meinen, diese Zuschreibung und offizielle Funktionsaufgabe zugunsten einer vermeintlich größeren Nähe zu den Jugendlichen selbst relativieren oder gar in Frage stellen zu müssen.
Es geht also für eine gelingende jugendtheologische Praxis auf Seiten der Erwachsenen um die kompetente Kunst, die eigenen theologischen Überzeugungen und Sicherheiten gerade so ins Gespräch und Spiel mit Jugendlichen zu bringen, dass sie in ihrem profiliert-offenen Angebotscharakter deutlich erkennbar und jederzeit auch in ihrer Motivlage transparent werden. Ganz im Sinn des bei Hartmut von Hentig beschriebenen pädagogischen Ideals. Der Lehrer sorgt nicht für Aneignung, sondern ermöglicht diese: »Der ›Lehrer‹ bleibt notwendig, wirkt aber in einer anderen Funktion: Er stellt die Ideen, die Sachen, die Probleme, die Aufgaben bereit und die Lerngelegenheiten her; er hilft, lobt, leistet Widerstand, zeigt, ›was man können kann‹.«[10]
Dies führt erneut zu der Frage nach dem Kompetenzbegriff, nun im Blick auf die verantwortlichen Erwachsenen:

4. Bildungskompetenzen Erwachsener

Sowohl für den Bereich kirchlicher wie schulischer Bildung ist darauf hinzuweisen, dass hier eine niveauvolle und theologiebezogene Praxis zu Recht erwartet werden darf. Jugendtheologie setzt somit auf Seiten der Erwachsenen erhebliche Selbstwahrnehmungskompetenz sowie die unbedingte Fähigkeit voraus, die eigenen Wahrheits- und Gewissheitsansprüche dem kritischen Gespräch zu öffnen. Zur theologischen muss dann aber auch unbedingt die notwendige pädagogische Kompetenz treten.
Hilfreich sind hier die – bereits erwähnten[11] – von Ekkehard Martens ausgegebenen elementaren Methoden eines gelingenden Philosophieunterrichts:
- *phänomenologisch* ist mit differenzierten und möglichst umfassenden Beschreibungen eigener Beobachtungen zu einem Thema oder Gegenstand einzusetzen;
- *hermeneutisch* sind die unterschiedlichen Vorverständnisse der Beteiligten bewusst zu machen;
- *analytisch* sind die in der Beschreibung und Deutung verwendeten zentralen Begriffe und Argumente hervorzuheben und zu prüfen;
- *dialektisch* sind die unterschiedlichen Dialogangebote wahrzunehmen, zuzuspitzen und miteinander für eine Entscheidung abzuwägen, und schließlich sind
- *spekulativ* alle möglichen Phantasien und Einfälle prinzipiell zuzulassen, denn: »alle Philosophen sind Spinner, aber nicht jeder Spinner ist ein Philosoph.«[12]

10 *Hentig*, Glaube. Fluchten aus der Aufklärung, 106f.
11 Vgl. oben, S. 36.

Kapitel 7: Die Erwachsenen – als andere Seite der Jugendtheologie

Konkret kann dies für die Kommunikation über theologische Inhalte die folgenden, im Blick auf biblische Texte beschriebenen miteinander zusammenhängenden Schritte beinhalten: die exegetische Erhebung des Kerngehalts und Eigensinns der entsprechenden biblischen Überlieferung und seiner theologischen Interpretationen; das Durchdenken (und Meditieren!) des Erhobenen im Zusammenhang auch der eigenen Person sowie der Versuch der Versprachlichung für sich selbst; die Konkretisierung mit Blick auf andere Wahrheitsansprüche außerhalb des christlichen Glaubens und schließlich die »adressatenbezogene Artikulation im Blick auf gegenwärtige Verstehbarkeit«[13].

Auf die unterschiedlichen Dimensionen der Jugendtheologie bezogen, kann damit gerade ein Zugang der Elementarisierung exemplarisch deutlich machen, »wie sehr es im Unterricht um Preisgabe von Autorität geht. ... Preisgabe von Autorität ist (um genau zu sein) Preisgabe von Wahrheit, von moralischer Kontrolle, von rationaler Macht. Wahrheit, Moral, Rationalität sind selbst bestreitbare Inhalte, die immer wieder neue Verständigungsprozesse erfordern, weshalb Lehrende stets zugleich Lernende und Lernende Lehrende sind. Die Grundfrage ist daher, ob Lehrende fähig, nämlich souverän genug sind, sich in dieser Weise preiszugeben.«[14]

Es braucht folglich auf Seiten der Lehrenden hohe theologische Kompetenz und Sprachfähigkeit sowie die persönliche Bereitschaft, eigene Positionen auf theologisch sachgemäße und glaubwürdige Weise zu vertreten und diese für ein dialogisches Beziehungsgeschehen im wahrsten Sinn des Wortes zugänglich zu machen. Dies heißt dann auch, sich der eigenen Kernaufgabe der theologischen Kommunikation auf der Grundlage einer offenen und transparenten Grundhaltung – und damit all der damit verbundenen Chancen und Gefahren – überaus bewusst zu sein.
Dies muss nun auch Konsequenzen für die Näherbestimmung der konkreten Ausbildung haben:
Problematisch erscheint uns gerade im Bereich der Religionslehrerausbildung eine wechselseitige Isolation in dem Sinn, dass die Didaktik sich ihres Bezugs auf die Fachwissenschaft und die Fachwissenschaft sich ihres Bezugs auf die Didaktik zu wenig bewusst ist. Dadurch wird bei den Studierenden nicht selten der Eindruck erweckt, als ob die wesentliche Herausforderung religiöser Bildung primär entweder in der methodischen Vermittlung oder umgekehrt primär in der Thematisierung theologischer Fragen läge.
Zur Rolle und Kompetenz der theologiefähigen verantwortlichen Person gehört unbedingt die Fähigkeit der genauen Wahrnehmung und auch des flexiblen Umgangs mit je neuen und überraschenden Unterrichts- und Gesprächssituationen. Dies bedeutet etwa, allen Gefahren einer »Ver-

---

12 Vgl. *Martens*, Philosophieren mit Kindern, 14f.
13 Vgl. *Preul*, Religion und Weltanschauung 121.
14 *Zilleßen*, Was ist Elementarisierung, 266.

textung und Lehrerzentrierung des Oberstufenunterrichts«[15] von Beginn an entgegenzuwirken, indem die Bewusstmachung bestimmter Inhalte immer auch mit gemeinsamen Klärungsprozessen verbunden sein sollte. Diese kann durchaus bis hin zur kreativen Erarbeitung und zum theologischen »Gedankenspiel«[16] führen, indem die Welterschließungskraft des christlichen Glaubens durch die gemeinsame Interpretation klassischer theologischer Texte diskutiert wird.

Man kann dies am Beispiel der Thematisierung der Theodizeefrage verdeutlichen: Offenkundig stellt dies ein zentrales und angesichts von aktuellen Ereignissen im Leben der Jugendlichen immer wieder intensiv aufbrechendes Thema dar. Hier ist nun in aller notwendigen Sensibilität darauf zu achten, dass zum einen die subjektiven Vorstellungen und Fragen der Jugendlichen tatsächlich in ihrer ganzen, auch unkonventionellen Bandbreite artikuliert werden dürfen und müssen. Alle Formen der Grenzziehung könnten bei den Jugendlichen zu dem nachhaltig fatalen Eindruck führen, dass sie in solchen entscheidenden Momenten dann eben doch von gelehrten Autoritäten ausgebremst werden. Es kann aber auch nicht genügen, die Vorstellungen der Jugendlichen einfach »für sich« stehen zu lassen. Vielmehr ist es notwendig, in einem weiteren Schritt auch entsprechende elementare biblische und theologische Einsichten zur Frage »Warum Gott Leid zulässt« mit einzubringen. Hier liegt die fachliche Kompetenz des Lehrenden darin, den Horizont möglicher Vorstellungen zu erweitern, gerade dann, wenn Jugendliche mit ihren eigenen Deutungsversuchen an einen unbefriedigenden oder kontroversen Punkt kommen. Hier ist eine solche Einordnung der Argumente unerlässlich, da sonst bei Jugendlichen tatsächlich das Gefühl aufkommen könnte, dass der Religionsunterricht zwar einen wichtigen Raum für eine solche Frage bieten kann, aber inhaltlich kaum Entscheidendes zur Erörterung der Frage beiträgt. Die von Jugendlichen immer wieder geäußerte Meinung, dass es sich beim Religionsunterricht um ein »Laberfach« handle, resultiert vermutlich nicht wenig aus solchen Erfahrungen des nur mäßig erkennbaren theologischen Profils gerade bei existentiellen Situationen.

Aber mit Impulsen der beschriebenen Art kann eine solche Gesprächssituation noch nicht beendet sein: Vielmehr bedarf es von Seiten des Lehrenden in einem nächsten Schritt einer Sammlung der nun aufbrechenden weiteren Fragen und Antworten. Diese müssen im Unterricht gemeinsam mit den Jugendlichen gesucht und gefunden werden: »Sich in Sachen ›Gott und das Leid‹ immer wieder auch als gemeinsam Fragende und Suchende erleben zu können, ist eine wichtige Erfahrung – für Schüler und Schülerinnen, aber auch für die Lehrkräfte.«[17] In diesem Zusammenhang geht es um nicht weniger als die Herausforderung, dass

---

15 *Kliemann/Reinert*, Thema: Gott, 6.
16 Vgl. ebd., 13.
17 *Ritter u.a.*, Leid und Gott, 186.

Kapitel 7: Die Erwachsenen – als andere Seite der Jugendtheologie

im gemeinsamen theologischen Nachdenken und Reden religiöse Sprache selbst in ihrem Charakter als »leidsensible«[18] Sprache deutlich wird. In diesem Sinne können die Erwachsenen dazu beitragen, dass Jugendliche anhand einer solchen thematischen Bearbeitung selbst im weiteren Sinne religionsproduktiv werden: Sie können gerade Negativerfahrungen »zum Anlass nehmen, ihre eigenen Erfahrungen von Gott (auch sprachlich) zu konkretisieren«[19].

Gleiche Standards der differenzierten, sensiblen und theologisch profilierten Annäherung müssen nun auch für die Schulung von Leitenden in der Jugendarbeit gelten. Denn unter den von uns bereits genannten Ausgangspunkten lassen sich Jugendliche gerade dann besonders stark auf theologische Fragen und Dialoge ein, wenn diese von Personen ausgehen, die ihnen altersmäßig nicht allzu fern sind. Damit verbinden sich im Einzelfall sehr unterschiedliche Aufgaben und möglicherweise auch Rollen des jeweiligen Lehrenden. Diese können von der Motivierung zur theologischen Reflexion über die Erläuterung bestimmter Sachverhalte bis hin zur anschaulichen Form des Erzählens oder der Initiierung der bereits erwähnten Bibliologe reichen. Für eine entsprechende seriöse Ausbildung gelten jedenfalls im Prinzip die gleichen pädagogischen und theologischen Kriterien, wie wir sie für Lehrende an der Schule benannt haben.

Auch hier gilt wieder: Nur wenn die überlieferten Erzählungen für die Lehrenden selbst von wesentlicher Bedeutung für die eigene theologische Orientierung sind, können sie auch mit der entsprechenden Plausibilität und Überzeugungskraft im Gespräch mit Jugendlichen zu einer relevanten Größe werden.

Wichtig ist hier aber auch, dass sich die Erwachsenen ihrer eigenen institutionellen Verortung bewusst werden und darüber im Einzelfall Auskunft und Rechenschaft geben können. Eine solche grundsätzliche Loyalität zu den Traditionen und Grundlagen der jeweiligen Institution schließt dabei die notwendige sachliche Kritik an Institutionen wie auch an spezifischen biblischen Überlieferungssträngen ausdrücklich mit ein. So sollten etwa im Zusammenhang des Themas der Wiederkunft Christi und des Jüngsten Gerichts, was Jugendliche ja durchaus faszinieren kann, auch die deutlich zeitbedingten Traditionsgehalte deutlich gemacht werden: »Überkommene Bilder und Vorstellungen von Gericht und Strafen sind entsprechend als Symbole zu interpretieren und im Rückgriff auf die Botschaft des Evangeliums, dass der Richtende niemand anders als der dem Menschen unendlich zugewandte, gekreuzigte und auferstandene Herr ist, zu korrigieren.«[20]

---

18 *Altmeyer*, Fremdsprache Religion?, 297.
19 Ebd., 298.
20 *Gramzow*, Er sitzt zur Rechten Gottes, 122.

Schließlich sei an dieser Stelle nochmals darauf hingewiesen, dass die eigentliche Kernkompetenz von lehrenden Erwachsenen über ihre theologischen und pädagogischen Fähigkeiten hinaus wesentlich darin besteht, die Bildungsbeziehung zu Jugendlichen für sich in großer Ernsthaftigkeit und Empathie auszuüben: Nur solche Erwachsenen, die »stark genug sind, auch gemeinte Schilderungen von Frustration, Perspektivlosigkeit und Zukunftsangst zuzulassen, öffnen eine Tür zu einer ernsthaften Auseinandersetzung mit all dem, was im Inneren«[21] der Jugendlichen tatsächlich vor sich geht.

Dies macht auch eine Rechenschaft darüber notwendig, ob diese Aufgabe der eigenen Person und den eigenen Interessen tatsächlich entspricht. Die Jugendlichen selbst und die mit ihren Fragen verbundenen Herausforderungen sind zu bedeutsam, als dass sich diese Bildungsaufgabe nur mit halber Energie oder gar mit halbem Herzen durchführen ließe – ganz abgesehen davon, dass Jugendliche ein erhebliches Gespür für ein solches eingeschränktes Interesse an ihrer Person haben und darauf zu Recht sehr schnell mit einer grundsätzlichen Haltung der Verweigerung und Infragestellung reagieren werden.

Die Herausforderung für die erwachsenen Akteure besteht jedenfalls darin, in den jugendlichen Suchbewegungen nicht nur als unterhaltende Moderatoren, sondern als deutende Begleiter präsent zu sein. Nicht als ein über den Zeiten und Dingen stehender Informator sollte sich der pädagogisch Handelnde verstehen, sondern als Lehrender, Schenkender und Beschenkter[22] zugleich inmitten gemeinsamer Zeit und Zeitdeutung. Jugendtheologie gewinnt ihr Profil insofern auch aus der Perspektive der Erwachsenen vor einem solchen gemeinsamen Zeithorizont biographischer Selbstreflexion und symbolisch-kommunikativer Zeit-Wahrnehmung.

Dass von einer solchen persönlichen und theologisch wie pädagogisch fundierten Grundhaltung nicht nur die Jugendlichen, sondern auch die Erwachsenen profitieren, soll im nächsten Abschnitt nochmals betont werden:

5. Was Erwachsene von der Jugendtheologie lernen können

Grundsätzlich gilt, dass die jugendtheologische Praxis die theologische Selbstverständigung Erwachsener selbst inspirieren und befördern kann. Gerade in einem solchen wechselseitigen Geschehen können Erwachsene von den Jugendlichen theologisch lernen und sich von diesen bereichern, überraschen und sowohl von den Jugendlichen wie deren Aus-

---

21 *Bernlocher*, Wer zu fragen lernt, hat mehr vom Leben!, 147.
22 Vgl. *Flitner*, Zeit sparen..

Kapitel 7: Die Erwachsenen – als andere Seite der Jugendtheologie 161

legungen und den Inhalten überhaupt im guten Sinn »befremden«[23] lassen. Erwachsene müssen also für sich klären, »ob man an den Ansichten und Darstellungen der Jugendlichen wirklich interessiert ist oder nur nach Anknüpfungsmöglichkeiten sucht, um das, was man den Jugendlichen mitgeben möchte, zu platzieren. Es braucht so etwas wie eine positive Grundhaltung gegenüber der Religiosität der Jugendlichen und der Offenheit des Prozesses, um den Raum wirklich zu öffnen, den das gemeinsame theologische Nachdenken braucht.«[24]

Eine Theologie *für* Jugendliche kann sich dann geradezu zu einer Theologie *für* Erwachsene umkehren und zu einem überraschenden Perspektivenwechsel führen. Insofern können Erwachsene von einer jugendtheologischen Praxis mindestens genauso intensiv bereichert werden wie die Jugendlichen selbst. Hier zeigt sich die anzustrebende intergenerationelle Dimension einer Laientheologie, in der dann Altersfragen bzw. -unterschiede aufgrund der Sache der Theologie selbst deutlich in den Hintergrund rücken können.

Dies bedeutet dann aber auch, dass es für eine solche verantwortliche Bildungstätigkeit im Sinn des generationenübergreifenden und -verbindenden Lernens klarer und theologisch profilierter Aus- und Fortbildungsmöglichkeiten für Laien bedarf. Hier hat sich in den vergangenen Jahren ein ganz eigenes, zum Teil sehr ambitioniertes und seriöses Angebot an so genannten Glaubenskursen für Erwachsene entwickelt. Natürlich gibt es auch in diesem Feld ähnlich problematische Ansätze wie den von uns dargestellten Emmaus-Kurs.[25] Aber in vielen Fällen gehen diese Kursangebote sowohl in ihren Inhalten wie in ihren didaktischen und methodischen Strukturen sehr intensiv auf die spezifischen Interessen und Kenntnisse der möglichen Teilnehmenden ein. Das Ziel, die eigenen theologischen Einsichten dann auch an die nächste Generation weiterzugeben, fehlt in der Regel in diesen Kursangeboten allerdings bislang.

Die bisherigen Überlegungen in diesem Kapitel haben bereits an verschiedenen Stellen auf die spezifischen Herausforderungen des kirchlichen Kontextes hingewiesen. In der Tat ist ein Zusammenhang zwischen kirchlicher Bildungsarbeit und den aktuellen Diskussionen über Fragen der Kirchen- und Gemeindeentwicklung deutlich erkennbar[26]. Insofern lässt sich die skizzierte jugendtheologische Praxis Erwachsener nochmals vor diesem Hintergrund bedenken.

---

23 Vgl. dazu etwa die Betonung des Fremdheitsmoments und Prozessualen für jede Annäherung an eine »Christologie und ihre Didaktik« bei *Schäfer*, Vergegenwärtigung und Reflexion.
24 *Conrad*, Theologie mit Jugendlichen, 168.
25 Vgl. oben, S. 123–126.
26 Vgl. etwa *Rupp/Scheilke*, Bildung und Gemeindeentwicklung.

6. Zur Bildungsverantwortung einer »erwachsenen« und »wachsenden« Gemeinde

In den gegenwärtigen Kirchenreformdebatten, die die Bedeutung von Ehrenamtlichkeit bzw. Freiwilligkeit und Partizipation stärker denn je ins Blickfeld rücken, kommt einem laientheologischen und gemeindepädagogischen Zugang zu Jugendlichen enorme Bedeutung für den Dialog über Glaubensfragen und die nachhaltige religiöse Sozialisation zu. Hier gilt grundsätzlich: »Gemeindepädagogik arbeitet mit Kindern, Jugendlichen und Erwachsenen, um sie unter Einbeziehung des sinnstiftenden Angebots des christlichen Glaubens in ihrer Persönlichkeitsentwicklung, der Herausbildung ihrer Individualität und Sozialität, ihrer Gaben und Fähigkeiten zu begleiten und zu unterstützen, sie aber auch als ehrenamtliche Mitarbeiter/-innen zu qualifizieren und zu begleiten.«[27]

Wenn gilt, dass es immer ein ganzes Dorf ist, das erzieht, dann bedeutet dies auch für den kirchlichen Bildungskontext und eine Gemeindepädagogik als »Anstiftung zur Lebenskunst«[28], dass jugendtheologische Praxis nicht nur auf den Schultern einiger weniger ausgebildeter Theologinnen und Theologen ruhen kann. Damit ist zugleich angesprochen, dass alle Reforminitiativen, die auf Wachstum setzen bzw. die von »wachsenden« Gemeinden sprechen, dies nur dann legitimerweise tun und fordern können, wenn sie selbst solche Formen des wechselseitigen intergenerationellen theologischen Diskurses fördern.[29] Dass damit auch zukünftige Verantwortungsträger für Kirche und Gesellschaft gebildet werden, sollte zwar keineswegs der primäre Fokus dieser Arbeit sein, ist aber doch auch nicht zu unterschätzen. Man kann also auch im Blick auf die Erwachsenenthematik davon sprechen, dass Jugendtheologie immer auch in einer solchen generationenübergreifenden, gemeindebezogenen Zukunftsperspektive steht.

Sollen Jugendliche tatsächlich ein Verständnis der Substanz und Kerngehalte von Theologie und Kirche gewinnen können, so ist es somit unabdingbar, dass sie möglichst intensiv den unterschiedlichsten Personen der realen Gemeindewirklichkeit begegnen können, um auf diese Weise vielfältige Bildungserfahrungen machen zu können. Denn problematisch ist es, wenn – wie etwa die einschlägigen Studien zur Konfirmandenarbeit erweisen – der Kontakt Jugendlicher zur Gemeinde im weiteren Sinn praktisch nicht stattfindet. So verwundert es dann auch nicht, dass sich Konfirmandinnen und Konfirmanden unter »Kirche« kaum mehr als die hauptamtlich Tätigen und deren berufsbedingte Vollzüge vorstellen können. Dass sie sich unter diesen Umständen aber auch kaum dazu bereitfinden, selbst für die Kirche ein aktives Engagement zu übernehmen,

---

27 *Spenn u.a.*, Lernwelten, 21.
28 Vgl. *Bubmann*, Gemeindepädagogik als Anstiftung.
29 Vgl. *Schlag*, Wachstum in der wachsenden Kirche.

kann angesichts dieser »Erfahrungen« kaum verwundern. Insofern müssen auch die kirchlichen Angebotsstrukturen für Jugendliche im Sinn der realen Begegnungen mit Erwachsenen, die Gemeinde und Kirche in ihrer Person real repräsentieren, deutlich breiter und partizipativer als bisher ausgelegt sein.

Kapitel 8
Theologie des Jugendalters

Zunächst muss an dieser Stelle geklärt werden, warum wir nun von einer *Theologie des Jugendalters* sprechen und damit neben dem Begriff der *Jugendtheologie* noch eine weitere Bezeichnung für notwendig halten. Im Weiteren kann und soll dann vor allem erläutert werden, was damit inhaltlich gemeint ist. Vorläufig halten wir nur fest, dass es bei der Theologie des Jugendalters um das theologisch-anthropologische Verständnis des Jugendalters geht, um dessen Stellung und Bedeutung im menschlichen Lebenszyklus, und zwar nicht nur im empirisch-deskriptiven Sinne, sondern auch als eine normative Frage: Welche Bedeutung ist dem Jugendalter als Teil des menschlichen Lebens zuzusprechen, und wie soll es von daher gestaltet sein? Welche Aufgaben und Möglichkeiten sind speziell für Jugendliche wichtig? Und nicht zuletzt: Was steht ihnen – von Kirche und Gesellschaft her – eigentlich zu?
Im vorliegenden Zusammenhang kommt solchen Fragen eine spezielle Bedeutung zu. Von ihrer Beantwortung her entscheidet sich nämlich auch, welche Bedeutung der Jugendtheologie überhaupt beigemessen werden soll. Die Theologie des Jugendalters begründet insofern das Interesse an Jugendtheologie und eröffnet Überlegungen zu deren Profilierung.
Die Perspektive der Jugendtheologie macht dabei zugleich bewusst, dass nicht nur die Erwachsenen, sondern auch die Jugendlichen selbst an der Theologie des Jugendalters beteiligt sind und auch daran beteiligt sein sollen. Auch Jugendliche haben bestimmte Vorstellungen vom Jugendalter, die dann ihr Leben ebenso beeinflussen, wie ihre Vorstellungen umgekehrt von ihrem Leben in seiner jeweiligen Gestalt beeinflusst sind. Eine Jugendtheologie lässt sich in ihrer Leistungsfähigkeit auch daran messen, wie sie auf solche Einflüsse bezogen werden kann: Macht sie bewusst, was das eigene Denken beeinflusst? Verhilft sie Jugendlichen zu einer Selbsterkenntnis, die ihrer Mündigkeit und Freiheit dient?
Darüber hinaus erweist sich gerade der für jede Form bewusst angestrebter Jugendtheologie maßgebliche Ausgangspunkt als begründungsbedürftig. Dieser Ausgangspunkt besteht, wie sich in dieser Darstellung immer wieder gezeigt hat, darin, dass Jugendliche als Subjekte auch im Blick auf die Theologie – ihre eigene Theologie also – anerkannt werden sollen. Wie aber lässt sich dieser Ausgangspunkt theologisch begründen? Eine Jugendtheologie wäre kaum plausibel zu machen, wenn sich bereits

ihr Ausgangspunkt theologisch nicht näher bestimmen oder verantworten ließe.

Damit sind einige der Fragen genannt, auf die sich die Theologie des Jugendalters bezieht. Kennzeichnend ist vor allem, dass sie das Verständnis des Jugendalters betrifft. Darin unterscheidet sie sich von der Jugendtheologie durch einen veränderten Blickwinkel und bleibt doch zugleich auf diese bezogen.

1. Was bedeutet »Theologie des Jugendalters«?

In der religionspädagogischen Diskussion sowie in den interdisziplinären Diskursen zwischen Pädagogik und Theologie hat der Bezug auf eine *Anthropologie des Kindes* eine wichtige Rolle gespielt, vor allem in den 1950er und 1960er Jahren, zum Teil aber auch bis heute.[1] In diesem Bezug auf das Verständnis des Kindes und des Kindseins sowie der Würde des Kindes wollten und sollten die verschiedenen, sich weithin ohne wechselseitiges Verständnis gegenüberstehenden wissenschaftlichen Disziplinen von Pädagogik und Theologie eine gemeinsame Ebene für einen fruchtbaren Dialog gewinnen.

Die Frage nach der Theologie des Jugendalters ist mit dieser Diskussion verwandt, unterscheidet sich aber in wichtigen Hinsichten von ihr. Mit dem Bezug auf die Theologie des *Jugendalters* überschreiten wir zunächst die sachlich kaum einleuchtende Begrenzung auf Kinder und Kindheit. Denn diejenigen Fragen, die sich damals im Blick auf das Verständnis des Kindseins stellten – vor allem etwa die Frage nach der Bedeutung des Kindseins für das Menschsein insgesamt sowie nach der eigenen Würde des Kindseins –, lassen sich ja ebenso plausibel im Blick auf das Jugendalter stellen.

Der zweite Unterschied zur Perspektive der Anthropologie des Kindes bezieht sich auf die Perspektive der Theologie. Auch die Anthropologie des Kindes wurde schon in der Vergangenheit immer wieder als eine theologische Anthropologie betrieben. Gefragt wurde dann, wie das Kind in der Theologie gesehen wird. Diese Zugangsweise nehmen wir hier auf und spitzen sie weiter zu, indem wir nach der *Theologie* des Jugendalters fragen.

Lässt man die inhaltliche Füllung einer Theologie des Jugendalters zunächst einmal außer Acht, kann diese formal als das Denken über das

---

1 Die vielfältigen Veröffentlichungen zur (theologischen) Anthropologie des Kindes sollen hier nicht aufgezählt werden; ein Überblick mit entsprechenden Hinweisen zur Literatur findet sich bei *Schweitzer*, Religion des Kindes, 395ff; als aktuelle Veröffentlichungen aus dem Zusammenhang der Kindertheologie s. *Nipkow*, Theologie des Kindes; *Johnsen/Schweitzer*, Was ist kritische Kindertheologie? Besonders aus dem zuletzt genannten Beitrag werden im Folgenden einige grundsätzliche Argumente übernommen, die ursprünglich im Kontext der norwegischen Religionspädagogik entwickelt worden sind.

Kapitel 8: Theologie des Jugendalters

Jugendalter bestimmt werden. In erster Linie gemeint ist damit die Art und Weise, wie Erwachsene theologisch über das Jugendalter denken, welche Leitbilder sie entwickeln und wie sie Jugendliche auf der Grundlage solcher Auffassungen und Bilder wahrnehmen und mit ihnen umgehen. Allgemeine Beispiele dafür sind die Deutung des Jugendalters als Vorbereitung auf das spätere Leben oder als eine Zwischenzeit (sog. Moratorium), die im Unterschied zu einer »Vorbereitungszeit« gerade dadurch gekennzeichnet sein soll, dass sie sich allen jedenfalls unmittelbaren Verzweckungen entzieht. Zu denken ist aber auch an das Jugendalter als Ideal in einer Kultur, in der insgesamt Jugendlichkeit und eine entsprechend jugendliche Dynamik als die höchste Form des Menschseins verstanden werden. Und wieder anders ist die Perspektive, wenn Jugendliche vor allem als Konsumenten angesehen werden und das Jugendalter als diejenige Zeit, in der besonders langfristige Konsumentscheidungen und Kundenbindungen noch besonders leicht beeinflusst werden können.

Sich mit der Theologie des Jugendalters zu befassen bedeutet dann, sich aus der Perspektive der Theologie kritisch und reflexiv mit solchen Vorstellungen oder Bildern vom Jugendalter auseinanderzusetzen. Auf diese Weise werden die angedeuteten Vorstellungen und Leitbilder ausdrücklich in eine theologische Perspektive gerückt. Denn da sie vielfach Ideale und Leitbilder verkörpern, bei denen es um einen letzten Sinn im Leben geht oder die vorgeben, was im Leben letztlich zählt oder zählen soll, liegt es nahe, sie aus einer theologischen Perspektive, die selber auf lebensdienliche und letzte Sinngebungen eingestellt ist, zu thematisieren.

Viele der Vorstellungen vom Jugendalter, die in der Gesellschaft verbreitet sind, erweisen sich bei genauerer Prüfung als problematisch. Das gilt nicht nur für das zwar schwer zu überwindende, letztlich aber doch leicht zu durchschauende Konsumdenken, sondern auch für die vielfältigen Bilder von Lebenserfolg, die den Jugendlichen heute etwa in den Medien vor Augen treten. Makellose Schönheit, permanente Kraft und immerwährender Erfolg sind die Versprechungen, die sich damit verbinden. Aus solchen Leitbildern werden für die Jugendlichen selbst über kurz oder lang ausgesprochene »Leid-Bilder«. Denn dass mit solchen Idealbildern in der Realität das Scheitern oft bereits vorprogrammiert ist, wird – wenig verwunderlich – nicht deutlich gemacht und ist nicht immer sofort zu durchschauen. Die kritische Auseinandersetzung mit solchen Vor- und Leitbildern ist deshalb um der Jugendlichen willen pädagogisch unerlässlich.

Nun kann allerdings die Frage aufgeworfen werden, welche besondere Verantwortung Kirche oder Theologie im Blick auf das Jugendalter haben oder haben sollten. Beispielsweise ist immer deutlicher absehbar, dass Jugendliche in der Gesellschaft und noch mehr in der Kirche aufgrund der demographischen Entwicklung zu einer Minderheit werden. Welche Aufgaben etwa advokatorischer Art, also von Kirche als »Anwalt der Jugend«, ergeben sich aus der veränderten Position von Jugend im Horizont einer alternden Gesellschaft? Wird diese Herausforderung erst in den letzten Jahren vermehrt erkannt und diskutiert, so stellt sich die Herausforderung einer generationenübergreifenden Gerechtigkeit schon seit längerer Zeit, nicht zuletzt im Blick auf die Endlichkeit natürlicher Ressourcen und der Rechte, die beispielsweise die jetzt erwachsene Generation daran in Anspruch nehmen darf, ohne die Ansprüche der nächsten Generation sowie künftiger Generationen insgesamt zu verletzen.[2] Im Umgang mit solchen Fragen spiegelt sich faktisch, gewollt oder ungewollt, immer auch eine bestimmte Theologie des Jugendalters. Die Kirche bringt mit dem, was sie sagt oder tut – und mit dem, was sie nicht sagt oder nicht tut –, stets eine bestimmte Theologie des Jugendalters zum Ausdruck, von der sie sich offenbar faktisch leiten und bestimmen lässt – häufig freilich, ohne sich dessen bewusst zu sein oder Rechenschaft darüber zu geben.

2. Ansätze einer Theologie des Jugendalters

Im Vergleich zur Anthropologie und Theologie der Kindheit hat die Theologie des Jugendalters selbst in der Religionspädagogik wenig Aufmerksamkeit gefunden.[3] Das liegt gewiss auch daran, dass sich das Jugendalter in seiner uns heute vertrauten, also modernen Gestalt erst spät herausgebildet hat. Jugendforscher bezeichnen es als ein Produkt der gesellschaftlichen und kulturellen Entwicklung seit dem 18. oder 19. Jahrhundert.[4] Erst im 20. Jahrhundert ist es, mit der allgemeinen Durchsetzung der Schulpflicht, über die höheren Besitz- und Bildungsschichten hinaus zu einer Realität geworden. Martin Luther beispielsweise wusste viel über Kinder zu sagen. Jugendliche hingegen tauchen bei ihm kaum einmal auf. Wo dies doch der Fall ist, bleibt es bei Gelegenheitsaussagen (der junge Mensch als »junger most« oder: »Wen die jugent clug, das alter starck were, so wer es sehr fein«[5]). Eine stärkere Hervorhebung des Jugendalters finden wir aber doch bereits bei anderen Reformatoren, namentlich bei Zwingli, in einer allerdings auch moralisierenden Gestalt. Immerhin widmet Zwingli seine einzige Erziehungsschrift den Jugendlichen. Dabei wird die bei den Jugendlichen wachsende Fähigkeit des Verstehens eigens hervorgehoben, gerade auch im Blick auf das Evangelium. Das Jugendalter biete die Chance, »die Geheimnisse des Evangeliums [...] verstehen und begreifen« zu lernen.[6] Diese Linie der Argumentation findet ihre Fortsetzung später vor allem bei Comenius, der den »hellen« Geist des Jugendlichen preist, besonders

---

2 Vgl. etwa *Brumlik*, Gerechtigkeit.
3 Vgl. dazu *Schweitzer*, Die Suche, 123ff.
4 Vgl. ebd. (auch zu weiteren Literaturhinweisen), 100ff.
5 Äußerungen aus den Tischreden, *Luther*, WA.TR 1, 173, 7f.; WA.TR 4, 130, 6f.
6 *Zwingli*, Wie man die Jugend, 139.

Kapitel 8: Theologie des Jugendalters 169

bei gebildeten Jugendlichen werde er »glänzend und schön bemalt«.[7] Solchen positiven Einschätzungen stehen allerdings auch ausgesprochene Befürchtungen gegenüber. Schon Luther sieht im Jugendalter einen »Aufruhr der Begierde«, den er mit der Erbsünde in Verbindung bringt.[8] Diese Sicht wird dann bei August Hermann Francke dominant. Francke beobachtet, dass im Jugendalter die »Laster« herausbrechen. Deshalb sei es besonders wichtig, Jugendliche nie aus der Aufsicht durch Erwachsene zu entlassen.[9]

Dennoch ist die Herausbildung des Jugendalters in besonderer Weise gerade mit der evangelischen Tradition verbunden.[10] Die seit dem 18. Jahrhundert allgemein verbreitete Konfirmation markierte den Übergang ins Erwachsenenalter und grenzte damit den ihr vorausliegenden Lebensabschnitt als Kindheit und eben auch als Jugendalter davon ab. Die gesellschaftliche und also keineswegs bloß kirchliche Wirksamkeit dieser Abgrenzung erwuchs dabei nicht zuletzt aus dem Verbot, vor der Konfirmation in ein formalisiertes Arbeitsverhältnis einzutreten. Insofern hat die evangelische Tradition zu einer auch gesellschaftlich wirksamen Theologie des Jugendalters beigetragen.

Geistesgeschichtlich gesehen war es jedoch Jean-Jacques Rousseau, der mit seinem »Emile« (1762) gleichsam die Geburtsurkunde des modernen Jugendalters vorlegte. Erst mit dem Jugendalter erreiche der Mensch das volle Maß seiner Fähigkeiten des Fühlens und Denkens – für Rousseau eine konstitutive Voraussetzung von Individualität –, weshalb er auch erst in diesem Alter ein Vertrautwerden mit Glaube und Religion als angemessen ansieht.[11] Insofern kann er als Entdecker der Religion des Jugendalters angesprochen werden.

Spätere Interpreten, die sich zum Teil an Rousseau anschlossen oder auch seine Sichtweisen kritisch modifizierten – man denke an Johann Heinrich Pestalozzi oder an Johann Hinrich Wichern –, können hier nur genannt werden.[12] In der Religionspädagogik besitzt Rousseaus Hervorhebung des Jugendalters einen späten Nachhall vor allem bei Gerhard Bohne, der 1929 das Jugendalter als Zeit der »Entscheidung« und damit überhaupt als Dreh- und Angelpunkt der religiösen Entwicklung beschreibt.[13]

Insgesamt ist festzustellen:[14] So sehr das Christentum in sozialgeschichtlicher Hinsicht die Herausbildung des Jugendalters befördert hat, so we-

---

7 *Comenius,* Pampaedia, 323f.
8 *Luther,* WA 42, 346, 15.
9 *Francke,* Kurtzer und einfältiger Unterricht, 141.
10 Vgl. zu dieser Deutung *Schweitzer,* Die Suche, 100ff.
11 Vgl. *Rousseau,* Emile, Buch IV.
12 Vgl. dazu *Schweitzer,* Die Religion des Kindes, 191ff., 226f.
13 Vgl. *Bohne,* Das Wort Gottes.
14 Nachfolgende Einschätzung findet sich, auf der Grundlage einer differenzierteren Prüfung des historischen Materials, als sie hier möglich ist, bei *Schweitzer,* Die Suche, 129.

nig hat die Religionspädagogik dies zu würdigen vermocht. Eine positive Wahrnehmung der mit dem Jugendalter für Religionspädagogik oder Kirche verbundenen Chancen findet sich in der Geschichte der Religionspädagogik nur selten.
In den 1950er Jahren sind dann allerdings erstmals ausdrücklich erkennbare Ansätze zu einer Theologie des Jugendalters zu beobachten. Der katholische Theologe Romano Guardini beschreibt im Rahmen seiner Darstellung der menschlichen Lebensalter als »Wertfiguren«, d.h. als Sphären, in denen Werte verwirklicht werden sollen, auch das Jugendalter. Er spricht dabei vom »Mut zu sich selbst«, den der Jugendliche brauche, um »Verantwortung für sich« zu übernehmen.[15] Darüber hinaus müsse im Jugendalter ein Ausgleich zwischen dem Idealismus, der Jugendlichen besonders nahe liege, und dem für das Erwachsenenleben notwendigen Realismus gefunden werden.[16] In eine ähnliche Richtung weisen die ebenfalls aus der Mitte des 20. Jahrhunderts stammenden evangelischen Darstellungen von Magdalene von Tiling.[17] Zum Jugendalter gehören auch für sie in erster Linie die Verantwortungsübernahme sowie der Bezug auf den Nächsten.
Religionspädagogische Veröffentlichungen, die im Zusammenhang der politischen Umbrüche der 1970er und 1980er Jahre erschienen, zeigen demgegenüber eine stärkere – auch theologisch grundierte – Sensibilität für das Jugendalter im Sinne einer hochgradig gefährdeten Zukunft und deren Bedeutung für kommende Generationen. In diesen Zusammenhang gehört die ausdrückliche Würdigung der »prophetischen Kraft der Jugend«.[18] Von dem katholischen Religionspädagogen G. Biemer stammt der ebenfalls in dieser Zeit entwickelte Versuch, eine theologisch begründete Gesamtsicht des Jugendalters zu umreißen.[19] Biemer zeichnet das Jugendalter in den Horizont der vier theologisch-anthropologischen Begriffe Sinn, Freiheit, Liebe und Hoffnung ein. Dazu komme als fünftes noch die gleichsam quer dazu stehende Kategorie des Scheiterns, nicht zuletzt auch in den genannten Hinsichten. Im Zentrum dieser Darstellung steht die »Geheimnisverwiesenheit« des Menschen, als Verwiesenheit auf Gott. Denn im Jugendalter könne dem Menschen »*erstmals* und überhaupt aufgehen«, »was sein Leben bedeutet«.[20]
In Aufnahme und Weiterführung solcher Entwürfe lassen sich einige übergreifende Thesen zur Theologie des Jugendalters formulieren. Den Ausgangspunkt muss die Auffassung darstellen, dass das Jugendalter als

---

15 *Guardini*, Die Lebensalter, 28f.
16 Ebd., 33ff.
17 Vgl. *Tiling*, Wir und unsere Kinder.
18 Vgl. *Fuchs*, Prophetische Kraft der Jugend.
19 *Biemer*, Der Dienst der Kirche.
20 Ebd., 78.

Kapitel 8: Theologie des Jugendalters 171

Lebensphase von eigener Würde und eigenem Wert anzusehen ist. Dies kann durch drei Rechte weiter konkretisiert werden:[21]
- das Recht auf Sinnsuche und eigenen Glauben
- das Recht auf Gegenwart und Zukunft
- das Recht auf Geborgenheit und Freiheit.

Die EKD-Handreichung »Kirche und Jugend« von 2010 nimmt solche Überlegungen auf und versteht sie nicht zuletzt als Herausforderung an die Kirche selbst. In diesem Sinne wird dort von der »*Herausforderung einer jugendsensiblen Kirche*« gesprochen.[22] Dies wird dann so konkretisiert:

»Kirchliche Angebote für Jugendliche begründen sich aus dem *Evangelium* und sind konstitutiv auf die *Lebenslagen Jugendlicher* bezogen. Grundlage evangelischer Arbeit mit Jugendlichen ist die wechselseitige Verschränkung zwischen der Botschaft des Evangeliums und der Orientierung an den Jugendlichen als Subjekten und ihrer Lebenswelt. Aus der Botschaft des Evangeliums ergeben sich Orientierungsmarken für die Lebenswelten Jugendlicher, und gleichzeitig erwachsen aus den Lebenswelten Jugendlicher zentrale Fragen, die das Evangelium erschließen.«[23]

Demnach braucht es angesichts der aktuellen Gefährdungen des Jugendalters sowohl eine diesem Alter gegenüber aufmerksame, respektvolle wie ausgesprochen mutige und zukunftsorientierte Theologie und Kirche. Im vorliegenden Zusammenhang kann dies so verstanden werden, dass sich die Kirche bewusst an einer Theologie des Jugendalters orientieren will, um zu einer »jugendsensiblen Kirche« zu werden. Dabei rechnet sie ausdrücklich mit »Jugendlichen als Subjekten«, was u.E. einschließen muss, Jugendliche auch als Theologen wahrzunehmen. Zugespitzt: *Ohne Jugendtheologie keine jugendsensible Kirche!*
Die Wertschätzung Jugendlicher als mündige Persönlichkeiten ist so gesehen eine konstitutive Voraussetzung für eine glaubwürdige Kirche. Für das Verständnis von Jugendtheologie bedeutet dies, dass nicht nur Jugendliche Theologie brauchen, sondern auch die Theologie die Jugendlichen braucht.

3. Theologie des Jugendalters und Jugendtheologie

Der Zusammenhang zwischen der Theologie des Jugendalters und der Jugendtheologie lässt sich auf eine knappe Formel bringen: Die Theologie des Jugendalters ist das notwendige Fundament einer Jugendtheologie und zugleich deren weiterführende Ergänzung. Umgekehrt braucht eine Theologie des Jugendalters die Jugendtheologie, weil sie ohne diese

---

21 Hier folgen wir der Darstellung bei *Schweitzer*, Die Suche, 133ff (dort auch mit weiteren Erläuterungen).
22 *EKD*, Kirche und Jugend, 17.
23 Ebd., 18.

in den Selbstwiderspruch einer allein von Erwachsenen formulierten Bestimmung der Jugendlichen und des Jugendalters geraten würde.

Theologie des Jugendalters als notwendiges Fundament einer Jugendtheologie

Warum und in welcher Weise sich jemand auf die Jugendtheologie beziehen oder einlassen soll, ist zunächst ganz offen. Aus der Feststellung, dass Jugendliche als Theologen angesprochen werden oder dass es tatsächlich eine Theologie der Jugendlichen gibt, ergibt sich noch nicht eindeutig, wie diese eingeschätzt werden soll. In den vorangehenden Kapiteln haben wir uns immer wieder, explizit und implizit, an die Auffassung angelehnt, dass Jugendliche als Subjekte anerkannt werden sollen und dass dies auch ihre Theologie einschließen müsse. Aber wie kann eine solche Auffassung theologisch begründet werden?

Aus unserer Sicht kommen dafür vor allem drei theologische, zum Teil unmittelbar auf die biblische Überlieferung bezogene Begründungsmöglichkeiten in Frage, denen sich – was hier nicht geschehen soll – auch pädagogische Gründe hinzufügen ließen:

– *Jesu Umgang mit Kindern*: In der gesamten Tradition des christlichen Erziehungs- und Bildungsdenkens hat die Berufung auf zentrale neutestamentliche Texte, die Jesu Umgang mit Kindern und seine Sicht der Kinder beschreiben, eine wichtige Rolle gespielt. Bis heute wird das sog. Kinderevangelium (Mk 10,14ff) bei der Taufe gelesen. Die Radikalität der neutestamentlichen Sichtweise ist allerdings erst in den letzten Jahrzehnten wieder neu zu Bewusstsein gekommen.[24] Sie hat ihren Kern in der besonderen Würde des Kindes und im eigenständigen Wert der Kindheit als Lebensphase. Dies schließt ausdrücklich auch ein gesellschaftlich-diakonisches Engagement für Kinder ein – etwa im Sinne der nun auch theologisch-ethischen Reflexion von Kinderrechten.[25] Dazu kommen derzeit besonders aus der internationalen Diskussion herausfordernde und weiterführende Beiträge.[26] Im vorliegenden Zusammenhang stellt sich die Frage, ob dies auf die Kindheit als ein chronologisch begrenztes Lebensalter beschränkt sein kann oder ob die entsprechenden Auffassungen in einer geschichtlichen Epoche, in der zur Kindheit als weitere Lebensphase das Jugendalter hinzugekommen ist, nicht auch ausdrücklich auf Jugendliche angewendet werden müssen. Historisch gesehen gab es das uns in seiner

---

24 Wichtige Anstöße dazu gingen aus von *Weber,* Jesus und die Kinder; vgl. auch *Müller,* In der Mitte; *Bunge,* The Child in Christian Thought.
25 *Surall,* Ethik des Kindes; *Wall,* Childism; s. auch *Schweitzer,* Das Recht.
26 Vgl. bes. *Miller-McLemore,* Let the Children Come; *Dillen/Pollefeyt,* Children's Voices; vgl. auch *Johnsen/Schweitzer,* Was ist kritische Kindertheologie?

heutigen modernen Gestalt vertraute Jugendalter im Altertum ja noch nicht.

– *Das christliche Rechtfertigungsverständnis als Relativierung von Altersstufen*: Diese Begründung für die Anerkennung von Jugendlichen als Subjekten stellt eine Parallele zur biblischen Begründung dar. Sie geht aus vom christlichen Verständnis der Rechtfertigung, der zufolge der Mensch – Kind, Jugendlicher oder Erwachsener – sich sein Heil nicht verdienen kann. So gesehen haben Erwachsene in ihrem Verhältnis zu Gott keinen Vorrang im Vergleich zu Kindern oder Jugendlichen. Ihr höheres Alter oder ihre größere Reife bringt sie nicht näher zu Gott. Martin Luther hat dies einmal sehr drastisch ausgedrückt: »Je lenger, ie erger, ie elter, ie kerger.«[27] Bei Zinzendorf findet sich dann die positive Formulierung, dass durch die Menschwerdung Gottes in Christus auch eine Rechtfertigung in allen Lebensaltern angenommen werden müsse – eine theologische Sichtweise, die für ihn im Blick auf den zu allen Lebenszeiten möglichen Tod ihre Bewährung finden sollte.[28]

– *Menschenwürde als Ausgangspunkt für Bildung*: Immer mehr setzt sich gegenwärtig die Überzeugung durch, dass die biblisch in der Gottebenbildlichkeit begründete Menschenwürde auch als Ausgangspunkt für das christliche Verständnis von Bildung anzusehen ist.[29] Als einer der ersten hat dies Johann Amos Comenius zum Ausdruck gebracht und zugleich einen grundlegenden Anspruch auf Gleichheit und gleiche Bildungsmöglichkeiten für alle damit verbunden: »wo Gott keinen Unterschied gemacht hat, da soll auch der Mensch keine Schranken aufrichten.«[30] Bei Comenius geht es dabei um einen politischen Anspruch, der sich aber auch bildungstheoretisch oder im Sinne einer Theologie des Jugendalters verstehen lässt. Da auch die Jugendlichen Gottes Ebenbilder sind, dürfen sie auch pädagogisch nicht als bloße Objekte behandelt werden. Theologisch gesehen ist daher auch die Erziehung, die immer ein Gefälle an Macht und Erfahrung einschließt, von einer sie übergreifenden Forderung der Gleichwertigkeit umschlossen. Die von Gott her gegebene Gleichheit aller Menschen, denen Gott ihre Würde unverlierbar verleiht, relativiert die menschlichen Unterschiede auch in pädagogischer Hinsicht.

Auch wenn hier auf *pädagogische Begründungsmöglichkeiten* für die Wahrnehmung Jugendlicher als Subjekte, die für die Religionspädagogik selbstverständlich eine zentrale Rolle spielen, nicht weiter eingegangen werden soll, kann an dieser Stelle wenigstens daran erinnert werden, wie eine Erziehung zur Mündigkeit einzig möglich ist. Mündigkeit kann als Ziel der Erziehung nur wirksam werden, indem sie den noch unmündigen Kindern und Jugendlichen unterstellt, d.h. zuge-

---

27 *Luther*, WA 42, 346, 20.
28 Vgl. *Zinzendorf*, Sammlung, 175.
29 Vgl. dazu *Schweitzer*, Menschenwürde und Bildung.
30 *Comenius*, Pampaedia, 31.

sprochen wird.³¹ Darin liegt ein pädagogisches Grundparadox – dass etwas angenommen werden muss, was es gerade noch nicht gibt, damit es entstehen kann. Diese Paradoxie lässt sich entsprechend auf die Subjektwerdung Jugendlicher beziehen: Auch wenn Jugendliche in vieler Hinsicht noch nicht Subjekte sind, weil sie beispielsweise bei ihren Entscheidungen von einer Vielzahl von Faktoren wie etwa der Werbung beeinflusst werden, müssen sie doch als Subjekte angesehen werden, damit sie wirklich Subjekte werden können: »Insofern bleibt Bildung ein ›Angebot‹ der Erziehung, mit der diese sich an den Freiheits-Rand ihrer Zumutungen begibt, aber nicht darüber hinaus (kann)«.³²

In der Religionspädagogik wurde dieser Zusammenhang mitunter, in Anlehnung an die Systematische Theologie sowie die theologische Anthropologie, mit der Unterscheidung zwischen Person und Subjekt aufgenommen. In dieser Terminologie lässt sich dann sagen, dass Jugendliche immer schon Personen sind, auch wenn sie Subjekte erst noch werden müssen.³³ Ein Problem dieser Sichtweise liegt allerdings gerade in pädagogischer Hinsicht darin, dass es zu keiner Zeit des Lebens angemessen wäre, Kindern und Jugendlichen den Subjektstatus ganz abzusprechen. Davon könnte nur in Grenzsituationen (Koma u.ä.) die Rede sein, während nach heutiger Auffassung verschiedener Wissenschaften beispielsweise auch schon Neugeborene durchaus in bestimmten Hinsichten als aktive Subjekte anzusehen sind.

Die Theologie des Jugendalters erweist sich mit diesen Überlegungen als das Fundament einer Jugendtheologie, weil diese von der Theologie des Jugendalters her erst ihre theologische Begründung und ihre spezifische Ausrichtung zugunsten der Jugendlichen erfährt. Die Angewiesenheit zwischen Jugendtheologie und Theologie des Jugendalters ist jedoch wechselseitig. Denn es gilt auch, dass die *Theologie des Jugendalters als Weiterführung der Jugendtheologie* anzusehen ist.

Theologie des Jugendalters als Weiterführung der Jugendtheologie

Jugendtheologie konzentriert sich auf die subjektiven Sichtweisen von Jugendlichen. Diese werden im Gespräch oder in anderen von Jugendlichen gewählten Ausdrucksformen greifbar. Im Unterschied zur Theologie des Jugendalters bleibt die Jugendtheologie konsequent an die Perspektive der Jugendlichen gebunden.
Eine Theologie des Jugendalters hat es hingegen notwendig auch mit weiterreichenden Zusammenhängen zu tun, derer sich die Jugendlichen selbst nicht bewusst sind. Das gilt etwa für gesellschaftliche Einflüsse, die heute oftmals nur noch in einem globalen Horizont verstanden werden können. Ähnliches gilt aber auch für den Umgang der Kirche mit Jugendlichen. Beispielsweise ist nur sehr wenigen Jugendlichen bewusst, welche weitreichenden Folgen etwa Synodenbeschlüsse auch für sie sel-

---

31 Vgl. dazu, mit Bezug auf D. Benner, schon oben, S. 64.
32 *Sturzenhecker*, Zum Bildungsanspruch von Jugendarbeit, 159.
33 Vgl. im Anschluss an E. Jüngel bes. *Biehl*, Die Gottebenbildlichkeit des Menschen.

ber haben können oder welche Mitwirkungsmöglichkeiten ihnen mindestens theoretisch, gemäß kirchlichem Recht, zukommen. Eine Theologie des Jugendalters kann sich deshalb im Unterschied zur Jugendtheologie nicht auf die Perspektive oder die subjektiven Sichtweisen Jugendlicher beschränken. Methodisch kann sie deshalb, etwa bei empirischen Untersuchungen, auch nicht allein mit Hilfe von Interviewbefragungen vorgehen, sondern muss sich auf weitere Formen theologischer, aber auch sozialwissenschaftlicher Analyse stützen.[34] Im Bereich der wissenschaftlichen Theologie könnte dies vor allem in der Kooperation zwischen Systematischer und Praktischer Theologie aufgenommen werden.

Theologie des Jugendalters braucht Jugendtheologie

In der Vergangenheit war es üblich, dass die Theologie und andere wissenschaftliche Disziplinen über Jugendliche reden, ohne sich viel Gedanken darüber zu machen, wie wohl Jugendliche selbst in solchen Fragen denken und urteilen. Das war noch mehr bei Kindern der Fall, aber auch bei Frauen oder bei Menschen mit Behinderung – wobei heute bereits diese Zusammenstellung die entsprechende Fragwürdigkeit eines solchen Denkens offenlegt! Die Diskussionen zur Anthropologie und Theologie des Kindes, die in den 1950er und 1960er Jahren ganz im Interesse des Kindes stehen wollten, kamen in aller Regel noch ohne Äußerungen von Kindern aus. Heute haben sich in dieser Hinsicht wichtige Veränderungen vollzogen, bis hinein in die Gesellschaft. Beispielsweise werden bei einer Ehescheidung, wenn sorgerechtliche Fragen entschieden werden müssen, selbstverständlich auch die Kinder gehört.
Eine Theologie des Jugendalters, die nicht auch auf die Stimme der Jugendlichen selber hören wollte, wäre deshalb kaum mehr plausibel zu machen. Insofern ist eine Theologie des Jugendalters auf die Jugendtheologie ebenso grundlegend angewiesen wie umgekehrt diese auf jene. Beide müssen ineinander greifen und können sich dann wechselseitig verstärken.

---

34 Vgl. dazu die methodologischen Überlegungen bei *Johnsen/Schweitzer*, Was ist kritische Kindertheologie?

Kapitel 9
Rückblick – Zusammenfassung – Ausblick

Dieses Kapitel hat die Aufgabe, in der Gestalt eines zusammenfassenden Rückblicks wesentliche Aspekte aus den vorangehenden Kapiteln aufzunehmen und zu systematisieren. Dabei sind drei Fragen leitend, zunächst nach dem Verständnis von Jugendtheologie selbst, dann nach deren Bedeutung für Jugendliche und schließlich nach dem möglichen Potential einer Jugendtheologie für die Theologie insgesamt, also einschließlich der wissenschaftlichen Theologie. Am Ende sollen dann noch, in Gestalt eines kurzen Ausblicks, weitere Aufgaben und Konsequenzen sowohl für die Praxis in Schule und Gemeinde als auch für Forschung und Theoriebildung umrissen werden.

1. Was also ist Jugendtheologie?

In den verschiedenen Kapiteln dieses Buches haben wir uns immer wieder aus unterschiedlichen Blickwinkeln der Frage nach dem Verständnis von Jugendtheologie angenähert. In Kapitel 3 wurden versuchsweise und also hypothetisch Formen von Jugendtheologie vorgestellt, die auf einer Unterscheidung zwischen verschiedenen Dimensionen und Aspekten dieser Theologie beruhen. Dieses Verständnis hat sich im weiteren Gang der Untersuchung und Darstellung insofern bewährt, als alle der auf diese Weise identifizierten Formen und Merkmale von Jugendtheologie sich als sinnvoll und für die weitere Klärung hilfreich erwiesen haben. Durchweg konnte auf die Unterscheidung zwischen der Theologie *der* Jugendlichen, *mit* Jugendlichen und *für* Jugendliche zurückgegriffen werden. Dabei handelt es sich freilich nicht um drei gleichsam überschneidungsfrei darstellbare Bereiche, sondern die verschiedenen Dimensionen von Jugendtheologie sind eng mit einander verflochten und müssen in einer sich jugendtheologisch verstehenden Praxis beständig aufeinander bezogen werden.
Auch die quer zu diesen Dimensionen liegenden fünf Aspekte erbringen für das Verständnis von Jugendtheologie eine wesentliche Strukturierungsleistung. Sie eröffnen Fragehinsichten und Deutungs- bzw. Zuordnungsmöglichkeiten. Besonders klärend ist die Unterscheidung zwischen *impliziter* und *expliziter* Theologie sowie deren Weiterführung durch eine theologische Deutung mit Hilfe der *theologischen Dogmatik*. Als zutreffend erwies sich auch die Erwartung, dass ein *ausdrücklich theolo-*

gisches Argumentieren bei Jugendlichen tendenziell an spezielle Voraussetzungen und Zusammenhänge gebunden ist, beispielsweise an entsprechende Diskussionen im schulischen Religionsunterricht oder im Kontext der kirchlichen Jugendarbeit. Dabei überschneidet sich das ausdrücklich theologische Argumentieren Jugendlicher naturgemäß mit den anderen Aspekten, also einer impliziten, expliziten oder sogar dogmatisch-theologischen Theologie. Zu Überschneidungen kommt es, ebenfalls erwartbarer Weise, im Falle der *persönlichen Theologie* Jugendlicher, die ihren Ausdruck in allen anderen Aspekten von Theologie finden kann. Eine persönliche theologische Orientierung oder Präferenz, so ist mehrfach deutlich geworden, kann sowohl implizit theologisch als auch explizit theologisch wirksam sein. Und selbstverständlich wird sie dort eine Rolle spielen, wo Jugendliche sich auf dogmatisch-theologische Fragen oder ausdrücklich theologische Argumentationsweisen einlassen.

Das sowohl von den drei Dimensionen als auch den fünf Aspekten her entwickelte Verständnis der Formen von Jugendtheologie führt, besonders in der schematischen Darstellung, weiter zu der Frage, ob sich auch die in Kapitel 3 zunächst noch leer gelassenen Felder, die aus der Verbindung von Dimensionen und Aspekten entstehen, in sinnvoller Weise ausfüllen lassen. Im Rückgriff auf die Beobachtungen und Befunde zur Jugendtheologie in den vorangehenden Kapiteln könnte etwa nachfolgende Darstellung plausibel sein.

Kapitel 9: Rückblick – Zusammenfassung – Ausblick

Formen von Jugendtheologie

	Theologie der Jugendlichen	Theologie mit Jugendlichen	Theologie für Jugendliche
implizite Theologie	Jugendliche reflektieren/kommunizieren über Themen, die sie selbst weder als religiös noch als theologisch ansehen, die sich aus der Sicht der Theologie aber als religiös/theologisch darstellen	Jugendliche artikulieren lebensweltliche Fragen, die erst in einem nächsten Schritt theologisch gedeutet werden können; sie führen zugleich im Modus der Selbstreflexion innere Dialoge	Jugendliche werden zur Bewusstwerdung und Auseinandersetzung mit ihrer eigenen impliziten Theologie angeregt
persönliche Theologie	Jugendliche vertreten spezifische religiöse Akzentuierungen wie Autonomie oder Individualität; besondere Formen des Engagements etwa für Frieden und Gerechtigkeit oder für ökologische Themen werden als zentral für den Glauben hervorgehoben	Individuelle, hoch persönliche Ansichten über die Frage des Glaubens können sowohl privat geäußert wie gleichzeitig auch auf öffentlichen Foren zur Diskussion gestellt werden	Erwachsene bieten auf der Basis von Vertrauensbildung empathisch und sensibel theologische Kommunikation und Deutung an
explizite Theologie	Jugendliche reflektieren/kommunizieren über religiöse Themen	Jugendliche tauschen sich mit Gleichaltrigen als Personen ihres Vertrauens aus; deren Kommunikation kann explizit auf religiöse Gegenstände und Sachverhalt bezogen sein, und dies unter Zuhilfenahme bestimmter Metaphern, Symbole, Zeichen und Inhalte mit christlichem Ursprungshintergrund	Dialogisch wird entziffert, was von den Jugendlichen her einen explizit religiösen Sinngehalt oder eine theologische Dimension aufweisen könnte
theologische Deutung mit Hilfe der theologischen Dogmatik	Gemeinsam mit Jugendlichen interpretieren Erwachsene und manchmal auch Jugendliche selbst religiöse Vorstellungen, indem sie Verbindungen zur theologischen Dogmatik herstellen	Gemeinsam mit Jugendlichen finden Wahrnehmungs-, Reflexions- und Artikulationsprozesse im Sinn experimentellen und prozessualen Geschehens statt	Erwachsene unternehmen sachbezogene Beschreibungen der theologischen Problemlagen; sie spiegeln die individuellen jugendlichen Ausdrucksformen und ordnen diese theologisch fundiert ein
Jugendliche argumentieren ausdrücklich theologisch	Jugendliche beteiligen sich an theologisch bestimmten Debatten/Diskursen, etwa im Zusammenhang synodaler Entscheidungsprozesse oder in einer Gemeinde	Gemeinsam mit Jugendlichen kann sich ein wechselseitiges, aufeinander bezogenes Deutungsgeschehen ereignen	Jugendliche experimentieren mit ihrer eigenen theologischen Sprachfähigkeit für sich selbst und gemeinsam mit Gleichaltrigen und mit Erwachsenen

Lässt sich am Ende unserer Darstellung auch eine *Definition von Jugendtheologie* formulieren? Auch wenn das Unternehmen einer Jugendtheologie noch ziemlich am Anfang steht, ist eine Arbeitsdefinition doch hilfreich, schon um auf diese Weise weitere Klärungen zu ermöglichen oder wenigstens anzustoßen. Dabei beziehen wir uns im Folgenden an verschiedenen Stellen auf Einsichten und Kontroversen, die bereits im Bereich der Kindertheologie zur Frage des Theologieverständnisses getroffen bzw. geführt wurden,

In unserem Verständnis ist Jugendtheologie bestimmt als Reflexion und Kommunikation religiöser Vorstellungen durch Jugendliche, wobei sich die Reflexion sowohl auf eigene Vorstellungen als auch auf die Vorstellungen anderer Menschen sowie deren Ausdruck etwa in religiösen Praktiken und Riten beziehen kann. Jugendtheologie ist jedoch von Anfang an keine allein kognitive Angelegenheit. Sie ist vielmehr durchweg eng mit Gefühlen, Einstellungen und Handlungsweisen verbunden. Darüber hinaus gewinnt sie in unterschiedlichen Ausdrucksformen Gestalt, etwa auch in ästhetischer und narrativer Hinsicht.

Als klärend und hilfreich erweist sich die Zuordnung von Jugendtheologie zur *Laientheologie*. Dadurch wird das grundlegende Recht einer solchen Theologie bestätigt und zugleich die notwendige Unterscheidung von der wissenschaftlichen Theologie bewusst gemacht. Es wäre nicht sinnvoll, die bleibende Grenze zwischen Jugendtheologie und wissenschaftlicher Theologie verwischen zu wollen. Ein wichtiger Impuls liegt hingegen in der kritischen Ausweitung des Laienbegriffs, der nicht auf (gebildete) Erwachsene beschränkt sein kann. Dies kann umgekehrt nicht bedeuten, dass sämtliche, etwa unter dem Aspekt der Bildung erforderlichen Unterscheidungen in der theologischen Kompetenz aufgehoben werden sollen: Jugendtheologische Kompetenzen sind Voraussetzungen und anzustrebende Folgen religiöser und theologischer Bildung, nicht also lediglich aufgrund des Lebensalters anzunehmen.

Schwierig auch bei dem Verständnis von Jugendtheologie als Laientheologie, teilweise aber bereits bei der Inanspruchnahme des Theologiebegriffs als solchem, ist die dabei mitgesetzte Voraussetzung des *Glaubens*. In ihrem ganzen Selbstverständnis ist christliche Theologie an die Voraussetzung dieses Glaubens gebunden und damit auch auf die Frage christlicher Wahrheit bezogen. Pädagogisch führt dies aber zu schwer nachvollziehbaren Unterscheidungen, nicht zuletzt im Blick auf die Praxis. Sind bei einem theologischen Gespräch mit Jugendlichen sowohl getaufte als auch nichtgetaufte Jugendliche beteiligt und vielleicht sogar Angehörige anderer Religionen, ist es wenig plausibel, eine Jugendtheologie nur bei den getauften Jugendlichen zu sehen, während die anderen Beteiligten vielleicht Religionswissenschaft oder Religionsphilosophie treiben. Gewiss ist es auch pädagogisch sinnvoll, sich der jeweiligen Denkvoraussetzungen einzelner Jugendlicher, einschließlich deren existenzieller Verwurzelung auch in einem persönlichen Glauben, bewusst zu sein, aber die zahlreichen Äußerungen Jugendlicher, die in

Kapitel 9: Rückblick – Zusammenfassung – Ausblick

den vorangehenden Kapiteln wiedergegeben wurden, lassen doch erkennen, dass klare oder eindeutige Grenzziehungen hier schwierig sind. Manchmal sind es ja dieselben Jugendlichen, die etwa bei einem selbstverfassten Text oder sogar Bekenntnis zwischen Glaube und Unglaube, Zweifel und Gewissheit zu schwanken scheinen. Vielleicht lassen sich die mit der im Blick auf den für die Theologie vorauszusetzenden Glauben verbundenen Schwierigkeiten so aufnehmen, dass zwischen einer *Jugendtheologie im engeren Sinne* und einer *Jugendtheologie im weiteren Sinne* unterschieden wird. Jugendtheologie im weiteren Sinne ist dann überall dort zu finden, wo sich Jugendliche ernsthaft auf das Nachdenken über Fragen von Religion, Glaube und Wahrheit einlassen. Jugendtheologie im engeren Sinne hingegen könnte dann ihre Bestimmung von der nicht allgemein vorauszusetzenden Bindung an den christlichen Glauben und die dadurch zum Ausdruck gebrachten Wahrheitsüberzeugungen gewinnen. Bei allen solchen Definitionen darf allerdings nicht aus dem Blick geraten, dass das stärkste und wichtigste Motiv für eine Jugendtheologie am Ende nicht aus einer exakten Definition, sondern eher aus einer neu herausfordernden Sichtweise und Beschreibung Jugendlicher sowie einer darauf basierenden Einstellung zu Jugendlichen erwächst: *Jugendliche sollen als Theologen wahrgenommen, anerkannt und geachtet werden!* Damit ist in erster Linie eine Haltung gegenüber Jugendlichen gemeint, die sich kritisch gegen eine einseitige Orientierung an den Erwachsenen richtet. Insofern kann und sollte nur dann von Jugendtheologie gesprochen werden, wenn die kritische Ausrichtung einer solchen Wahrnehmung, Anerkennung und Achtung bestimmend bleibt. Auf diese Weise wäre auch ausgeschlossen, dass Jugendtheologie nur deshalb betrieben wird, weil sie als vermeintlich leichterer Weg für eine Didaktik attraktiv erscheint, die letztlich weit mehr an den eigenen Vermittlungsinteressen als an den Jugendlichen und deren Aneignungsformen interessiert ist.

Vor dem Hintergrund des damit umrissenen Verständnisses von Jugendtheologie lässt sich nun auch nochmals genauer fragen, ob Jugendliche überhaupt Theologie brauchen.

2. Brauchen Jugendliche Theologie?

Ist Jugendtheologie am Ende nichts anderes als ein hochgradig abstraktes, intellektuelles und dann doch nur wieder für jugendliche Eliten denkbares und interessantes Geschäft? Eröffnen unsere Überlegungen zur theologischen Reflexion und Kommunikation nur für ganz wenige Jugendliche einen kreativen und für sie interessanten Spielraum?
Die erste und wichtigste Antwort auf diesen Einwand ergibt sich aus der für unsere gesamte Darstellung leitenden These, dass *sehr viele Jugendliche eine Theologie längst haben*, zumindest im Sinne einer *impliziten* und *einer persönlichen Theologie.* So gesehen geht es nicht darum, dass

ihnen Theologie erst gegeben oder gar vermittelt werden müsste. Stattdessen steht die Aufgabe im Zentrum, Jugendliche als diejenigen Theologen wahrzunehmen und anzuerkennen, die sie tatsächlich schon lange sind – in ihrem Nachdenken über religiöse Vorstellungen sowie in der darauf bezogenen Kommunikation. Das erste Bildungsanliegen der Jugendtheologie besteht in nichts anderem als darin, die entsprechenden Fähigkeiten der Jugendlichen zu unterstützen. Insofern haben Jugendliche nicht nur ein Recht auf Religion, sondern eben auch auf Theologie – selbst und gerade dann, wenn sie weit entfernt davon bleiben werden, ihre eigene Theologie in auch nur ansatzweise akademischen Sprachspielen zum Ausdruck zu bringen. Damit setzen wir allerdings keine gleichsam schon natürlich immer vorhandene Theologie im Sinn einer anthropologisch vorgegebenen Grundfähigkeit Jugendlicher voraus, die es dann nur noch durch geeignete Methoden zum Vorschein zu bringen gälte. Es wird also auch bei der Jugendtheologie keineswegs von einem »Zauber des Anfangs«, einer Perfektion des Ursprünglichen oder besonderen Authentizität jugendlicher Äußerungen ausgegangen.[1] Auf solche Sichtweisen würde in der Tat der Verdacht eines Romantizismus zutreffen.

Eine zweite Antwort, die dann auch unterschiedliche Bildungsvoraussetzungen mit einbezieht, erwächst aus der Orientierung an Bildungsgerechtigkeit. Aus unserer Sicht ist eine Jugendtheologie nur unter dem Vorzeichen eines prinzipiell gleichberechtigten Zugangs und damit im Sinn der Bildungsgerechtigkeit denkbar. Demzufolge müssen gerade dort, wo Worte und Abstraktionen bei Jugendlichen an ihre Grenze kommen, Formen wechselseitiger Beziehung gefunden werden, die schon für sich überzeugend wirken, auch wenn sie sich nicht schon durch die Kraft versprachlichter Argumente auszeichnen. Die möglichst empathische und genaue Wahrnehmung der Theologie *der* Jugendlichen, die dialogische Dynamik einer Theologie *mit* Jugendlichen und die hoffnungsvolle Substanz einer Theologie *für* Jugendliche heben jedenfalls der Sache nach alle Bildungsgrenzen notwendigerweise auf, auch wenn dies eine entsprechende Bewährung in der Praxis natürlich nicht ersparen kann.

In der evangelischen Tradition kann hier an Martin Luthers Verständnis des Evangeliums erinnert werden, das bewusst von einem Bücherwissen abgehoben wird:

»Evangelion aber heysset nichts anders, denn ein predig und geschrey von der Genad und Barmhertzigkeytt Gottis, durch den Herren Christum mit seinem Todt verdienet und erworben, und ist eygentlich nicht das, was ynn Büchern stehet und ynn Buchstaben verfasset wirtt, sondern mehr eyn mundliche Predigt und lebendig Wortt, und ein stym, die da ynn die gantz Welt erschallet und öffentlich wird außgeschryen, das mans uberal höret.«[2]

---

[1] Vgl. die Kritik *Anselms*, Verändert die Kindertheologie die Theologie?, 20, 24.
[2] *Luther*, Auslegung des 1. Petrusbriefes, 259.

Kapitel 9: Rückblick – Zusammenfassung – Ausblick

Luthers Hervorhebung der Evangeliumspredigt ist nicht einfach mit Jugendtheologie gleichzusetzen. Sie macht jedoch bewusst, dass die religiöse oder auch theologische Kommunikation keineswegs von einem bestimmten Grad der Bildung abhängig sein darf und kann.

Ob und in welchem Sinn eine solche Rede vom Evangelium von Jugendlichen dann tatsächlich frei gebraucht wird, können allerdings allein diese selbst entscheiden. Dies macht eine *prinzipielle Grenze* für die Jugendtheologie bewusst: Selbst wenn wir davon ausgehen, dass Jugendliche als Theologen anzusehen sind und dass sie von einer Bildung, die sie darin unterstützt, auch für sich selber entscheidend profitieren können, bedeutet dies nicht, ihnen Theologie aufdrängen zu dürfen. Das schließt ein, dass davon Abstand zu halten ist, Jugendliche möglicherweise sogar gegen ihren eigenen Willen mit Entscheidungssituationen konfrontieren zu wollen. Auch wenn wir bei unseren Überlegungen immer wieder von »Entscheidendem« gesprochen haben, muss eine Jugendtheologie mit der prinzipiellen Unverfügbarkeit und Nicht-Machbarkeit solcher Lebens- oder Glaubensentscheidungen rechnen – und dies sowohl aus theologischen wie aus pädagogischen Gründen.

Die Frage, ob Jugendliche Theologie brauchen, steht immer auch in einem *gesellschaftlichen Kontext*. Dieser Kontext wirft heute zunehmend *Fragen und Orientierungsprobleme* auf, mit denen sich bereits Jugendliche konfrontiert sehen. Der berühmt gewordene »Zwang zur Wahl«, auch als »häretischer Imperativ« bezeichnet, steht symbolisch für Herausforderungen einer multikulturellen und multireligiösen Gesellschaft. Pluralitätsfähigkeit ist damit ein eigenes Bildungsziel geworden, sowohl unter dem eher individuellen Aspekt der Lebensführung als auch unter dem von Frieden und Toleranz in der Gesellschaft, und theologische Reflexionsfähigkeit kann zu einer solchen Pluralitätsfähigkeit beitragen.

Damit soll die Relevanz theologischer Reflexion allerdings nicht in einem defizitorientierten Sinne erwiesen werden, etwa dadurch, dass wir als Erwachsene hervorheben, was Jugendliche angeblich »unbedingt«, aufgrund ihrer – in der Sicht der Jugendlichen selbst oft nur vermeintlichen – Orientierungsprobleme bedürften. Damit würde nichts anderes erreicht als eine Rückkehr zu der inzwischen altbekannten Perspektive auf Jugendliche als Objekte einerseits und der angeblich klaren Vorgaben und Ziele der Erwachsenen andererseits. Demgegenüber setzt eine Jugendtheologie, wie wir sie verstehen, von Anfang an voraus, dass die Potentiale und Fähigkeiten von Jugendlichen als konstitutiver Bestandteil aller Suchbewegungen anerkannt und zum Tragen gebracht werden. Nur wenn Lehrende Jugendliche tatsächlich auch mit ihren individuellen Zugängen wahr- und ernst nehmen, kann überhaupt Entscheidendes geschehen.

Dazu gehören auch ernsthafte Dialoge über theologische Fragen, bei denen die eigenen *Überzeugungen und Glaubensgewissheiten der Erwachsenen* eingebracht und aufs Spiel gesetzt werden. In gewisser Weise ist dies insofern besonders wichtig, als Jugendliche nur dann als Gesprächspartner ernst genommen werden, wenn die Überzeugungen der Erwachsenen ihren immer auch kritischen Nachfragen ausgesetzt werden. Dieser grundsätzlich herrschaftsfreie Sinn gemeinsamen theologischen Denkens schließt zugleich ein, sich das gegebene Gefälle in der pädagogischen Interaktion auch mit Jugendlichen mindestens klar zu machen und es »immer wieder auf seine jeweilige Berechtigung und seine Begrenzung hin«[3] zu hinterfragen.

Mit der These, dass Erwachsene gegenüber Jugendlichen zur Rechenschaft verpflichtet sind, verbindet sich noch eine weitere jugendtheologische Perspektive, die auch mit den zum Teil schwierigen Lebenslagen von Jugendlichen selbst zu tun hat. Eine Theologie mit Jugendlichen ist ohne intensive Wahrnehmung der sozialen und politischen Weltverhältnisse sinnvoll nicht möglich. Jugendtheologie wäre jedenfalls deutlich unterbestimmt, würde sie allein darauf abzielen, Jugendliche für eine rein individualistische und gar privatistische Religionspraxis auszurüsten. Auch dies lässt sich durch den Bezug auf die christliche Tradition sowie mit dem Verständnis des christlichen Glaubens begründen. Eine Theologie, die sich auf diesen Glauben bezieht, muss auch dessen Ausrichtung auf Gerechtigkeit und Solidarität einschließen, wodurch auch Jugendtheologie eine ausgesprochen öffentlich-politische Dimension gewinnt. Insbesondere muss es auch darum gehen, dass die Frage der Verletzung, Gewährleistung und Durchsetzung von Jugendrechten selbst einen wesentlichen Aspekt auch der jugendtheologischen Reflexion und Artikulation darstellt, einschließlich der weiterreichenden Rechte und Ansprüche zukünftiger Generationen. Dies bedeutet dann auch, dass sich eine solche Jugendtheologie – bei aller Abwehr von Funktionalisierungen – dem Ziel verpflichtet weiß, die jüngere Generation für ihre Chancen und Pflichten eines eigenen Engagements für ihren Nah- und Fernbereich zu sensibilisieren. Gemeint ist damit keine Politisierung aller individuellen Lebensfragen, sondern die theologisch verantwortliche Wahrnehmung von Ungerechtigkeitsstrukturen und von Verhältnissen, welche die Menschenwürde verletzen. Auch an dieser Stelle bleibt festzuhalten: Nur wenn in solchen dialogischen Prozessen der Sensibilisierung für politische Fragen das Prinzip mündiger Freiheit unbedingt gewahrt wird, sind solche aufklärerischen und zur Freiheit bildenden Aktivitäten auch tatsächlich legitim. Dies ergibt sich nicht zuletzt aus einer Theologie des Jugendalters, die von der unbedingten Würde und der unbedingten Freiheit eines Christenmenschen ausgeht und damit auch die Voraussetzungen der Jugendtheologie bestimmt.

Schließlich ist hier nochmals zusammenfassend zu betonen: Für die Frage, wie sich *Wahrheit* manifestiert, sind jedenfalls, theologisch gesprochen, die unterschiedlichsten Wege und Ausdrucksformen denkbar, was seinerseits im Reichtum und in der Vielfalt der biblischen Perspektiven und ihrer theologischen Deutungen durch die Zeiten hindurch sei-

---

3   Vgl. *Schluß*, Kindertheologische Differenzierungen, 22.

Kapitel 9: Rückblick – Zusammenfassung – Ausblick 185

nen Grund hat. Im Zusammenhang der Kindertheologie formuliert Ernstpeter Maurer es so: »Jesus Christus als die *Wahrheit in Person* (Joh 14,6) wird im Neuen Testament gestaltet als spannungsvoller Pluralismus von vier Evangelien und einer Sammlung von explizit situationsbezogenen Texten – also dezidiert *nicht* als Kanon *wahrer Sätze*.«[4] Und es gehört nicht nur zur guten und langen Tradition der Theologie, sondern bereits zur biblischen Überlieferung selbst, dass das Reden von Gott »Denkbemühung erfordert: *fides quaerens intellectum*«.[5]
Letztlich ist dann gerade nicht entscheidend und möglicherweise sogar problematisch, wenn Jugendliche sich in ihren eigenen Sprachformen lediglich an dem orientieren, was sie von Erwachsenen mehr oder weniger eindeutig zu hören bekommen. In diesem Fall läuft auch eine Jugendtheologie Gefahr, nur noch in der Vermittlung bestimmter theologischer Chiffren und nicht mehr weiter reflektierter Sprachmuster zu bestehen. Vielmehr ist zu betonen: »Vielfalt auf Eines zurückzubeziehen und das Eine vielfältig variieren zu können, ist überhaupt ein Zeichen von Bildung.«[6]
Insofern muss die Wahrheitsfrage gerade auch in jugendtheologischer Perspektive immer in einem prozessual-dialogischen Sinne und in möglichst breiter Berücksichtigung pluraler Sichtweisen – bis hin zur bewussten Auseinandersetzung mit paradox erscheinenden Überlieferungen und der spezifischen Logik theologischer Deutungen – aufgenommen werden.
Die Wahrheitsfrage in und über alle biblische Vielfalt hinaus liegt nach christlichem Glaubensverständnis darin, was »Christum treibet«[7]. Dies macht im Letzten nicht nur die Mitte und das Proprium aller theologischen Bildungs- und Erschließungsprozesse aus, sondern stellt auch das entscheidende Kriterium dafür dar, was als theologische Suchbewegung angesehen werden sollte. Und so gilt für Jugendliche noch deutlicher als für Kinder: »Zu Theologen ihres eigenen Glaubens … an den menschenfreundlichen Gott werden sie nicht oder nur schwerlich, ohne die Möglichkeiten zugespielt zu bekommen, sich zu dieser *traditio* – der Selbsterschließung Gottes in Leben und Sterben Jesu – verhalten zu können.«[8]
Konkret gesprochen: dass etwa ein »Reden über Jesus Christus niemals nur aus einer diffusen Erfahrung heraus möglich ist, sondern Anhalt nehmen muss an den biblischen Geschichten über Jesus Christus.«[9] Dass die Anforderungen an einen solchen narrativen Zugang zur christologischen Tradition gerade im Gespräch mit Jugendlichen besondere Herausforderungen mit sich bringen, sei hier nur nochmals ausdrücklich betont.

---

4 *Maurer*, Theologie mit Kindern, 28.
5 Ebd., 32.
6 *Ringleben*, Bildung und Rechtfertigung, 101.
7 *Luther*, WA 7, 26.
8 *Striet*, Kindertheologie?, 16.
9 *Büttner*, Strukturen theologischer Kommunikation, 65.

3. Braucht Theologie Jugendliche?

Systematisch-theologische Entwürfe der jüngeren Zeit scheinen, mindestens ihrem eigenen Anspruch nach, auf die kritische und dialogische Sichtung dogmatischer und ethischer Lehre im Sinn eines produktiven Wechselverhältnisses zwischen theologischen Deutungen der eigenen Traditionen und unterschiedlichen außertheologischen Bezugssystemen ausgerichtet zu sein. Offenbar sind dabei aber, wie schon in unserer einleitenden Problemanalyse angedeutet, einzelne Zielgruppen und deren Lebenswelten noch keine dezidierte Herausforderung für eine möglichst reflexionsoffene Theologie. Möglicherweise liegt dahinter die Befürchtung, man könne unter der Hand wieder zu neuen Bindestrichtheologien gelangen und damit den weiten Blick auf die Gegenstände der Theologie zugunsten normativer Vorentscheidungen verlieren.

Aus unserer Sicht ist Jugendtheologie aber gerade keine Bindestrichtheologie. Sie strebt nicht an, alle Theologie unter das Signum oder gar das Diktat der Interessen der jungen Generation zu stellen. Schon gar nicht geht es darum, die Relevanz theologischer Fragen allein von der Bedeutungszuschreibung der Jugendlichen aus zu bestimmen – nach dem Motto: Was diese theologisch nicht für erheblich halten, kann es auch nicht sein. Dies wäre in der Tat eine höchst unzulässige und wenig produktive Verengung des Selbstverständnisses von Theologie.

Gleichwohl muss die Systematische Theologie sowohl hinsichtlich ihrer dogmatischen als auch ihrer ethischen Überlegungen darum bemüht sein, theologische Fragen für Jugendliche so zu erschließen und attraktiv zu machen, dass diese sich zur eigenständigen und intensiven Auseinandersetzung herausgefordert und motiviert fühlen. Dabei gilt grundsätzlich durch alle theologischen Themen hindurch, dass Glaube auf äußere Worte und Zeichen, theologisch zugespitzt: auf den Zuspruch des Evangeliums angewiesen ist, Glaube als Vertrauen sich nur durch das Wirken des Heiligen Geistes konstituiert und Glaube zugleich immer in seinem Gemeinschaftsbezug zu denken ist.[10]

Insofern sollte sich die Theologie sowohl um ihrer Sache wie auch ihrer potentiellen Leserschaft willen dazu herausgefordert fühlen, diese Grundaspekte des Glaubens tatsächlich reflexionsoffen und diskutierbar zu machen. Man könnte auch sagen: Gerade in einer Zeit, in der die Orientierung an den Aussagen wissenschaftlicher Theologie alles andere als leicht und selbstverständlich ist, muss die Theologie selbst zur unbedingten Auseinandersetzung mit den vielfältigen Wirklichkeiten des Lebens bereit sein. Diese Grundaufgabe lebt in entscheidendem Maße von der Einsicht, dass Jugendlichen als Subjekten die Glaubensinhalte im Horizont der göttlichen Selbsterschließung »als für den Menschen vorbehaltlos entschiedene Liebe«[11] nahegebracht werden.

---

10 Vgl. *Härle*, Was haben Kinder in der Theologie verloren?, 16f.
11 *Striet*, Kindertheologie?, 14.

Kapitel 9: Rückblick – Zusammenfassung – Ausblick

Die wissenschaftliche Theologie muss sich angesichts der vielfältigen Herausforderungen, vor denen Jugendliche in ihrer Lebenswelt stehen und vor denen vielfach auch die Gesellschaft insgesamt steht, genau überlegen, an welche Adressaten sie sich wenden will. Geht es vornehmlich um den gelehrten Diskurs in der eigenen Zunft und damit um die mehr und mehr akademisch hermetisch abgegrenzte interne Fachdebatte? Geht es vor allem darum, die Welt der professionellen Theologinnen und Theologen von der Kraft des eigenen, besseren Arguments zu überzeugen? Fachliche Auseinandersetzungen sind in der Wissenschaft unverzichtbar, aber sie können zumindest in der Theologie nicht die einzige Form wissenschaftlicher Kommunikation sein.

Demgegenüber plädieren wir dafür, dass sich die akademische Theologie stärker auch in ihrer öffentlichen Verantwortung gegenüber der jüngeren Generation begreift. Wenn ihre Vertreterinnen und Vertreter selbst davon überzeugt sind, dass sie »der Welt« theologisch Wesentliches zu sagen haben, sollten sie dies auch so sagen können. Wenn sie die Substanz dogmatischer und ethischer Theologie tatsächlich für lebensdienlich halten, muss es ihnen gelingen, dies auch entsprechend zu formulieren. Andernfalls wird Theologie nicht nur ihre eigene Sache verfehlen, sondern auch ihrem öffentlichen Auftrag als Theologie selbst nicht mehr zu entsprechen vermögen.

Der Impuls einer Jugendtheologie könnte dazu verhelfen, Anspruch und Form der eigenen theologischen Aussagen und Lehrgebäude weniger statisch als vielmehr in dynamischer Bewegung und Beweglichkeit zu verstehen. Auch dies ist in einer für die Jugendtheologie ebenso zutreffenden Weise im Blick auf die Kindertheologie beschrieben worden: »Das Reden von Gott bleibt in Bewegung, was auch wieder nach einer stets neu vorzunehmenden Überprüfung ruft ... Dabei wird der Glaube immer wieder neu formuliert.«[12]

Theologie könnte von Jugendlichen gerade darin profitieren, dass sie deren hohe Flexibilitäts- und Mobilitätsbereitschaft sowie deren Offenheit für Neuorientierung und Umorientierung nicht als zielloses Umherirren begreift, sondern gerade als Ausdruck ernsthafter Suchprozesse und Suchbewegungen, die möglicherweise mehr über den Charakter gelingender Theologie zum Ausdruck bringen als Versuche, Sachverhalte in feste Formeln und Formen zu gießen. Es scheint an der Zeit, die Rede von einer *theologia viatorum* – einer Theologie der Wandernden bzw. einer Theologie auf dem Weg – gerade auch für Jugendliche neu zum Vorschein zu bringen.

Und möglicherweise würde Theologie selbst wieder sprachfähiger, wenn sie sich genauer mit den existentiellen Deutungsmustern Jugendlicher beschäftigen und ernsthaft auf diese hören würde. Die Befürchtung, sich dabei zu infantilisieren oder, um ein Kunstwort zu gebrauchen: zu juvenilisieren, ist aus unserer Sicht jedenfalls weder nötig noch gerechtfer-

---

12 *Maurer*, Theologie mit Kindern, 26f.

tigt. Vielmehr könnte die Theologie an den Versuchen Jugendlicher, sprachfähig zu werden, entdecken, welche Sprache sie selbst sinnvollerweise sprechen und wie sie ihre Aussagen zum Ausdruck bringen kann. Mit vermeintlich unangemessenen Banalisierungen hat all dies jedenfalls nicht das Geringste zu tun. Vielmehr kann gerade auch das nur noch Abstrakte banal werden, wenn es sich damit allen Wirklichkeiten des Lebens auf abgehobene Weise und im wahrsten Sinn des Wortes systematisch entzieht. Von Gott ist eben auch mit Jugendlichen, um Dietrich Bonhoeffer zu folgen, nicht als »Lückenbüßer unserer unvollkommenen Erkenntnis« zu sprechen; vielmehr gilt es, ihn gerade in Beziehung zu den eigenen Welt- und Lebensdeutungen zu setzen: »In dem, was wir erkennen, sollen wir Gott finden, nicht in dem, was wir nicht erkennen«[13].

Von daher ergibt sich dann auch, dass nicht nur die Theologie, sondern auch die Kirche Jugendliche braucht. Dies ist nicht damit zu verwechseln, dass Kirche immer junge Kirche im Sinn ihrer permanenten Bereitschaft zum Neuaufbruch, zum Überprüfen gewohnter Strukturen und zur Kritik institutioneller Verknöcherungen sein muss. Kirche braucht Jugendliche vielmehr, weil sie selbst in einem Verständnis als *communio sanctorum* – als Gemeinschaft der Heiligen – darauf angewiesen ist, alle ihre Glieder möglichst intensiv in ihre Praxis zu integrieren. Versteht man Kirche als *creatura verbi* – als Geschöpf des Wortes Gottes selbst –, so muss sie sich auch bei Jugendlichen hörbar und verständlich machen und zugleich durch Jugendliche öffentlich hörbar und verständlich werden. Insofern ist spätestens hier auch von einer notwendigen Theologie *durch* Jugendliche im Kontext von Kirche zu sprechen. Nur in einem solchen Sinn der durch Jugendliche sicht- und hörbar werdenden Kirche kann dem reformatorischen Ideal des Priestertums aller Gläubigen überhaupt entsprochen werden. Versteht man Kirche als Weg- und Dienstgemeinschaft, so ist jedenfalls unbestreitbar, dass Jugendliche auf diesem Weg mitgenommen werden bzw. besser: mitgehen und selbst auch über diesen Weg und Dienst konstitutiv mitentscheiden können müssen.

Und wenn in den gegenwärtigen Kirchenreformdebatten unüberhörbar die Frage nach dem Wachstum von Gemeinden und der dafür erforderlichen Qualität die Rede ist, so genügt es unter dem Aspekt der Jugendtheologie gerade nicht, auf möglichst attraktive Events abzuzielen, in denen sich vielleicht alles Mögliche ereignet, aber unter Umständen gerade die Substanz des eigenen kirchlichen Angebots nicht mehr erkennbar ist. Deshalb bemisst sich auch die Frage nach der Qualität kirchlicher Arbeit, sei dies nun in der Kirchengemeinde oder in der Schule, ganz entscheidend daran, ob hier tatsächlich auch ein Bemühen um theologische Qualität erkennbar ist. Die anstehenden Reformprozesse dabei allerdings auf eine womöglich gar gemeinsame, eindeutige Linie bringen zu wollen und etwa Angebote für Jugendliche nur noch in einer sehr

---

13 *Bonhoeffer*, Widerstand und Ergebung, 454f.

Kapitel 9: Rückblick – Zusammenfassung – Ausblick

engen Form zu profilieren, widerspräche gerade dem von uns hervorgehobenen Charakter einer Jugendtheologie, die konsequent durch plurale und kreative Ausdrucks- und Gestaltungsformen gekennzeichnet sein muss.
So steht die Theologie vor der Herausforderung, die Sprengkraft der Rechtfertigungslehre, die fundamentale Weltkritik des Kreuzesgeschehens und die todesüberwindende christliche Hoffnung so zum Ausdruck zu bringen, dass diese in ihrer existentiellen Bedeutsamkeit überall dort erkennbar wird, wo Jugendliche auf der Suche nach individueller und gemeinschaftlicher Orientierung sind. Genau in diesem Zugang zu theologischen Themen und mithin zum alles übergreifenden Fragehorizont nach der Wirklichkeit der Offenbarung Gottes unterscheidet sie sich substantiell von allen Formen eines bloßen jugendlichen (religions-)philosophischen Erwägens und Abwägens.
In einem solchen substantiell fundierten, wechselseitigen Suchprozess zwischen Jugendlichen und Erwachsenen kann dann durchaus ein Doppeltes erkennbar werden: dass es einerseits gilt, »Rechenschaft abzulegen von der Hoffnung, die in euch ist« (1Petr 3,15), und andererseits darauf zu vertrauen: »Der Wind weht, wo er will; du hörst sein Brausen, weißt aber nicht, woher er kommt und wohin er geht. So ist es mit jedem, der aus dem Geist geboren ist« (Joh 3,8).

4. Ausblick: Aufgaben und Möglichkeiten für Praxis und Wissenschaft

Jugendtheologie ist nicht einfach eine Idee, schon gar nicht eine Idee aus dem berühmt-berüchtigten Elfenbeinturm akademischer Religionspädagogik. Wie immer wieder deutlich geworden ist, handelt es sich vielmehr um ein Element in der schulisch- oder kirchlich-pädagogischen Praxis, das durch unsere theoretische Betrachtung bewusst werden soll. Insofern handelt es sich bei der vorliegenden Darstellung um eine »Theorie der Praxis«, wie Friedrich Schleiermacher dies genannt hat.[14]
Allerdings soll eine solche »Theorie der Praxis« sich nicht einfach darin erschöpfen, eine bereits existierende Praxis abzubilden. Sie soll diese Praxis vielmehr bewusster machen, um auf diese Weise eine weitere Klärung und Verbesserung zu ermöglichen. So gesehen wünschen wir uns möglichst zahlreiche Versuche, die Aufgaben und Möglichkeiten von Jugendtheologie in Schule und Kirche stärker zum Tragen kommen zu lassen. Die in der vorliegenden Darstellung enthaltenen Beispiele bieten dafür mögliche Ausgangspunkte und auf jeden Fall – so hoffen wir – Impulse für eine konsequentere Wahrnehmung von Jugendlichen als Theologen.
Als Leitlinie für eine jugendtheologische Praxis sollte durchweg gelten, dass jede Form von Theologie mit Jugendlichen und für Jugendliche an

---

14 Vgl. *Schleiermacher*, Praktische Theologie.

deren lebensweltlichen Zusammenhängen ausgerichtet und in ihrem unterstützenden, klärenden und befreienden Sinn für die Jugendlichen selbst einsichtig sein sollte. Wer jugendtheologisch arbeiten möchte, sollte sein Erfolgskriterium nicht darin sehen, dass Jugendliche sich vielleicht sogar auf abgelegene theologische Spezialfragen einlassen. Kriterium des Erfolges muss vielmehr sein, Jugendliche so in ihrer theologischen Reflexions- und Ausdrucksfähigkeit zu fördern, dass sie damit eigene Orientierungsfragen bis hinein in die Lebensführung besser beurteilen und entscheiden können.

Nach heutigem Verständnis muss ein solcher Erfolg auch anderen plausibel gemacht und insofern nachgewiesen werden können. Diese Forderung erwächst nicht aus einer formalistischen Überzeugung, der zufolge heute eben alles evaluiert werden muss. Sie entspricht vielmehr in einer zentralen Hinsicht dem Anliegen von Jugendtheologie selbst: Empirische Formen der Evaluation dienen, wo sie pädagogisch sachgemäß eingesetzt werden, nicht zuletzt dazu, die Perspektive der Jugendlichen gegenüber den Erwachsenen stark zu machen. Sie sorgt dann dafür, dass die Jugendlichen selbst tatsächlich zu Wort kommen und ihre oft auch kritischen Wahrnehmungen nicht vorschnell zugedeckt bleiben.

Dass sich mit diesen Forderungen zugleich die Frage nach den notwendigen jugendtheologischen Ressourcen stellt, sei an dieser Stelle wenigstens erwähnt. Dies gilt einerseits für die zeitlichen Ressourcen, die Jugendlichen wie Erwachsenen oftmals für eine ausführlichere Reflexion über die wesentlichen Lebensfragen schlichtweg fehlen, dies gilt aber auch für die personellen und finanziellen Ressourcen im Bereich der schulischen und kirchlichen Bildungsarbeit, die für intensivere theologische Dialoge unbedingt notwendig sind. Insofern haben jugendtheologische Zielsetzungen immer auch mit der konkreten Analyse, Artikulation und notwendigen Verbesserung der realen Verhältnisse Jugendlicher und Erwachsener in ihrem jeweiligen Bildungskontext zu tun. Von daher hat Jugendtheologie auch in dieser Hinsicht eine ausgeprägt kritische Dimension.

Gerade die jugendtheologische Praxis verlangt insofern auch nach Forschung, besonders empirischer Forschung. Darin kann dann auch ein eigenes wissenschaftliches Anliegen gesehen werden, etwa im Sinne einer kulturhermeneutisch ausgerichteten Religionspädagogik oder Praktischen Theologie. Eine solche Wissenschaft versteht sich ja schon heute vielfach als »Theorie der Praxis« im oben genannten Sinne. Darüber hinaus haben wir die Auffassung vertreten, dass die Frage nach der Theologie Jugendlicher eine weitere, bislang in der Religions- und Jugendforschung nicht beachtete Unterscheidung einträgt, indem sie dazu auffordert, nicht nur nach den religiösen Orientierungen Jugendlicher oder nach ihren entsprechenden Bedürfnissen zu fragen, sondern auch nach ihren theologischen Deutungsweisen. Insofern eröffnet die Perspektive einer Jugendtheologie auch Möglichkeiten für einen neuen Typus sowohl sozialwissenschaftlicher als auch religionspädagogischer

Kapitel 9: Rückblick – Zusammenfassung – Ausblick

Forschung, der sich auf solche Deutungsweisen bezieht. Erste Beispiele dazu liegen zur impliziten Theologie, aber auch zur expliziten Theologie Jugendlicher vor.[15] Doch handelt es sich bei solchen Untersuchungen bislang eher um Einzelfälle und kann noch nicht auf einen fortlaufenden Forschungszusammenhang verwiesen werden, auf den dann auch in der Praxis zurückgegriffen werden könnte.

Im Bereich der Kindertheologie sind in dieser Hinsicht vor allem im Blick auf traditionelle theologische Themen wie Gotteslehre, Christologie, Kirchentheorie, Pneumatologie u.a.m. zum Teil eindrückliche Fortschritte erzielt worden.[16] Neuerdings werden dort auch weitere Aspekte etwa einer Spiritualität von Kindern einbezogen. Deutlich weniger Aufmerksamkeit gefunden haben hingegen Themen und Herausforderungen, die Kindern oder Jugendlichen in der Gegenwart begegnen und die nicht weniger nach einer theologischen Deutung verlangen, wenn wirklich die Theologie *von* Kindern und Jugendlichen in den Blick kommen soll.

Dass man sich mit den vorgelegten Sondierungen der Voraussetzungen, Inhalte und Zugangsweisen einer zeitgemäßen Jugendtheologie selbst erst am Anfang eines notwendig breiteren und intensiveren Weges praktisch-theologischer Forschung und pädagogischer Praxis befindet, entspricht der anspruchsvollen Sachlage der Jugendtheologie selbst.

Jeglicher Versuch, abschließende Antworten auf die großen theologischen Fragen zu geben, würde dem Charakter individuellen und gemeinsamen theologischen Nachdenkens fundamental widersprechen und wäre demnach weder sinnvoll noch lebensdienlich.

---

15 Noch einmal genannt seien an dieser Stelle die Arbeiten von *Gennerich*, Empirische Dogmatik des Jugendalters, *Büttner*, »Jesus hilft!« und *Ziegler*, »Jesus«.
16 Allerdings stellen sich auch hier kritische Fragen hinsichtlich der Forschungsqualität; vgl. *Schweitzer*, Kindertheologie und Elementarisierung.

Literaturverzeichnis

Affolderbach, M. / Kirchhoff, H.-U., Stationen evangelischer Jugendarbeit. Erfahrungen aus fünf Jahrzehnten, Stuttgart 1986
Albrecht, C., Zur Stellung der Praktischen Theologie innerhalb der Theologie – aus praktisch-theologischer Sicht, in: C. Grethlein / H. Schwier (Hg.), Praktische Theologie. Eine Theorie- und Problemgeschichte, Leipzig 2007, 7–60
Aldebert, H., Anspiel – Rollenspiel – Bibliodrama. In: G. Bitter u.a. (Hg.), Neues Handbuch religionspädagogischer Grundbegriffe, München 2002, 504–507
Altmeyer, S., Fremdsprache Religion? Sprachempirische Studien im Kontext religiöser Bildung, Stuttgart 2011
Angel, H.-F. u.a., Religiosität. Anthropologische, theologische und sozialwissenschaftliche Klärungen, Stuttgart 2006
Anselm, R., Verändert die Kindertheologie die Theologie? In: A.A. Bucher (Hg.), »Vielleicht hat Gott uns Kindern den Verstand gegeben«. Ergebnisse und Perspektiven der Kindertheologie. JabuKi Bd. 5, Stuttgart 2006, 13–25
– Pezzoli-Olgiati, D. / Schellenberg, A. / Schlag, T. (Hg.), Auf meine Art. Jugend und Religion, Zürich 2008
Anselm, S., Die zweite Chance ist vielleicht nicht die endgültige Lösung, aber ... In: I. Grill (Hg.), Unerwartet bei der Sache. Dem theologischen Nachdenken von OberstufenschülerInnen auf der Spur. Unterrichtsstunden – Analysen – Reflexionen, Erlangen 2005, 29–52
Astley, J., Ordinary Theology. Looking, Listening and Learning in Theology, Aldershot 2002

Bade, R. u.a. (Hg.), »Niemand darf verloren gehen«. Evangelisches Plädoyer für mehr Bildungsgerechtigkeit. Lesebuch zum Schwerpunktthema der 3. Tagung der 11. Synode der EKD, Münster 2010
Baumann, U. / Schweitzer, F. (Hg.), Religionsbuch Oberstufe, Berlin 2006
Beck, U., Der eigene Gott. Friedensfähigkeit und Gewaltpotential der Religionen, Frankfurt a.M. 2008
Bee-Schroedter, H., Neutestamentliche Wundergeschichten im Spiegel vergangener und gegenwärtiger Rezeptionen. Historisch-exegetische und empirisch-entwicklungspsychologische Studien, Stuttgart 1998
Benner, D., Allgemeine Pädagogik. Eine systematisch-problemgeschichtliche Einführung in die Grundstruktur pädagogischen Denkens und Handelns, Weinheim/München 1987
– u.a., Modellierung und Testung religiöser und ethischer Kompetenzen im Interesse ihrer Vergleichbarkeit. In: ZPT 62 (2010), 165–174
Berger, P.L., Erlösender Glaube. Fragen an das Christentum, Berlin / New York 2006
Bernlocher, M., Wer zu fragen lernt, hat mehr vom Leben! Das »Philosophieren mit Kindern« als Vorbild künftiger Religionspädagogik. In: P. Becker / S. Mokry (Hg.), Jugend heute – Kirche heute? Konsequenzen aus der Jugendforschung für Theologie, Pastoral und (Religions-)Unterricht, Würzburg 2010, 133–149

Bertelsmann Stiftung (Hg.), Religionsmonitor 2008, Gütersloh ²2008
Biehl, P., Die Gottebenbildlichkeit des Menschen und das Problem der Bildung. Zur Neufassung des Bildungsbegriffs in religionspädagogischer Perspektive. In: Ders. / Karl Ernst Nipkow, Bildung und Bildungspolitik in theologischer Perspektive, Münster 2003, 9–102
– / Wegenast, K. (Hg.), Religionspädagogik und Kultur. Beiträge zu einer religionspädagogischen Theorie kulturell vermittelter Praxis in Kirche und Gesellschaft, Neukirchen-Vluyn 2000
Biemer, G., Der Dienst der Kirche an der Jugend. Grundlegung und Praxisorientierung (Handbuch kirchlicher Jugendarbeit Bd. 1), Freiburg u.a. 1985
Biesinger, A. / Tzscheetzsch, W., Wenn der Glaube in die Pubertät kommt. Ein Ratgeber für Eltern, Freiburg i.Br. 2005
Bingel, G. / Nordmann, A. / Münchmeier, R. (Hg.), Die Gesellschaft und ihre Jugend. Strukturbedingungen jugendlicher Lebenslagen, Opladen / Farmington Hills 2008
Bizer, Chr. u.a. (Hg.), Sehnsucht nach Orientierung. Vorbilder im Religionsunterricht, JRP 24, Neukirchen-Vluyn 2008
Bohne, G., Das Wort Gottes und der Unterricht. Zur Grundlegung einer evangelischen Pädagogik, Berlin 1929
Bonhoeffer, D., Widerstand und Ergebung, Briefe und Aufzeichnungen aus der Haft, DWB 8, Gütersloh 1998
Boschki, R., »Beziehung« als Leitbegriff der Religionspädagogik. Grundlegung einer dialogisch-kreativen Religionsdidaktik, Ostfildern 2003
Brant, J., JugendAlpha. Dem Sinn des Lebens auf der Spur, München 2005
Brumlik, M., Gerechtigkeit zwischen den Generationen, Berlin 1995
Bubmann, P., Gemeindepädagogik als Anstiftung zur Lebenskunst. In: Pastoraltheologie 93 (2004), 99–114
Bucher, A.A., Kindertheologie: Provokation? Romantizismus? Neues Paradigma?, in: ders. u.a. (Hg.), »Mittendrin ist Gott«. Kinder denken nach über Gott, Leben und Tod. JabuKi Bd. 1, Stuttgart 2002, 9–27
– Wurzeln und Flügel. Wie spirituelle Erziehung für das Leben stärkt, Düsseldorf 2007
Bund der Deutschen Katholischen Jugend & Misereor (Hg.), Wie ticken Jugendliche? Sinus-Milieustudie U27, Düsseldorf 2007
Bunge, M.J. (Hg.), The Child in Christian Thought, Grand Rapids / Cambridge 2001
Büttner, G., »Jesus hilft!« Untersuchungen zur Christologie von Schülerinnen und Schülern, Stuttgart 2002
– Strukturen theologischer Argumentation – Versuch einer Kartographie der Kindertheologie, In: A.A. Bucher u.a. (Hg.), »Vielleicht hat Gott uns Kindern den Verstand gegeben«. Ergebnisse und Perspektiven der Kindertheologie. JabuKi Bd. 5, Stuttgart 2006, 56–68
– (Hg.), Lernwege im Religionsunterricht. Konstruktivistische Perspektiven, Stuttgart 2006
Burhardt, K., AchtklässlerInnen entdecken einen Zugang zu Wundererzählungen. Einblicke in die Forschungswerkstatt »Theologische Gespräche mit Jugendlichen« des Sommersemesters 2008, Kassel 2010

Campiche, R.J., Die zwei Gesichter der Religion. Faszination und Entzauberung, Zürich 2004
Claussen, J.H., Die 101 wichtigsten Fragen: Christentum, München 2006
– Zurück zur Religion. Warum wir vom Christentum nicht loskommen, München 2006

Comenius, J.A., Pampaedia, hg. v. D. Tschižewskij zus. m. H. Geissler / K. Schaller (Päd. Forschungen 5), Heidelberg ²1965
Conrad, J., Theologie mit Jugendlichen. In: T. Böhme-Lischewski u.a. (Hg.), Konfirmandenarbeit gestalten. Perspektiven und Impulse für die Praxis aus der Bundesweiten Studie zur Konfirmandenarbeit in Deutschland, Gütersloh 2010, 159–173
Cottrell S. u.a., Youth Emmaus, Church House Publishing 2003

Dabrock, P., Antwortender Glaube und Vernunft. Zum Ansatz evangelischer Fundamentaltheologie, Stuttgart/Berlin/Köln 2000
Dalferth, I.U., Evangelische Theologie als Interpretationspraxis. Eine systematische Orientierung, Leipzig 2004
– Radikale Theologie, Leipzig 2010
– (Hg.), Eine Wissenschaft oder viele? Die Einheit evangelischer Theologie in der Sicht ihrer Disziplinen (Forum ThLZ 17), Leipzig 2006
Dam, H. / Spenn, M., Evangelische Schulseelsorge. Hintergründe – Erfahrungen – Konzeptionen, Münster 2007
DBK, Kirchliche Richtlinien zu Bildungsstandards für den katholischen Religionsunterricht in den Jahrgangsstufen 5–10/Sekundarstufe I (Mittlerer Schulabschluss), 4. überarb. Aufl. Bonn 2010, http://www.dbk.de/fileadmin/redaktion/veroeffentlichungen/deutsche-bischoefe/DB78-4_Aufl.pdf, abgerufen am 29.3. 2011
Degen, R. / Hansen, I. (Hg.), Lernort Kirchenraum. Erfahrungen – Einsichten – Anregungen, Münster / New York 1998
Demont, O. / Schenker, D., Ansichten vom Göttlichen. 22 Jugendliche, Zürich 2009
Dennerlein, N. / Meyer-Blanck, M. (Hg.), Evangelische Glaubensfibel. Grundwissen der evangelischen Christen, Rheinbach/Gütersloh 2006
Dieterich, V.-J., Die Welt um, in und über uns – Konturen einer am Konstruktivismus orientierten Religionspädagogik. In: G. Büttner (Hg.), Lernwege im Religionsunterricht. Konstruktivistische Perspektiven, Stuttgart 2006, 116–131
– Theologisieren mit Jugendlichen. In: A.A. Bucher u.a. (Hg.), »Man kann Gott alles erzählen, auch kleine Geheimnisse«. Kinder erfahren und gestalten Spiritualität. JabuKi Bd. 6, Stuttgart 2007, 121–137
Dillen, A. / Pollefeyt, D. (Hg.), Children's Voices. Children's Perspectives in Ethics, Theology and Religious Education, Leuven u.a. 2010
Dinter, A. / Heimbrock, H.-G. / Söderblom, K. (Hg.), Einführung in die Empirische Theologie, Göttingen 2007
Domsgen, M., Familie und Religion. Grundlagen einer religionspädagogischen Theorie der Familie, Leipzig 2004
Doyé, G., Das Gemeindehaus. Beispiel einer Lernort- und biographiebezogenen gemeindepädagogischen Praxis im Miteinander der Generationen. In: H. Kessler / G. Doyé (Hg.), Den Glauben denken, feiern und erproben, Leipzig 2010, 39–52
Drehsen, V., Wie religionsfähig ist die Volkskirche?, Gütersloh 1994
– / Sparn, W. (Hg.), Im Schmelztiegel der Religionen. Konturen des modernen Synkretismus, Gütersloh 1996
Dressler, A. v. / Zimmerling, P., Spiritualität und Diakonische Jugendarbeit. In: T. Braune-Krickau / S. Ellinger (Hg.), Handbuch Diakonische Jugendarbeit, Neukirchen-Vluyn 2010, 125–138
Dubach, Alfred / Campiche, Roland J. (Hg.), Jede(r) ein Sonderfall? Religion in der Schweiz. Ergebnisse einer Repräsentativbefragung, Zürich/Basel ²1993
– / Fuchs, B., Ein neues Modell von Religion. Zweite Schweizer Sonderfallstudie – Herausforderung für die Kirchen, Zürich 2005
Dykstra, C., Growing in the Life of Faith. Education and Christian Practices, Louisville 1999

Ebertz, M.N., »Heilige Familie« – ein Auslaufmodell? Religiöse Kompetenz der Familien in soziologischer Sicht. In: A. Biesinger / H. Bendel (Hg.), Gottesbeziehung in der Familie. Familienkatechetische Orientierungen von der Kindertaufe bis ins Jugendalter, Ostfildern 2000, 16–43

EKD, Identität und Verständigung. Standort und Perspektiven des Religionsunterrichts in der Pluralität. Eine Denkschrift der EKD, Gütersloh 1994
– Im Dialog über Glauben und Leben. Zur Reform des Lehramtsstudiums Evangelische Theologie/Religionspädagogik. Empfehlungen der Gemischten Kommission, Gütersloh 1997
– Maße des Menschlichen. Evangelische Perspektiven zur Bildung in der Wissens- und Lerngesellschaft. Eine Denkschrift des Rates der EKD, Gütersloh 2003
– Kirche der Freiheit. Perspektiven für die evangelische Kirche im 21. Jahrhundert. Ein Impulspapier des Rates der EKD, Hannover 2006 (www.ekd.de/ekd-kirchen/zukunftskongress-text.html)
– Kirche und Bildung. Herausforderungen, Grundsätze und Perspektiven evangelischer Bildungsverantwortung und kirchlichen Bildungshandelns. Eine Orientierungshilfe des Rates der Evangelischen Kirche in Deutschland (EKD), Gütersloh 2009
– Kompetenzen und Standards für den Evangelischen Religionsunterricht in der Sekundarstufe I. Ein Orientierungsrahmen (ekd-texte 111), Hannover 2010
– Kirche und Jugend. Lebenslagen – Begegnungsfelder – Perspektiven. Eine Handreichung des Rates der Evangelischen Kirche in Deutschland (EKD), Gütersloh 2010

Erne, T., Lebensraum Kirche. In: T. Klie / M. Kumlehn / R. Kunz / T. Schlag (Hg.), Lebenswissenschaft Praktische Theologie?!, Berlin / New York 2011, 325–338

Failing, W.-E. / Heimbrock, H.-G., Gelebte Religion wahrnehmen. Lebenswelt – Alltagskultur – Religionspraxis, Stuttgart u.a. 1998
Fauser, K. / Fischer, A. / Münchmeier, R., Jugendliche als Akteure im Verband. Ergebnisse einer empirischen Untersuchung der Evangelischen Jugend, Opladen 2006
Feige, A. / Dressler, B. / Lukatis, W. / Schöll, A., Religion bei ReligionslehrerInnen. Religionspädagogische Zielvorstellungen und religiöses Selbstverständnis im empirisch-soziologischen Zugängen, Münster 2001
– / Dressler, B. / Tzscheetzsch, W. (Hg.), Religionslehrer oder Religionslehrerin werden. Zwölf Analysen berufsbiografischer Selbstwahrnehmungen, Ostfildern 2006
Fischer, D. / Elsenbast, V. (Red.), Grundlegende Kompetenzen religiöser Bildung. Zur Entwicklung des evangelischen Religionsunterrichts durch Bildungsstandards für den Abschluss der Sekundarstufe I, Münster 2006
Flitner, A., Zeit sparen – Zeit nehmen – Zeit schenken. In: K. v. Bonin (Hg.), Keine Zeit für Kinder? Fragen, Einsprüche, Ermunterungen, München 1990, 17–30
Fowler, J.W., Stufen des Glaubens. Die Psychologie der menschlichen Entwicklung und die Suche nach Sinn, Gütersloh 1991
Francke, A.H., Kurtzer und einfältiger Unterricht wie die Kinder zur wahren Gottseligkeit und christlichen Klugheit anzuführen sind. In: ders., Pädagogische Schriften, bes. v. H. Lorenzen, Paderborn ²1964, 11–65
Freire, P., Pädagogik der Unterdrückten, Stuttgart ²1972
Freudenberger-Lötz, P. / Reiss, A., Theologische Gespräche mit Jugendlichen. In: KatBl 134 (2009), 97–102
Fricke, M., Von Gott reden im Religionsunterricht, Göttingen 2007.
Fuchs, O., Prophetische Kraft der Jugend? Zum theologischen und ekklesiologischen Ort einer Altersgruppe im Horizont des Evangeliums, Freiburg 1986

Gebhardt, W. / Engelbrecht, M. / Bochinger, C., Die Selbstermächtigung des religiösen Subjekts. Der spirituelle Wanderer als Idealtypus spätmoderner Religiosität. In: ZfR 13 (2005), 133–151

Gennerich, C., Empirische Dogmatik des Jugendalters. Werte und Einstellungen Heranwachsender als Bezugsgrößen für religionsdidaktische Reflexionen, Stuttgart 2010

Gilligan, C., Themen der weiblichen und der männlichen Entwicklung in der Adoleszenz. In: F. Schweitzer / H. Thiersch (Hg.), Jugendzeit – Schulzeit. Von den Schwierigkeiten, die Jugendliche und Schule miteinander haben, Weinheim/Basel 1983, 94–121

Graf, F.W., Missbrauchte Götter. Zum Menschenbilderstreit in der Moderne, München 2009

Gramzow, C., Er sitzt zur Rechten Gottes, des allmächtigen Vaters, von dort wird er kommen, zu richten die Lebenden und die Toten – Jugendliche bedenken Wiederkunft und Gericht Jesu Christi. In: G. Büttner / M. Schreiner (Hg.), »Manche Sachen glaube ich nicht«. Mit Kindern das Glaubensbekenntnis erschließen. JaBuKi. Sonderband, Stuttgart 2008, 108–122

Grill, I. (Hg.), Unerwartet bei der Sache. Dem theologischen Nachdenken von OberstufenschülerInnen auf der Spur. Unterrichtsstunden – Analysen – Reflexionen, Erlangen 2005

Grözinger, A. / Pfleiderer, G. (Hg.), ›Gelebte Religion‹ als Programmbegriff Systematischer und Praktischer Theologie, Zürich 2002

Guardini, R., Die Lebensalter. Ihre ethische und pädagogische Bedeutung, Würzburg o.J.

Gumbrecht, H.U., Diesseits der Hermeneutik. Die Produktion von Präsenz, Frankfurt a.M. 2004

Gutmann, H.-M., Der Herr der Heerscharen, die Prinzessin der Herzen und der König der Löwen. Religion lehren zwischen Kirche, Schule und populärer Kultur, Gütersloh 1998

Gutsche, F. / Kaufmann, H.B., Durchblicken. Nicht nur ein Jugendkatechismus, Wuppertal ^{4}1997

Härle, W., Dogmatik, Berlin u.a. 1995
- Was haben Kinder in der Theologie verloren? Systematisch-theologische Überlegungen zum Projekt einer Kindertheologie. In: A.A. Bucher u.a. (Hg.), »Zeit ist immer da«. Kinder erleben Hoch-Zeiten und Fest-Tage. JabuKi. Bd. 3, Stuttgart 2004, 11–27

Hassiepen, W. / Herms, E. (Hg.), Grundlagen der theologischen Ausbildung und Fortbildung im Gespräch. Die Diskussion über die »Grundsätze für die Ausbildung und Fortbildung der Pfarrer und Pfarrerinnen der Gliedkirchen der EKD«. Dokumentation und Erträge 1988–1993, Stuttgart 1993

Hauth, R., Die nach der Seele greifen. Psychokulte und Jugendsekten, Gütersloh ^{2}1985

Heinzmann, G. (Hg.), EMMAUS: dein Weg mit Gott. Handout – Das Teilnehmerheft, Neukirchen-Vluyn 2010

Heinzmann, G., EMMAUS: dein Weg mit Gott. Leiterhandbuch, Neukirchen-Vluyn 2010

Helsper, W., Okkultismus – die neue Jugendreligion? Die Symbolik des Todes und des Bösen in der Jugendkultur, Opladen 1992

Hendriks, J., Gemeinde als Herberge. Kirche im 21. Jahrhundert – eine Utopie, Gütersloh 2001

Henkys, J., Bibelarbeit. Der Umgang mit der Heiligen Schrift in den evangelischen Jugendverbänden nach dem Ersten Weltkrieg, Hamburg 1966

Hentig, H. v., Glaube. Fluchten aus der Aufklärung, Düsseldorf 1992
Herms, E., Das evangelische Pfarramt als Leitungsamt. In: Ders. / F. Schweitzer (Hg.), Führen und Leiten im Pfarramt. Der Beitrag von Theologie und Kirche, Tübingen 2002, 11–55
– Kirche – Geschöpf und Werkzeug des Evangeliums, Tübingen 2010
Hesse, H., Demian. Die Geschichte von Emil Sinclairs Jugend, Frankfurt a.M. ^{16}1982
Hofmann, B., Erwachsen glauben. Missionarische Bildungsangebote als Kernaufgabe der Gemeinde. Dokumentation eines Hearings der Arbeitsgemeinschaft Missionarische Dienste im Diakonischen Werk der EKD am 3. Juni in Hannover. epd-Dokumentation 31, Frankfurt a.M. 2008
Hößle, C., Theologisieren mit Kindern und Jugendlichen. Kritische Diskussion der Dilemmamethode als Medium zum Theologisieren mit Kindern. In: ZPT 57 (2005), 295–305
Huber, W., Der christliche Glaube. Eine evangelische Orientierung, Gütersloh 2008
Husmann, B., Das Eigene finden. Eine qualitative Studie zur Religiosität Jugendlicher, Göttingen 2008

Ilg, W. / Schweitzer, F. / Elsenbast, V. in Verb. m. M. Otte, Konfirmandenarbeit in Deutschland. Empirische Einblicke – Herausforderungen – Perspektiven, Gütersloh 2009

Jäger-Werth, H.U., Vertrauen statt Angst. Evangelisch-reformierter Glaube. Eine Einführung, Zürich 2005
Joas, H., Braucht der Mensch Religion? Über Erfahrungen der Selbsttranszendenz, Freiburg i.Br. ^{2}2004.
Johnsen, E.T. / Schweitzer, F., Was ist kritische Kindertheologie? In: Bucher u.a., Jahrbuch für Kindertheologie 2011 (im Druck)
Jooß, E., Raum. Eine theologische Interpretation, Gütersloh 2005

Käßmann, M., Was ich dir mitgeben möchte. Orientierungspunkte auf dem Weg ins Leben, Gütersloh 2009
Keßler, H., Jugendliche und Tod – Gemeindepädagogische Überlegungen. In: H. Keßler / G. Doyé (Hg.), Den Glauben denken, feiern und erproben, Leipzig 2010, 123–140
Keßler, H. / Doyé, G. (Hg.), Den Glauben denken, feiern und erproben. Erfolgreiche Wege der Gemeindepädagogik, Leipzig 2010
Kessler, H.-U. / Nolte, B., Konfis auf Gottsuche. Praxismodelle für eine handlungsorientierte Konfirmandenarbeit, Gütersloh 2003
Klie, T., Ecclesia quaerens paedagogiam. Wege zur Semantik heiliger Räume. In: ders. (Hg.), Der Religion Raum geben. Kirchenpädagogik und religiöses Lernen, Münster 2000, 5–16
Kliemann, P. / Reinert, A., Thema: Gott. Lehrerkommentar, Stuttgart 2009
Knoblauch, H., Populäre Religion. Auf dem Weg in die spirituelle Gesellschaft, Frankfurt a.M. / New York 2009
Kohlberg, L. / Gilligan, C., The Adolescent as a Philosopher: The Discovery of the Self in a Postconventional World. In: J. Kagan / R. Coles (Hg.), Twelve to Sixteen: Early Adolescence, New York 1971, 144–179
Kohler-Spiegel, H., In der Vielfalt nach Gott fragen. Interreligiöses Lernen im Blick auf die Gottesfrage. In: R. Englert u.a. (Hg.), Gott im Religionsunterricht. JRP 25, Neukirchen-Vluyn 2009, 194–205
Konukiewitz, W., »Lernen, wie ich meinen eigenen Glauben finden kann«. Zur Konzeption eines Handlungsorientierten Konfirmandenunterrichts. In: EvErz 42 (1990), 547–564

Korsch, D. / Charbonnier, L. (Hg.), Der verborgene Sinn. Religiöse Dimensionen des Alltags, Göttingen 2008
Körtner, U.H.J., Hermeneutische Theologie. Zugänge zur Interpretation des christlichen Glaubens und seiner Lebenspraxis, Neukirchen-Vluyn 2008
- Riskanter Glaube. Einübung im Christentum, Wien 2009
- Reformatorische Theologie im 21. Jahrhundert, Zürich 2010
Kuld, L., Lebensgeschichte(n) – Glaubensgeschichte(n). In: G. Bitter u.a. (Hg.), Neues Handbuch religionspädagogischer Grundbegriffe. München 2002, 176–179
Kumlehn, M., Vom Lesetext zum Lebenstext. Bibeldidaktik im Konfirmandenunterricht. In: B. Dressler / T. Klie / C. Morg (Hg.), Konfirmandenunterricht. Didaktik und Inszenierung, Hannover 2001, 59–72
Kundgebung der 11. Synode der Evangelischen Kirche in Deutschland auf ihrer 3. Tagung zum Schwerpunktthema »Niemand darf verloren gehen!« Evangelisches Plädoyer für mehr Bildungsgerechtigkeit, 10. November 2010 (http://www.ekd.de/synode2010/beschluesse/74177.html.

Langenhorst, G., Gedichte zur Gottesfrage. Texte – Interpretationen – Methoden. Ein Werkbuch für Schule und Gemeinde, München 2003
Laube, M., Zur Stellung der Praktischen Theologie innerhalb der Theologie – aus systematisch-theologischer Sicht. In: C. Grethlein / H. Schwier (Hg.), Praktische Theologie. Eine Theorie- und Problemgeschichte, Leipzig 2007, 61–136
Lauster, J., Religion als Lebensdeutung. Theologische Hermeneutik heute, Darmstadt 2005
Leewe, A. / Neuschäfer, R.A., Ich hatte von dir nur vom Hörensagen vernommen. Gottesbilder. Religionsunterricht praktisch. Unterrichtsentwürfe und Arbeitshilfen für die Sekundarstufe II, Göttingen 2005
Lehmann, C., Heranwachsende fragen neu nach Gott. Anstöße zum Dialog zwischen Religionspädagogik und Feministischer Theologie, Neukirchen-Vluyn 2003
Loch, W., Die Macht des Vertrauens. Otto Friedrich Bollnows anthropologische Pädagogik. In: F. Kümmel (Hg.), O.F. Bollnow: Hermeneutische Philosophie und Pädagogik, Freiburg/München 1997, 214–243
Luther, H., Religion und Alltag. Bausteine zu einer Praktischen Theologie des Subjekts, Stuttgart 1992
Luther, M., Dass eine christliche Versammlung oder Gemeinde Recht und Macht habe, alle Lehre zu beurteilen und Lehrer zu berufen, ein- und abzusetzen, Grund und Ursache aus der Schrift. In: ders., Ausgewählte Werke, hg. v. K. Bornkamm / G. Ebeling, Bd. 5, Frankfurt a.M. 1982, 7–18
- Auslegung des 1. Petrusbriefes. In: WA Bd. 12; 259, 8–13 (1523)

Martens, E., Methodik des Ethik- und Philosophieunterrichts. Philosophieren als elementare Kulturtechnik, Hannover 2003
- Philosophieren mit Kindern als elementare Kulturtechnik. In: H.-J. Müller / S. Pfeiffer (Hg.), Denken als didaktische Zielkompetenz. Philosophieren mit Kindern in der Grundschule, Hohengehren 2004, 7–18
- Kinderphilosophie und Kindertheologie – Familienähnlichkeiten. In: A.A. Bucher u.a. (Hg.), »Kirchen sind ziemlich christlich«. Erlebnisse und Deutungen von Kindern, JabuKi, Bd. 4, Stuttgart 2005, 12–28
Maurer, E., Theologie mit Kindern – eine christliche Spezialität? In: A.A. Bucher u.a. (Hg.), »Vielleicht hat Gott uns Kindern den Verstand gegeben«. Ergebnisse und Perspektiven der Kindertheologie, JabuKi, Bd. 5, Stuttgart 2006, 26–37
Mendl, H., Konstruktivistische Religionspädagogik. Ein Arbeitsbuch, Münster 2005
Metz, J.B., Glaube in Geschichte und Gesellschaft. Studien zur praktischen Fundamentaltheologie, Mainz 1977

Miller-McLemore, B.J., Let the Children Come. Reimagining Childhood from a Christian Perspective, San Francisco 2003

Möller, K., Persönliche Gottesvorstellungen junger Erwachsener. Empirische Erkundungen in der Sekundarstufe II im Großraum Kassel, Kassel 2010

Müller, P., In der Mitte der Gemeinde. Kinder im Neuen Testament, Neukirchen-Vluyn 1992

Müller-Friese, A., Theologisieren mit Kindern und Godly Play. In: http://www.rpi-baden.de/images/2008-04_Theologisieren_mit_Kindern_und_Godly_play.pdf.

Musil, R., Die Verwirrungen des Zöglings Törleß, Hamburg 1959

Neumann, B. / Rösener, A., Kirchenpädagogik, Gütersloh [4]2009

Neuschäfer, A., Das brennt mir auf der Seele. Anregungen für eine seelsorgerliche Schulkultur, Göttingen 2007

Nipkow, K.E., Erwachsenwerden ohne Gott? Gotteserfahrung im Lebenslauf, München 1987

– Ökumene – ein Thema von Jugendlichen? Empirische Annäherungen, in: F. Johannsen / H. Noormann (Hg.), Lernen für eine bewohnbare Erde. Bildung und Erneuerung im ökumenischen Horizont. Ulrich Becker zum 60. Geburtstag, Gütersloh 1990, 137–147

– Bildung als Lebensbegleitung und Erneuerung. Kirchliche Bildungsverantwortung in Gemeinde, Schule und Gesellschaft, Gütersloh 1990

– Die Frage nach Gott. Elementarisierung als Kunst des Unterscheidens. In: ders., Pädagogik und Religionspädagogik zum neuen Jahrhundert. Bd. 1, Gütersloh 2005, 325–349

– Pädagogik und Religionspädagogik zum neuen Jahrhundert, Bd. 3: Gott in Bedrängnis? Zur Zukunftsfähigkeit von Religionsunterricht, Schule und Kirche, Gütersloh 2010

– Wünsche an eine zukunftsfähige Religionspädagogik und -didaktik. In: ders., Pädagogik und Religionspädagogik zum Neuen Jahrhundert, Bd. 3, 13–31

– Theologie des Kindes und Kindertheologie – Zusammenhänge und Elementarisierung. In: ders., Pädagogik und Religionspädagogik zum Neuen Jahrhundert, Bd. 3, 145–165

– Grundoptionen gelingender Glaubenskommunikation in lerntheoretischer und anthropologisch-theologischer Spiegelung, in: ders., Pädagogik und Religionspädagogik zum Neuen Jahrhundert, Bd. 3, 323–335

Nüchtern, M., Kirche bei Gelegenheit. Kasualien – Akademiearbeit – Erwachsenenbildung, Stuttgart/Berlin/Köln 1991

Oertel, H., »Gesucht wird: Gott?« Jugend, Identität und Religion in der Spätmoderne, Gütersloh 2004

Pawlowski, H. (Hg.), Mein Credo. Persönliche Glaubensbekenntnisse, Kommentare und Informationen, Bd. 2, Oberursel 2000

Pawlowski, H. / Rosien, P. (Hg.), Mein Credo. Aktuell und dynamisch ist die Glaubenssprache von heute, Bd. 3, Oberursel 2001

Pezzoli-Olgiati, D. / Schlag, T. (Hg.), Vom Avatar bis zur Zauberei. Religion im Spiel, Zürich 2011

Pohl-Patalong, U., »… sed vitae discimus«. Religionsunterricht zwischen Religiosität und christlicher Tradition – didaktische Orientierungen. In: IJPT 11 (2007), 173–192

– Bibliolog – Ein Weg zur lebendigen und spannenden Entdeckung biblischer Texte, in: http://www.rpi-loccum.de/sek1_pohl-patalong.html

- Bibliolog. Impulse für Gottesdienst, Gemeinde und Schule, Bd. 1: Grundformen; Bd. 2: Aufbauformen, Stuttgart 2009
Porzelt, B., Jugendliche Intensiverfahrungen. Qualitativ-empirischer Zugang und religionspädagogische Relevanz, Graz 1999
Preul, R., Kirchentheorie, Berlin / New York 1997
- Religion und Weltanschauung in der Bildung von Religionslehrern. In: Marburger Jahrbuch für Theologie Bd. XV (2003), 107–129
Prokopf, A., Religiosität Jugendlicher. Eine qualitativ-empirische Untersuchung auf den Spuren korrelativer Konzeptionen, Stuttgart 2008

Randak, O., Therapeutisch orientierte Religionspädagogik, Düsseldorf 1980
Rauhaus, E., Symbolische Landkarten gestalten. Ein Weg zum elementaren Theologisieren mit Jugendlichen. In: Loccumer Pelikan 2/2006, 77–81
Rauschenbach, T. / Otto, H.-U., Die neue Bildungsdebatte. Chance oder Risiko für die Kinder- und Jugendhilfe? In: H.-U. Otto / T. Rauschenbach (Hg.), Die andere Seite der Bildung. Zum Verhältnis von formellen und informellen Bildungsprozessen, Wiesbaden ²2008, 9–29
Rendtorff, T., Christentum außerhalb der Kirche. Konkretionen der Aufklärung, Hamburg 1969
Riess, R. / Fiedler, K. (Hg.), Die verletzlichen Jahre. Handbuch zur Beratung und Seelsorge an Kindern und Jugendlichen, Münster ²2009
Ringleben, J., Bildung und Rechtfertigung. In: K.-M. Kodalle / A.M. Steinmeier (Hg.), Subjektiver Geist. Reflexion und Erfahrung im Glauben. Festschrift zum 65. Geburtstag von Traugott Koch, Würzburg 2002, 87–102
Ritschl, D. / Hailer, M., Grundkurs Christliche Theologie. Diesseits und jenseits der Worte, Neukirchen-Vluyn ³2010
Ritter, W.H. / Hanisch, H. / Nestler, E. / Gramzow, C., Leid und Gott. Aus der Perspektive von Kindern und Jugendlichen, Göttingen 2006
Ritzer, G., Interesse – Wissen – Toleranz – Sinn. Ausgewählte Kompetenzbereiche und deren Vermittlung im Religionsunterricht. Eine Längsschnittstudie, Wien 2010
Rosa, H., Beschleunigung. Die Veränderung der Zeitstrukturen in der Moderne, Frankfurt a.M. 2005
Rosien, P. (Hg.), Mein Credo. Persönliche Glaubensbekenntnisse. Kommentare und Informationen, Oberursel 1999
Rosner, C., Gibt es den Himmel auf Erden? – Theologische Gespräche mit Jugendlichen. In: KatBl 131 (2006), 114–119
Rothgangel, M., Religiöse Kompetenz und der Wahrheitsanspruch christlichen Glaubens. In: V. Elsenbast / D. Fischer (Hg.), Stellungnahmen und Kommentare zu »Grundlegende Kompetenzen religiöser Bildung«, Münster 2007, 78–81
- / Fischer, D. (Hg.), Standards für religiöse Bildung? Zur Reformdiskussion in Schule und Lehrerbildung, Münster 2004
Rousseau, J.-J., Emil oder Über die Erziehung, bearb. v. L. Schmidts, Paderborn u.a. ⁵1981
Rupp, H., Bildungsstandards. In: A.A. Bucher u.a. (Hg.), »Vielleicht hat Gott uns Kindern den Verstand gegeben«. Ergebnisse und Perspektiven der Kindertheologie, JaBuKi, Bd. 5, Stuttgart 2006, 86–95
- (Hg.), Handbuch der Kirchenpädagogik. Kirchenräume wahrnehmen, deuten und erschließen, Stuttgart 2006
- Theologisieren mit Jugendlichen, in: http://www.ekiba.de/download/Rupp_Theologisieren_mit_Jugendlichen.pdf
- / Scheilke, C. (Hg.), Bildung und Gemeindeentwicklung. Jahrbuch für kirchliche Bildungsarbeit 2007, Stuttgart 2007

Sander-Geiser, M., Erarbeitung systematisch-theologischer Themen in sozial-konstruktivistischer Unterrichtsperspektive. In: G. Büttner (Hg.), Lernwege im Religionsunterricht. Konstruktivistische Perspektiven, Stuttgart 2006, 160–178

Savater, F., Tu, was du willst. Ethik für die Erwachsenen von morgen, Weinheim/Basel 2001

Schäfer, U., Vergegenwärtigung und Reflexion. Überlegungen zur Christologie und ihrer Didaktik, Berlin 2010

Schieder, R., Sind Religionen gefährlich? Berlin 2008

Schlag, T., Zeit geben als Kardinaltugend evangelischer Pädagogik. In: Hermeneutische Blätter 1/2 (2006), Zürich 2006, 173–183
- Kann man heute noch über Opfer sprechen? Überlegungen zur religiösen Kommunikation mit Jugendlichen über ein unzeitgemäßes Thema. In: B. Acklin Zimmermann / F. Annen (Hg.), Versöhnt durch den Opfertod Christi? Die christliche Sühnopfertheologie auf der Anklagebank, Zürich 2009, 179–195
- Glaube zur Sprache bringen – Gemeinde bilden. Jugendtheologische Erwägungen zum Grundauftrag evangelischer Bildung. In: ZPT 62 (2010), 194–208
- Vertrauens-Bildung. Überlegungen zu einer riskanten religionspädagogischen Praxis. In: Hermeneutische Blätter 1/2 (2010), Zürich 2010, 119–130
- Wachstum in der wachsenden Kirche. Kybernetische Reflexionen über eine viel versprechende Leitbegrifflichkeit in gegenwärtigen Kirchenreformdiskussionen. In: Pastoraltheologie 99 (2010), 66–83
- Horizonte demokratischer Bildung. Evangelische Religionspädagogik in politischer Perspektive, Freiburg 2010
- Partizipation. In: T. Böhme-Lischewski / V. Elsenbast / C. Haeske / W. Ilg / F. Schweitzer (Hg.), Konfirmandenarbeit gestalten. Perspektiven und Impulse für die Praxis aus der Bundesweiten Studie zur Konfirmandenarbeit in Deutschland, Gütersloh 2010, 112–124
- Konstruktivistische Ansätze und Herausforderungen in der Religionspädagogik am Beispiel einer zeitgemäßen religiösen Menschenrechtsbildung. In: A. Klein / U.H.J. Körtner (Hg.), Die Wirklichkeit als Interpretationskonstrukt? Herausforderungen konstruktivistischer Ansätze für die Theologie, Neukirchen-Vluyn 2011, 201–214.
- Menschenrechtsbildung im Religionsunterricht. Religionspädagogische Reflexionen zeitgemäßer Werte-Bildung. In: ZEE 55 (2011), 96–110

Schleiermacher, F., Kurze Darstellung des theologischen Studiums zum Behuf einleitender Vorlesungen, Darmstadt 1973
- Die praktische Theologie nach den Grundsätzen der evangelischen Kirche im Zusammenhange dargestellt, hg. v. J. Frerichs, Berlin 1850
- Pädagogische Schriften, hg. v. T. Schulze / E. Weniger, 2 Bde., Düsseldorf/München 1957

Schluß, H., Ein Vorschlag, Gegenstand und Grenze der Kindertheologie anhand eines systematischen Leitgedankens zu entwickeln. In: Zeitschrift für Pädagogik und Theologie 57 (2005), 23–35
- Kindertheologische Differenzierungen – Zwei Fragen zur Kindertheologie. In: A.A. Bucher u.a. (Hg.), »Sehen kann man ihn ja, aber anfassen …?« Zugänge zur Christologie von Kindern, JabuKi, Bd. 7, Stuttgart 2008, 21–24
- / Götz-Guerlin, M., Was hat Religion mit Erfahrung zu tun? Die Religionsphilosophische Schulprojektwoche als religiöse Kommunikation. In: Pastoraltheologie 92 (2003), 274–286

Schmid, H., Religiosität der Schüler und Religionsunterricht. Empirischer Zugang und religionspädagogische Konsequenzen für die Berufsschule, Bad Heilbrunn 1989

Schmidt, H., Vertrauen und Verlernen. Glaubensdidaktik angesichts der Krise der Moderne. In: EvTh 50 (1990), 90–103

Schneider-Flume G., Grundkurs Dogmatik. Nachdenken über Gottes Geschichte, Stuttgart ²2008

– / Hiller, D. (Hg.), Dogmatik erzählen? Die Bedeutung des Erzählens für eine biblisch orientierte Dogmatik, Neukirchen-Vluyn 2005

Schneider-Harpprecht, C., Warum machen wir als Kirche Schulseelsorge? – Theologische Begründungen für ein an Bedeutung zunehmendes kirchliches Handlungsfeld. In: H. Rupp / C.T. Scheilke (Hg.), Bildung und Religionsunterricht, Jahrbuch für kirchliche Bildungsarbeit, Bd. 5, Stuttgart 2011, 145–160

Schnitzler, M., Elementarisierung – Bedeutung eines Unterrichtsprinzips, Neukirchen-Vluyn 2007

Schoberth, I., Diskursive Religionspädagogik, Göttingen 2009

Schröder, B., Mindeststandards religiöser Bildung und Förderung christlicher Identität. Überlegungen zum Zielspektrum religionspädagogisch reflektierten Handelns. In: Rothgangel/Fischer 2004, 13–33

Schuster, R. (Hg.), Was sie glauben. Texte von Jugendlichen, Stuttgart 1984

Schwartländer, J. in Verbindung mit M. Landmann u. W. Loch (Hg.), Verstehen und Vertrauen. Otto Friedrich Bollnow zum 65. Geburtstag, Stuttgart u.a. 1968

Schwarze, B., Die Religion der Rock- und Popmusik. Analysen und Interpretationen, Stuttgart u.a. 1997

Schweitzer, F., Die Religion des Kindes. Zur Problemgeschichte einer religionspädagogischen Grundfrage, Gütersloh 1992

– ZEIT. Ein neues Schlüsselthema für Religionsunterricht und Religionspädagogik? In: JRP 11 (1994), hg. v. P. Biehl u.a., Neukirchen-Vluyn 1995, 145–164

– Die Suche nach eigenem Glauben. Einführung in die Religionspädagogik des Jugendalters, Gütersloh ²1998

– Was ist und wozu Kindertheologie? In: A.A. Bucher u.a. (Hg.): »Im Himmelreich ist keiner sauer«. Kinder als Exegeten, JaBuKi, Bd. 2. Stuttgart 2003, 9–18

– Pädagogik und Religion. Eine Einführung, Stuttgart u.a. 2003

– Das Recht des Kindes auf Religion. Ermutigungen für Eltern und Erzieher, Gütersloh ²2005

– Auch Jugendliche als Theologen? Zur Notwendigkeit, die Kindertheologie zu erweitern. In: Zeitschrift für Pädagogik und Theologie 57 (2005), 46–53

– Religionspädagogik (Lehrbuch Praktische Theologie 1), Gütersloh 2006

– Lebensgeschichte und Religion. Religiöse Entwicklung und Erziehung im Kindes- und Jugendalter, Gütersloh ⁷2010

– Menschenwürde und Bildung. Religiöse Voraussetzungen der Pädagogik in evangelischer Perspektive (Theologische Studien NF 2), Zürich 2011

– Kindertheologie und Elementarisierung. Wie religiöses Lernen mit Kindern gelingen kann, Gütersloh 2011

– u.a., Elementarisierung im Religionsunterricht. Erfahrungen, Perspektiven, Beispiele, Neukirchen-Vluyn ³2011

– u.a., Elementarisierung und Kompetenz. Wie Schülerinnen und Schüler von »gutem Religionsunterricht« profitieren, Neukirchen-Vluyn ²2011

– / Conrad, J., Globalisierung, Jugend und religiöse Sozialisation. Neue Herausforderungen für die Religionspädagogik? In: Pastoraltheologie 91 (2002), 293–307

– u.a., Entwurf einer pluralitätsfähigen Religionspädagogik (Religionspädagogik in pluraler Gesellschaft 1), Freiburg/Gütersloh 2002

– / Biesinger, A. / Conrad, J. / Gronover, M., Dialogischer Religionsunterricht. Analyse und Praxis konfessionell-kooperativen Religionsunterrichts im Jugendalter, Freiburg 2006

– / Biesinger, A. / Edelbrock, A. (Hg.), Mein Gott – Dein Gott. Interreligiöse und interreligiöse Bildung in Kindertagesstätten, Weinheim/Basel 2008
Schwöbel, C., Art. Theologie. In: RGG⁴ Bd. 8, 255–306
– Gott in Beziehung. Studien zur Dogmatik, Tübingen 2002
Shell Deutschland Holding (Hg.), Jugend 2010. Eine pragmatische Generation behauptet sich, Frankfurt a.M. 2010
Spenn, M. / Haspel, M. / Kessler, H. / Land, D., Lernwelten und Bildungsorte der Gemeindepädagogik. Bedingungen, Bezüge und Perspektiven, Münster 2008
Steck, W., Alltagsdogmatik. Ein unvollendetes Projekt. In: PTh 94 (2005), 287–305
– Praktische Theologie. Horizonte der Religion – Konturen des neuzeitlichen Christentums – Strukturen der religiösen Lebenswelt. Band II, Stuttgart 2011
Stoodt, D., Die Praxis der Interaktion im Religionsunterricht. In: Der Evangelische Erzieher 23 (1971), 1–10
Streib, H. / Gennerich, C., Jugend und Religion. Bestandsaufnahmen, Analysen und Fallstudien zur Religiosität Jugendlicher, Weinheim 2011
Striet, M., Kindertheologie? Eine Verunsicherung. In: A.A. Bucher u.a. (Hg.), »Man kann Gott alles erzählen, auch kleine Geheimnisse«. Kinder erfahren und gestalten Spiritualität, JabuKi, Bd. 6, Stuttgart 2007, 9–17
Sturzenhecker, B., Zum Bildungsanspruch von Jugendarbeit. In: H.-U. Otto / T. Rauschenbach (Hg.), Die andere Seite der Bildung. Zum Verhältnis von formellen und informellen Bildungsprozessen, Wiesbaden ²2008, 147–165
Surall, F., Ethik des Kindes. Kinderrechte und ihre theologisch-ethische Rezeption (Forum Systematik 31), Stuttgart 2009
Synode der EKD, Aufwachsen in schwieriger Zeit. Kinder in Gemeinde und Gesellschaft, Gütersloh 1995

Thiel, C., Mein GOTT und ich. Ein Roman über die Weltreligionen, Würzburg 2009
– / Hahn, U., Das kannst du glauben. Texte für Konfis und Konfirmierte, Göttingen 2010
Tiling, M. von, Wir und unsere Kinder. Eine Pädagogik der Altersstufen für Eltern und Erzieher in Heim und Schule, Stuttgart ²1956
Trautwein, S. / Weiß-Trautwein, H.-P., Der Sonntagsgottesdienst als Werkstattgottesdienst der Jugendlichen. In: anknüpfen update 5 – Gottesdienst, hg. v. Pädagogisch-Theologischen Zentrum der Evangelischen Landeskirche in Württemberg, Stuttgart 2010, 23–33

Volf, M. / Bass, D.C. (Hg.), Practicing Theology. Beliefs and Practices in Christian Life, Grand Rapids / Cambridge 2002

Wall, J., Childism and the Ethics of Responsibility. In: Dillen/Pollefeyt 2010, 237–266
Walsh, N.D., Gespräche mit Gott. Für Jugendliche, München ⁴2004
Weber, H.R., Jesus und die Kinder, Hamburg 1980
Weder, H., Art. Hoffnung II. Neues Testament. In: TRE XV, Berlin / New York 1986, 484–491
Wermke, M. / Koerrenz, R. (Hg.), Schulseelsorge – Ein Handbuch, Göttingen 2008
Weyel, B., Den Sinn ausdrücklich machen. Skizzen zum unabschließbaren Projekt der Alltagsdogmatik. In: D. Korsch / L. Charbonnier (Hg.), Der verborgene Sinn. Religiöse Dimensionen des Alltags, Göttingen 2008, 399–405
Wittmann, S. / Rauschenbach, T. / Leu, H.R., Kinder in Deutschland – Eine Einführung. In: dies. (Hg.), Kinder in Deutschland. Eine Bilanz empirischer Studien, Weinheim/München 2011, 9–24

Yavuzcan, I.H., Kindertheologie oder altersgerechtes Lernen? Einführende Gedanken im Kontext Islamischen Religionsunterrichtes. In: B. Ucar / D. Bergmann (Hg.), Islamischer Religionsunterricht in Deutschland. Fachdidaktische Konzeptionen: Erwartungen und Ziele, Göttingen/Osnabrück 2010, 223–232

YouCat Deutsch. Jugendkatechismus der Katholischen Kirche. Vorwort von Papst Benedikt XVI, München 2011

Ziebertz, H.-G. / Kalbheim, B. / Riegel, U., Religiöse Signaturen heute. Ein religionspädagogischer Beitrag zur empirischen Jugendforschung, Freiburg/Gütersloh 2003

Ziegler, T., Jesus als »unnahbarer Übermensch« oder »bester Freund«? Elementare Zugänge Jugendlicher zur Christologie als Herausforderung für Religionspädagogik und Theologie, Neukirchen-Vluyn 2006

Zilleßen, D., Was ist Elementarisierung? In: I. Grill (Hg.), Unerwartet bei der Sache. Dem theologischen Nachdenken von OberstufenschülerInnen auf der Spur. Unterrichtsstunden – Analysen – Reflexionen, Erlangen 2005, 264–267

Zimmermann, M., Kindertheologie als theologische Kompetenz von Kindern. Grundlagen, Methodik und Ziel kindertheologischer Forschung am Beispiel der Deutung des Todes Jesu, Neukirchen-Vluyn 2010

Zinzendorf, N.L. von, Sammlung Einiger von dem Ordinario Fratrum während seines Aufenthalts in den Teutschen Gemeinden von Anno 1755 bis 1757 gehaltenen Kinder-Reden, Barby 1758

Zwingli, H., Wie man die Jugend in guten Sitten und christlicher Zucht aufziehen und üben solle, etliche kurze Unterweisung. In: F. Hofmann, Pädagogik und Reformation. Von Luther bis Paracelsus. Zeitgenössische Schriften und Dokumente, Berlin 1983, 137–146

FRIEDRICH SCHWEITZER

Elementarisierung
im Religionsunterricht

Erfahrungen
Perspektiven
Beispiele

mit weiteren Beiträgen von
Karl Ernst Nipkow
Albert Biesinger
Norbert Mette
Regine Froese
Oliver Kliss
Tobias Ziegler

neukirchener theologie

221 Seiten
ISBN 978-3-7887-1931-9

neukirchener theologie

Friedrich Schweitzer

Elementarisierung und Kompetenz

Wie Schülerinnen und Schüler von „gutem Religionsunterricht" profitieren

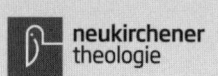

neukirchener
theologie

179 Seiten
ISBN 978-3-7887-2501-3

neukirchener
theologie